シリーズ
現代経済の展望

資本主義の新しい形

シリーズ 現代経済の展望

資本主義の新しい形

諸富 徹
Toru, Morotomi

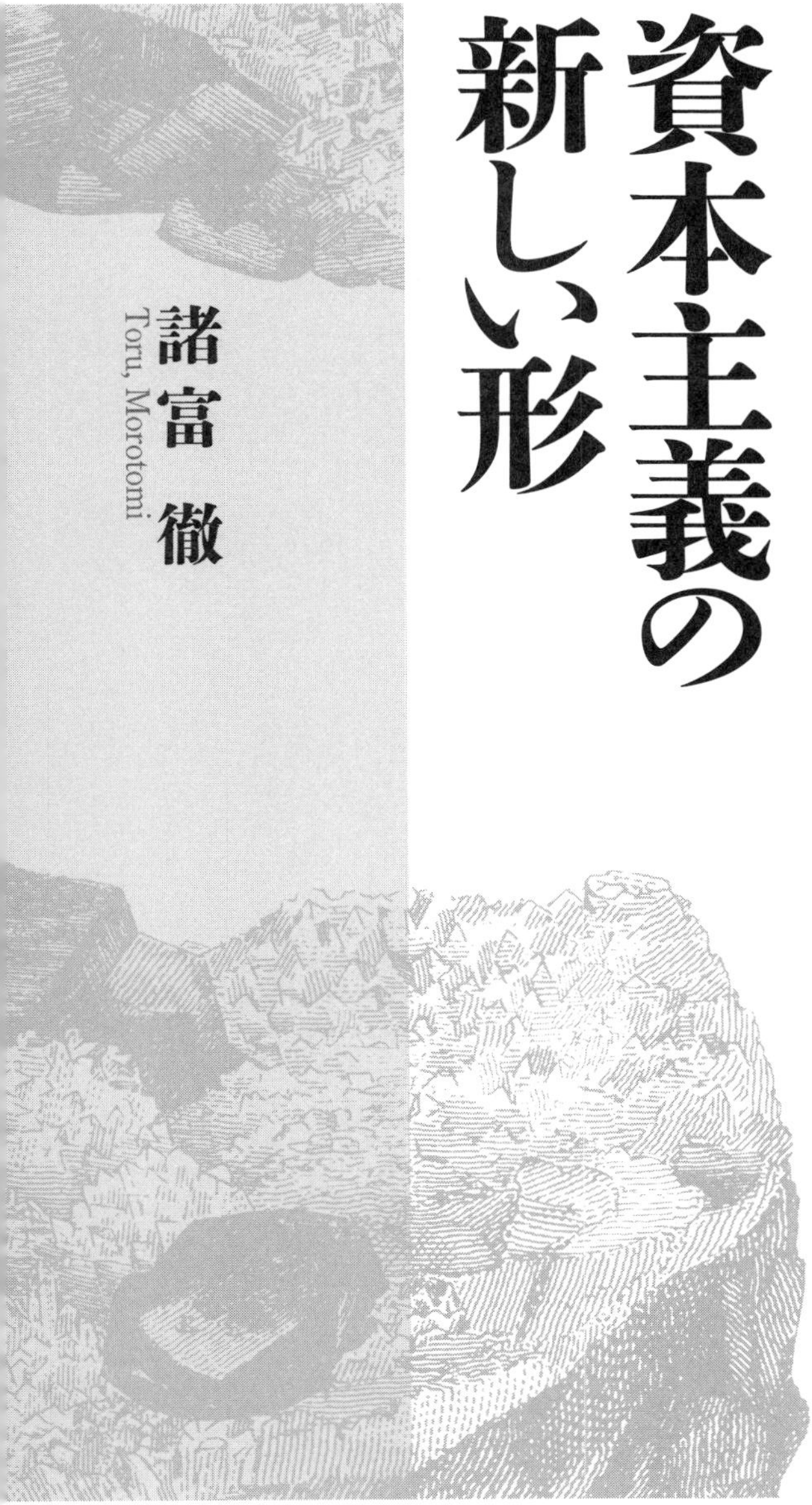

岩波書店

はしがき

本書が取り組むのは、次の三つの課題である。

資本主義はどこへ向かうのか？

「資本主義の新しい形」における市場と国家の関係は？

日本企業、そして日本経済の将来像は？

一九九〇年代初頭にバブルが崩壊して以来、三〇年が過ぎようとしている。「失われた一〇年」は「失われた二〇年」となり、やがて「失われた三〇年」と呼ばれるようになるのだろうか。日本企業の競争力低下や日本経済の低迷が論じられて久しいが、もしバブル崩壊がその原因だったなら、日本経済が立ち直れば、日本企業もまた復活するはずだった。だが、そうはならなかった。世界に冠たる日本の製造業は、もはや韓国、台湾、そして中国の背中を仰ぎ見る存在となってしまった。こうした事態に危機感をもち、日本の製造業をどう復活させるかをめぐって、すでに多くの論稿が発表されてきた。本書は、この点でこれ以上、屋上屋を架すことはしない。

そうこうしているうちに、私たちは資本主義のあり方が根本的に変化しつつあることに気がついた。

いわゆる「デジタル化」である。アメリカでは産業の主役がすっかり変わってしまい、製造業とはまったく異なるビジネス・モデルを擁する、デジタル企業の台頭が鮮明となった。日本には、グーグルなどのデジタル企業の巨人に比肩しうる企業は見当たらない。残念ながら日本企業は、製造業の復活どころか、ビジネスの位相そのものの根底的な変化についていけず、そこから落伍しつつある。

なぜ、こんなことになってしまったのか。本書は、日本企業が製造業として韓国、台湾、中国などの企業との闘いに敗れた点だけでなく、「デジタル化」に象徴される資本主義の構造変化についていけなくなった結果、急速に競争力を失ってしまった点に関心をもっている。では、「資本主義の構造変化」とは何か。たしかに「デジタル化」はその重要な要素だが、それがすべてではない。本書は、一九七〇年代以降に進展した資本主義の構造変化を、「資本主義の非物質主義的転回」と規定して分析し、その意味や政策的含意を展開する。

ところで、こうした日本企業の運命を早くから見通していた人物がいる。ニューヨークに拠点を置く経営コンサルタントのフランシス・マキナニーである。彼は過去おおよそ四〇年間にわたって日本有数の大企業の経営分析・助言に従事し、そのうち三〇年間ほどは企業トップに直接、助言を与えうる立場として日本企業の経営実態を知り尽くしている。その著書『日本企業はモノづくり至上主義で生き残れるか』(ダイヤモンド社、二〇一四年)は、日本企業がなぜデジタル経済時代に落伍していったかを理解するうえで、本質的な視点をいくつも提供してくれている。その内容は今なおいささかも古びておらず、二一世紀に生き残ろうとする日本企業は、本書を繰り返し熟読すべきだと思われる。

松下幸之助への敬意に満ちたこの著書において、マキナニーはその思想的源泉が学生時代に教えを受けたマーシャル・マクルーハン(一九一一～一九八〇年、英文学者・文明批評家、トロント大学教授を務めた)にあることを告白している。マキナニーによれば、マクルーハンの「箴言」の第一は、「新しいメディア技術の登場が、「物事をいかに行うべきか」だけでなく、「我々が行うことそのもの」を変えてしまう」というものである。マキナニーは、この箴言の実例として一五世紀にグーテンベルクによって発明された印刷機が、それまで教会に独占されていた聖書と関連知識を大衆に開放したことで、ルターによる宗教改革の成功にいかに大きく寄与したかを強調している。

彼によれば、印刷機と比較にならないほど強い破壊力をもつ現代メディア技術こそ、クラウドだという。クラウドのおかげで、あらゆる企業・個人はコンピューターの処理能力を無制限に、しかもきわめて安価に使うことが可能になった。このことは情報コストを劇的に引き下げると同時に(「情報コストはムーア曲線に沿って下落する」)、情報の普及速度とデータ容量を爆発的に膨張させた(「クラウド・インフレーション」)。彼はクラウドが、宗教改革における印刷機以上に革命的で破壊的な影響を、現代の経済社会に与えると断言する。

ゆえにマクルーハンの箴言の第二は、「メディアの時代が終わるときには必ず、すべての組織における組織形態の大変容も一緒に終わる」というものである。これはつまり、メディアが変われば国家から宗教、そして企業に至るまで、あらゆる組織は変わるし、変わらねば生き残れないことを意味する。クラウド時代の企業はもはや、何層にもわたる垂直的な組織構造では、迅速に変化する世界についていけない。グローバルに拡がる顧客にべったりとくっついた平面を最前線に持ち(「スーパー現場」)、そこから吸い上げられてくる大量の顧客情報を迅速に処理・分析し、的確な意思決定を下して最前線を支援できるフラットな組織（マキナニーは最大でも「四層構造まで」と言う）となる必要がある。クラウド、そしてグーグルがその開発に成功した量子コンピューターなど革新的な技術は、グローバルに拡がる平面をもつフラット組織が、迅速かつ効率的に機能するための基盤技術となるだろう。

以上のことをマキナニーは端的に、次のように表現している。

現場から〝スーパー現場〟への移行を成功させる秘訣は、価格下落を続ける情報という資源によって、それ以外の経営資源――土地、労働、資本など――を代替することにある。〔中略〕前世紀の半ばには、安価な製品を大量生産することがその当時の情報コスト－情報速度曲線とぴたりと一致していた。製造のための専門技術、すなわち〝ものづくり〟が主要な差別化要因だった。これに秀でた日本企業は絶好調だった。

当時から現在までの間に、情報コスト下落によって市場の支配力はつくり手から顧客へとシフトし〔中略〕、そのシフトは〝ものづくり〟能力ではなく、顧客情報の起点たる現場を支配できる能力を持つ企業にとって有利に働いた。（上掲書、五八頁）

逆にいえば、顧客情報の起点たる現場を支配できないまま、そして、グローバルに拡がる顧客にべったりとくっついた平面を持つこともなく、ひたすら〝ものづくり〟に励む企業は、顧客が何を望んでいるかをまったく理解しないまま製品・サービスを市場に流し込んでいるに等しい。これは、「よいものを作りさえすれば必ず売れる」とばかり、生産者起点の論理で〝ものづくり〟を続け、凋落していった日本企業の姿に重なる。

それにしても、ビジネスの位相がすっかり変わってしまうほどの劇的な変化が生じることを、一〇年前の日本でどれほど多くの人々が、正確に見通せただろうか。だが仔細に検討してみると、この変化はこの一〇年で突然生じたのではなく、一九七〇～一九八〇年代に芽が出て、九〇年代に形をとりはじめ、二〇一〇年代に入って急速に台頭して私たちの眼前に現れた資本主義の構造変化を背景としていることが分かる。それを一言で言い表したのが、上述の「資本主義の非物質主義的転回」である。

マキナニーの重視する「情報化(IT化)」をはじめ、「グローバル化」「金融化」「知識経済化」など、現代資本主義の変化を特徴づける様々なキーワードがこれまで語られてきた。これらは確かに、現代資本主義の特徴を言い当てている。だが本書では、資本主義システムの「非物質化」こそが、より根源的な変化をなしていると考える。これは資本主義の価値の担い手が、「物質的なもの」から「非物質的なもの」へと移行することを指している。経済成長を牽引するのは、「物的資本(有形資産)」から「無形資産」(知的財産、ソフトウェア、組織、ブランドなど)の蓄積に移行する。それにともなって、投資も「非物質化」する。もっとも重要な投資は、工場建設などの物的投資から「人的資本」投資へと移行していく。なぜなら、人間の頭脳のみが無形資産を生み出せるからだ。労働もまた、非物質的色彩を強め、消費は「モノ消費」から「コト消費」へと移っていく。

「物質主義的」資本主義の時代に勝利を収めるには、土地、労働、資本を押さえる(「所有する」)のがもっとも効果的な方法だった。それで、物的生産を行わねばならなかったからだ。だが今後は、これらを保有することに大きな意味はなくなる。人々が望むのはモノそのものよりも、モノが提供する快適さ、安全性、デザイン性、シンボル性など、「非物質的要素」に移行しているからだ。彼らは、製品を利用することで得られるより質の高いサービス(とそれで得られる満足感)に対して、より大きな支払意思を示す。そうだとすれば、企業は土地、労働、資本を手放し、それらを情報資源で代替しつつ、より高質なサービス提供に集中する方が、将来性があるということになる。

これをまさに実践しているのが、宿泊サービスを提供しているAirbnb(エアビーアンドビー)や、移動サービスを提供しているUberである。彼らは、ビジネスに必要なホテルや自動車を自らは保有せず、その所有者と契約を結んだうえで、サービス提供で収益を上げることに特化している。彼らはこうした物的生産に投資する代わりに、家主や自動車保有者などサービスの供給側と、宿泊や移動を望んでいる人々、つまりサービスの需要側とを結びつけ、マッチングする「プラットフォーム」、顧客データベース、そして地図情報といった「無形資産」の構築に莫大な投資を行っているのだ。彼らは、スマートフォンやパソコンなどのメディア技術を通じて、グローバルに拡がる顧客に直接アクセスする経路をもち、顧客情報を日々収集、分析して自らのサービス向上につなげるとともに、顧客の好みに適したサービスをカスタマイズして提供し、収益拡大につなげている。

こうした変化がさらに進展すれば、一単位の付加価値を生み出すのに必要な資源量は劇的に削減されるだろう。なぜなら、すべての人々が自動車を保有する必要はなくなり、自動車のシェアリングサービスを利用することで、十分に移動の必要性を満たせるからだ。自動車の保有台数は大幅に減るだろうから、その世界生産量も減少し、自動車メーカーはたしかに打撃を受けるかもしれない。彼らは、自動車を用いたサービス産業への転身を図ることで、生き残りを目指すだろう。だが、人々の生活利便性は維持されるので、社会的厚生水準が低下することはない。それどころか、自動車生産に用いられる資源量を削減でき、自動車での移動で排出されるCO_2や大気汚染物質の排出も減少する。これは、環境保全に貢献できることを意味する。

本書全体を貫くテーマは、「資本主義をいかにして持続可能で公正なものにするか」である。「資本主義の非物質主義的転回」が望ましい変化であるかどうかは、それが成長に寄与するか否かだけでなく、それが持続可能で公正な資本主義経済への変化を促すか否かで判定されるべきである。筆者の現時点での答えは、「資本主義の非物質主義的転回」はそのテストに合格する資格があるが、実際に合格できるかどうかは、今後の私たちの取り組みにかかっている、というものである。いかなる取り組みを実行すべきかについては、本書で詳細に展開している。

二〇一九年の秋、日本は二つの巨大台風(一五号、一九号)に襲われ、関東・東北地方を中心に甚大な被害を受けた。近年、台風が強大な勢力を保ったまま日本に上陸することが多くなっている。二〇一八年には台風二一号が関西空港を水没させるなど、関西地方を中心として甚大な被害をもたらしたことが記憶に新しい。こうした「台風巨大化」の背景要因として、地球温暖化による海水温の上昇が科学者によって指摘されている。台風は、海洋熱をいわば「燃料」として発達し、強大な勢力を保ったまま日本を直撃できるようになっているのだ。

このまま温暖化がいっそう進めば、日本は地球温暖化が引き起こす巨大台風によって毎秋、恒常的に襲われるようになるだろう。そのたびに甚大な被害を受け、経済も大打撃を受ける。温室効果ガスの排出削減は、産業の国際競争力を弱め、日本経済の成長を阻害すると長らく批判されてきた。だが、こうした「成長か環境か」という二項対立的な発想そのものが、気候変動危機の前では無効になりつつある。環境を守れないようでは、そもそも成長できないのだ。本書は、「資本主義の非物質主義的転回」が環境保全に取り組むことを通じて成長を生み出す経済システムへの転換に向けて、軌道を切り替えるにはどうすればよいか、真剣に考えるための一助になりたいと考えている。

同様のことは、「公正さ」についてもいえる。資本主義が巨大な格差と貧困を生みながら成長を遂げていることを、良しとする人はいないであろう。だが残念なことに、格差は依然として拡大を続けていることを、様々な統計指標が示している。カール・マルクスが『資本論』で明らかにしたように、資本主義は本来的に、格差と貧困を創り出しながら自己増殖を遂げていくシステムである。だが、一九世紀末から二〇世紀の前半にかけて、多くの国々で資本主義をコントロールし、格差と貧困問題を克服するための様々な仕組みが組み込まれていった。ところが、先進国で成長率が低下した一九七〇年代以降、格差と貧困を防ぐための様々な安全装置が逆に取り外されていった。一九八〇年代以降の新自由主義の時代を経て、資本主義は再びその本性を現し、格差拡大のメカニズムが作用し始めた。

私たちは、これに対してどのように対処すればよいのだろうか。本書は、「資本主義の非物質主義的転回」が格差を縮小させて公正な経済システムを実現するには、「社会的投資国家」への途を進む必要があると説いている。資本主義経済システムの変化は、市場と国家の関係をも変化させる。「人的資本への投資」の重要性の高まりは、変わりゆく国家の役割の最たるものである。「資本主義の新しい形」においては、人的資本への投資こそが、成長のためのもっとも重要な投資戦略になると同時に、それが格差拡大を防ぐためのもっとも強力な武器となるのだ。

目次

第一章　変貌しつつある資本主義

1　資本主義の本質
――変わるものと変わらないもの

1　資本主義の変わらぬ本質

戦後日本の代表的な経済学者の一人である都留重人は、その編著書『現代資本主義の再検討』（一九五九年）で、ジョン・ストレーチー、ポール・バラン、ポール・スウィージー、モーリス・ドッブ、ジョン・ガルブレイスなど、当時の国内外の錚々たる経済学者を招聘し、寄稿を求めた。彼が求めたのは、「資本主義は変わったか」という問題に対する見解であった。一九三〇年代の世界大恐慌、そして第二次世界大戦という危機的時代を生き延びた資本主義は、戦後になって経済が再び成長し始め、ケインズ主義の浸透で完全雇用を実現する目途が立った。一九世紀にカール・マルクスが分析した資本主義経済の基本問題を、戦後の資本主義はついに克服したかにみえた。しかし、それは本当だろうか。これが都留の問いであった。

資本主義といえば、(1)周期的な経済循環とそれにともなう失業などの問題、(2)独占化・寡占化の傾向、(3)不平等の拡大と貧困化、といった問題に長らく悩まされてきた。ところが、第一の問題に関しては、ケインズ主義に基づく財政金融政策で景気循環をコントロールし、第二の問題に対しては、独占禁止法で独占化・寡占化傾向を押し留めることが可能になったようにみえた。さらに、第三の問題に対しては、累進税制や社会保障を通じて所得を再分配することで、実際に平等化が進行し、人類はついに不平等や貧困の撲滅に成功するかのように思えた。もし戦後資本主義が、これらに成功したのだとすれば、それは資本主義の本質が変わったことを意味するのだろうか。都留は、このように問いを立てたのである。

この書物は、戦後資本主義がまさに黄金期に入ろうとする一九五九年に出版された。都留の問いは、こうした時代背景を色濃く反映している。社会主義が依然として、資本主義への有力なオールタナティブとして想定されている点も、この時代を象徴している。

いずれにせよ、それから約六〇年後の地点に立つ私たちは、資本主義的な経済発展が、必然的に(1)〜(3)の問題をともなうという意味での「資本主義の本質」は、決して変化しなかったことを知っている。第一に、一九八七年のブラックマンデー、一九九七年の東アジア通貨危機、二〇〇〇年のITバブル崩壊、そして二〇〇八年の世界金融危機と、私たちは景気循環を、政策によって人為的にコントロールする術を手に入れるどころか、そのようなショックが来ることすら、事前にまったく予想できなかったのだ。

第二に近年、その頭文字をとってGAFAと呼ばれる四つの巨大プラットフォーム企業(グーグル、アマゾン、フェイスブック、アップル)の存在感が異様なほど高まり、彼らの市場独占への脅威すら、囁かれるようになってきた。独占化・寡占化の問題は、決して過去の問題ではない。そして第三に、ピケティの『二一世紀の資本』を持ち出すまでもなく、不平等や格差の問題が戦後、これほど先進国で深刻化した時代はない(Piketty 2013)。

たしかに、資本主義はマルクスが提起した欠陥を一時期、克服したかにみえた。しかし、ケインズ主義をめぐるコンセンサスが一九七〇年代に崩壊し、一九八〇年代以降、先進国は新自由主義の全盛期を迎えた。資本主義の欠陥を是正していた、累進税制など所得再分配政策や手厚い社会保障政策の体系は解体され、規制が緩和されると私たちは再び、(1)周期的な金融危機とそれに続く実物経済の不況、(2)グーグルやアマゾンなどによる新たなグローバル規模での独占化のおそれ、(3)格差と不平等の拡大、といった諸問題に直面することになった。結局、資本主義の本質は何も変わっていなかったのだ。

2 資本主義の進化としての「非物質化」

資本主義の本質が変わらないことが判明したからといって、それが一九世紀資本主義を同じ形で再現するわけではない。資本主義は、ある意味で「進化」し続けるからである。では、どのように進化しているのか。本書では、資本主義の進化の本質を「非物質化」に求める。

現代資本主義の変化を特徴づけるキーワードとしてよく、「グローバル化」「金融化」「情報化(IT化)」「サービス経済化」などが挙げられる。これらはたしかに、過去三〇~四〇年間における資本主義の変化の本質を、うまく言い当てている。しかしこれらの変化は実は、資本主義が「非物質化」していく過程で現れる現象面を個別に言い表したものにすぎないといえる。資本主義のより根源的で、これらに共通する変化の源は、むしろその「非物質化」にあるというのが、本書の基本的な見方である。経済活動が生み出す価値は実際、「物質的価値」から「非物質的価値」へと、着実にその重点を移しつつある。(2)

この点を、もう少し詳しく説明することにしよう。一九七〇年代に起きた二度の石油ショックで、先進国経済の高度成長期は終わりを告げた。ケインズ主義的な財政金融政策は有効性を失い、代わって一九八〇年代の経済政策上の焦点は、需要側から供給側に移った。つまり規制緩和、民営化、(累進税制のフラット化や法人税引き下げを内容とする)税制改革、そして政府支出の削減を主たる内容とする、新自由主義的な改革である。国際面では、一九七〇年代に戦後の国際通貨システムを支えた「ブレトンウッズ体制」が崩壊し、変動相場制に移行した。同時に、国際的な資本移動が自由化されたため、一九八〇年代には国境を超える資本移動が飛躍的に高まった。

一九七〇年代から一九八〇年代に起きた変化は、その後の一九九〇年代以降の大変動を準備することになった。多国籍企業の隆盛とその世界的な展開(「経済のグローバル化」)、そして国境を超えてグローバルに移動する莫大な資金の流れ(「金融化」)は、その帰結である。これらを加速度的に促進する役割を果たしたのが、経済の「情報化(IT化)」である。一九八〇年代に、コンピューターをはじめとする情報通信技術が飛躍的に発展したことで、それが「金融化」と結びつき、一九九〇年代には資本が瞬時に、そしてより容易に国境を超えて移動することが可能になった。この結果、二〇〇八年の世界金融危機でいったん挫折するものの、今日に至るまで、国境を超える資本移動は激増の一途を辿っている。

「情報化(IT化)」はまた、サービス産業を革新し、その生産性を引き上げることに大きく貢献した。いまやその波は、サービス産業だけでなく製造業にも及び、あらゆる産業が「情報化(IT化)」することで、製造業とサービス業の垣根が崩れつつある。

3　企業の競争優位源泉の非物質化

このことはしかし、一九八〇年代にアメリカを「追い抜いた」はずの日本の製造業を、苦境に陥れた。たしかにアメリカは、「ものづくり」では日本に敗れたかもしれないが、その間に事業の再構築を進め、新しい姿で一九九〇年代以降よみがえってきた。彼らは、「グローバル化」が進展するもとで、何を国内に残し、何を海外に任せるかを決めた。つまり、アメリカでしかできないこと、アメリカでなら付加価値を最大化できる業務に集中した。アップルが「ファブレス企業(工場を持たない企業)」であることは、よく知られている。iPhoneを製造しているのは彼ら自身ではなく、中国、台湾、日本など東アジアの企業である。アップル本体は製品開発、デザイン、ビジネスモデルの構築、知的資産の創出とその権利保護、自らの製品のグローバルな製造・販売チェーンの構築とその管理に集中している。そして何よりも、顧客がもつ端末からえられる大量の情報を収集・分析して顧客の嗜好を正確かつ迅速につかみ、それに即応した新しい製品・サービスを次々に打ち出そうとしている。彼らは、今なお製造業に分類されているが、日本人が「製造業」と聞いて想像する姿からは、遠く隔たっている。

実際にアメリカで彼らが行っていることは、製造業ともサービス業ともつかないもので、しいて言えば、両者の融合した業態だといえよう(「製造業のサービス産業化」)。したがって、彼らが投資対象として重点を置くのは、もはや工場など物的なものではなく、「知識」(3)であり、またそれを創出し、使いこなす人材とこれらを生かす組織の構築、そして経営体制の構築である。iPhoneは、もちろん彼らが販売する製品だが、「売って終わり」ではなく、サービス提供のための媒体であり、同時に顧客情報の収集手段としても活用される。彼らは、iPhoneを通じて常時、顧客と密着し、その嗜好について知りつくす努力を傾注するだけでなく、その変化に即応する体制を築いている。

こうした要素は総体として、見たり触ったりできない「形のないもの」であるために、「無形資産(intangibles)(4)」と呼ばれている。そして、無形資産を創り出すプロセスの中核に位置するものこそ、「人」(人的資本)である。

日本企業は、資本主義の非物質化の重要性について、認識が完全に遅れた。日本企業が戦後、ものづくりにおいて偉大な優位性を発揮し、世界市場の席巻に大成功してきたことは疑いない。だが、「よいものを造りさえすれば、必ず売れる」という、供給側の論理に基づいた堅い信念は、時としてハードな物的投資への偏重に陥り、消費者が真に望んでいるものを把握する姿勢の欠如につながった。リーマン・ショックまでのパナソニック、シャープなど日本の家電産業による国内工場への巨大投資とその大失敗は、まさに過大な物的投資の象徴であり、日本の家電産業の没落は、貴重な教訓であった。

これに対してアメリカ企業は、第三章で示すように、「無形資産」という形のない資本に対して投資を行い、それを増大させてきた。成功しているアメリカの企業は、たとえ製造業であったとしても、「非物質的な要素」の戦略的重要性を明確に認識し、それが現代資本主義における競争優位の源泉であることを理解し、熱心な「非物質的」投資を怠らなかった。現代資本主義(とりわけ先進国)では、現代資本主義における価値創出の真の源泉を認識しないまま、高度成長期の延長線上で愚直に「ものづくり」に励んでも、新興国との底なし沼のような価格競争に巻き込まれ、価値喪失の危機に晒される時代に私たちは生きているのだ。

2　資本主義はどこへ行こうとしているのか

1　資本主義は「長期停滞」に入ったのか――サマーズの問題提起

資本主義の非物質化の問題に入る前に、私たちがいま、資本主義発展の歴史の中で、どのような段階にいるのかを確かめておこう。図1-1は、一九八〇年以降の過去約四〇年間における、主要先進国(G7)の経済成長率の推移を示している。ここに示されているように、G7諸国の経済成長率は、明らかに長期低下傾向にある。一九八〇年代には三〜五%を示していたG7諸国の成長率は、一九九〇年代には三%前後に落ち込み、さらに二〇〇八年の世界金融危機後は、ほぼ二%未満に低迷している。

なぜ、先進国経済の成長率は長期低下傾向にあるのだろうか。これを、「長期停滞(secular stagnation)」と名付けて解釈しようとしているのが、ハーバード大学教授のローレンス・サマーズである

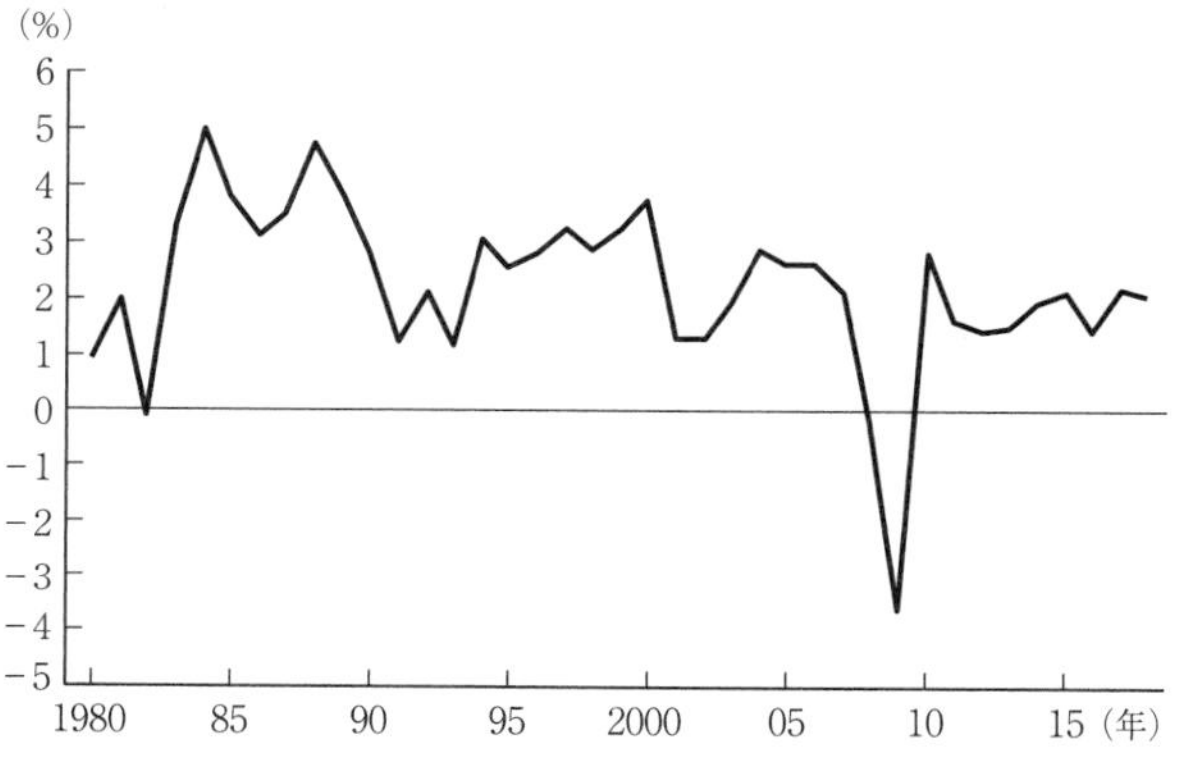

［出所］International Monetary Fund, World Economic Outlook Database, Update, July 2019 より筆者作成.

図 1‒1　主要先進国(G7)の経済成長率推移

(Summers 2013b, Summers 2016)。本節では、彼の長期停滞論を手掛かりに、資本主義経済の現在について考えることにしたい(5)。

サマーズは、世界金融危機後のアメリカ経済が、連邦準備制度理事会(FRB)による積極的な量的緩和政策にもかかわらず、期待をはるかに下回る弱々しい回復しか実現できず、金利をゼロ近傍から引き上げることもままならなくなるとは、多くの専門家が予想もしていなかったはずだと述べている。つまり成長率の低下は、世界金融危機後の一時的な現象ではなく、長期的なトレンドとして定着しつつあるのではないか、というのがサマーズの問題提起である。

「長期停滞」の概念は、サマーズも指摘するように、もともとアメリカの経済学者アルヴィン・ハンセンが初めて用いたものである。一九三八年一二月二八日にミシガン州デトロイト市で開催された全米経済学会の年次総会において、ハンセンは会長講演「経済進歩と減退する人口増加(Economic Progress and Declining Population Growth)」で、アメリカ経済が長期停滞に入ることは避けられないと主張したことで、注目されることになった(Hansen 1939)。

彼が、アメリカ経済の長期停滞入りが不可避だと主張した理由は、次のようなものであった。つまり、アメリカ経済が完全雇用に達するには、十分な規模の民間投資が必要だが、それは次の三つの理由により困難になっているとハンセンは指摘した。第一は、人口増加が減退しつつあること、第二は、大規模な投資を誘発する上で十分な規模のイノベーションを起こせないでいること、そして第三は、新たな領土拡張にともなって必要となってきた投資機会が、もはや消滅してしまったことである。

もちろん、民間投資の不足を財政支出の拡大で補うこともできる。しかし、統制による物価コントロールが可能な(当時台頭しつつあった)全体主義国家とは異なり、民主主義社会で激しいインフレを引き起こすことなく、果たして大規模な財政拡張を実現できるのか、ハンセンは疑問を呈する。しかも、それを賄う増税は民間投資への悪影響や、民間消費の減退という副作用をともなう。さらに、財政支出によって完全雇用に近づけば近づくほど賃金が上昇し、物価上昇が引き起こされる。すると、労働者の実質賃金は下がり、消費が抑制される。あるいは、名目金利が上昇し、民間投資が抑制される。つまり、財政規模拡大は、経済全体に副作用をもたらし、その効果を打ち消してしまうのだ。こう論じてハンセンは結局、財政拡張が問題の解決手段とはなりえないことを強調し、よって長期停滞は不可避だと示唆したのである(Hansen 1939: 11–15)。

以上のハンセンの議論は、当時の時代状況を念頭に置いて、割り引いて理解する必要がある。彼が講演を行った一九三八年は、世界大恐慌後からアメリカ経済が恐慌前の水準までようやく回復を遂げるやいなや、再び景気後退に見舞われた時期に相当する。したがって、悲観論が広がりやすい状況であった。だが現時点から振り返れば、翌一九三九年には第二次世界大戦が勃発し、戦争経済がアメリカに好景気をもたらしたことを、私たちは知っている。さらに戦後は、戦争特需の消滅で長期停滞に突入するかと再び懸念されたものの、ベビーブームによる人口増加、イノベーションの活発化と高度経済成長が実現し、経済がほぼ完全雇用に達した。アメリカ経済に関するハンセンの予想は現実によって、大きく覆されたのである。

こうして、長期停滞は杞憂だとの認識が広がり、人々の関心はそこから遠ざかっていった。実際、経済学文献における長期停滞への言及は、一九五〇年代にピークに達した後、二〇一三年一一月八日のIMF経済フォーラムでサマーズが言及し、長期停滞論を復活させるまでは(Summers 2013a)、ほぼゼロ、つまりまったく忘れ去られた存在となっていた(Backhouse and Boianovsky 2016: 946–949)。

ところがサマーズは上記講演で、二〇〇八年の世界金融危機後五年を経た段階で、(1)現在の先進国における成長率の低迷は一時的現象ではなく、長期的な現象であること、(2)その原因は、①所得のうち、貯蓄に回す所得部分の比率である「貯蓄性向」が上昇していること、②民間投資が不足していること、この二つの要因の相乗作用によることを強調した。彼は、現代資本主義分析にあたって長期の視点と投資不足を強調することで、ハンセンの基本思想を継承していることを示した。

ではなぜ、人々の貯蓄性向が上昇しているのか。第一に、所得と富の分配が不平等化しているために、所得のうち消費に回す比率(「消費性向」)の高い中低所得者層の実質所得が低下し、結果としてマクロ経済における消費減退を引き起こしている。第二に、社会が高齢化し、現役引退後の長い人生に備えるために、人々が貯蓄に励むようになった。所得のうち貯蓄に回る部分の増加は、すなわち消費

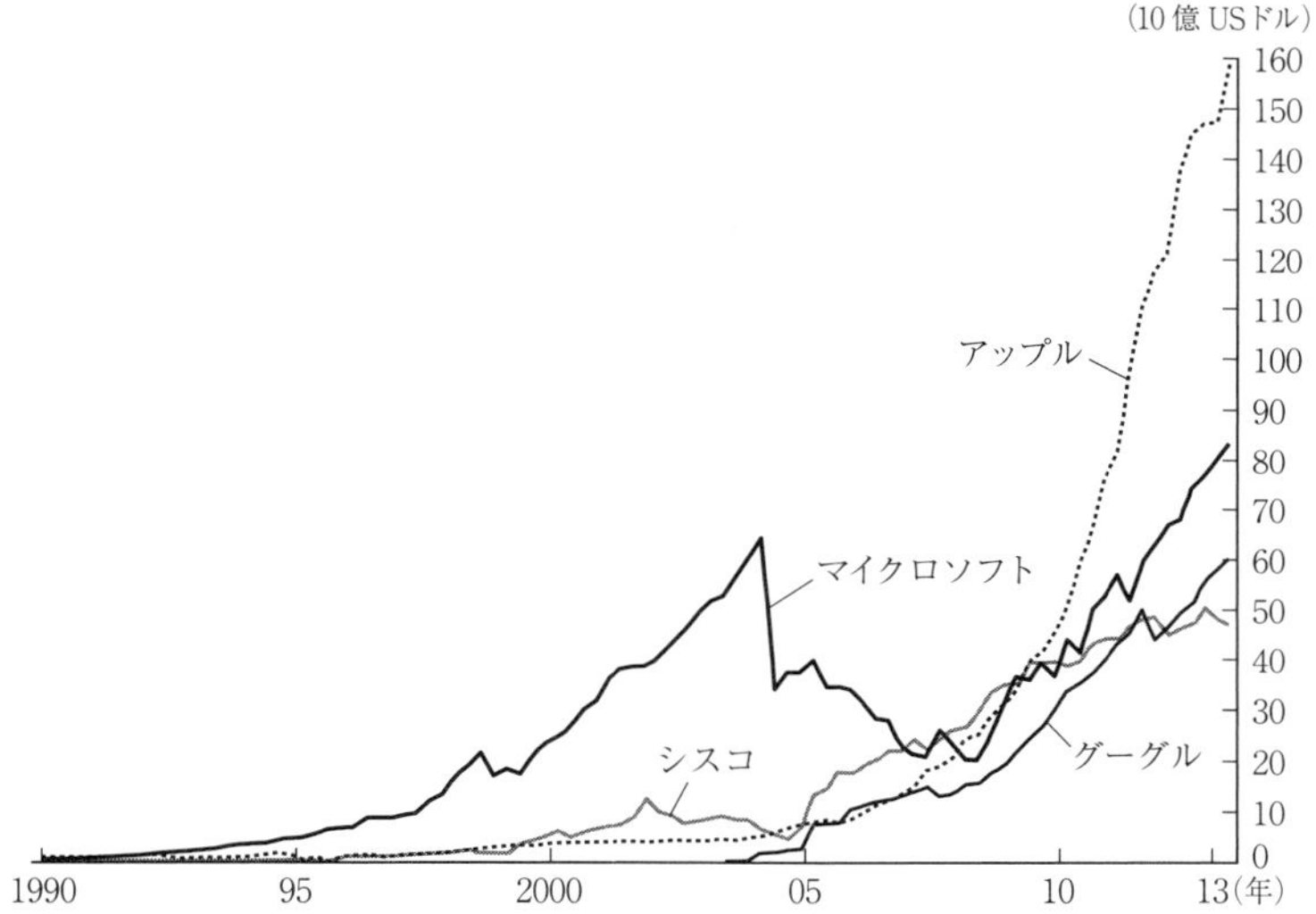

［出所］Gruber and Kamin(2015), p. 29, Figure 3.

図1–2　米国巨大企業による現金保有および短期投資の推移

に回る所得部分の減少に他ならない。これらは、経済成長にはマイナスに作用する。

　他方、なぜ民間投資が不足するのか。サマーズは、今もっとも成長の著しいアメリカの大企業が近年、現金を手元に保全しようとする傾向が高まっていると指摘する。実際、図1-2にあるように、アップル、グーグル、マイクロソフト、シスコといったアメリカを代表する成長企業が、世界金融危機後に、驚くほど急速に現金保有と短期投資を増やしているのは印象的である。

　さらに先進国では二〇〇〇年代以降、企業が資金の借り手側から逆に、貯蓄を積み増す側に転じる傾向が強まっている。この点は、「法人の超過貯蓄(corporate saving glut)」の名の下に近年、専門家

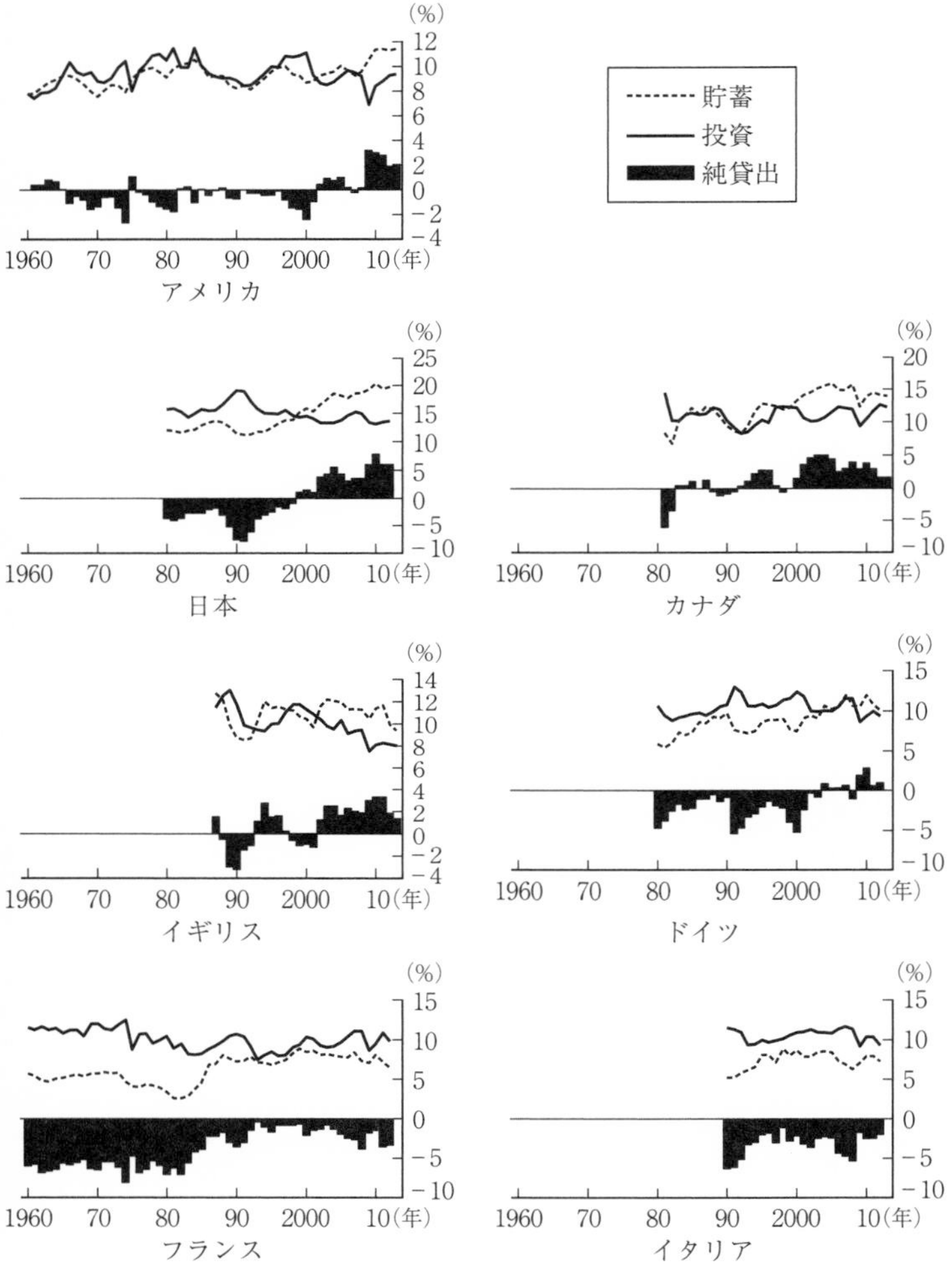

［出所］Gruber and Kamin(2015), p. 27 & p. 28, Figure 1 および Figure 2.

図 1–3　G7 諸国における非金融法人部門の「純貸出」の推移(GDP に占める割合)

の注目を集める現象となりつつある。例えば図1-3は、G7諸国における非金融法人部門の「純貸出」(＝貯蓄－投資)の推移を示したものである。この値が正になるということは「貯蓄超過」の状態、つまり投資を上回る潤沢な資金が企業の手元に存在しているか、それとも、収益性の十分高い投資機会が存在せず、結果的に貯蓄が過剰とならざるをえない状態となっているか、そのどちらかである。逆に、この値が負になるということは、投資を賄うのに十分な資金を自ら調達できず、「過少貯蓄」の状態、つまり外部からの借り入れに頼らざるをえない状態であることを意味する。

以上を踏まえて図1-3を確認すると、アメリカ、日本、カナダ、イギリス、ドイツの非金融法人部門は、二〇〇〇年代以前には投資が活発で「純貸出」(＝超過貯蓄)が負の値をとっていたのに対し、二〇〇〇年代以降は投資が減退して正の値、つまり貯蓄超過に転じている点で共通している。これに対してフランスとイタリアのみは、依然として純貸出が負の値をとっている。

これはきわめて驚くべき現象だといえよう。企業は通常、旺盛な投資意欲をもつにもかかわらず、それを実行する十分な自己資金をもたないため、外部資金を調達する。したがって「純貸出」の値は、負の値をとるのが正常だといえよう。実際、それが二〇〇〇年代に至るまでのすべてのG7諸国の姿であった。しかし、それが正の値をとるということは、企業が貯蓄超過部門になるということである。これは、企業がもはや旺盛な投資意欲をもたないか、あるいは投資したくても投資できない「投資機会の喪失」状態に陥っているのか、そのどちらかだと考えることができる。

グルーバーとカミンは、G7諸国のうち五か国で純貸出が正の値をとるようになった要因を探求するために、実証研究を行っている(Gruber and Kamin 2015)。結果、彼らは純貸出の増加が、二〇〇八年の世界金融危機後による景気後退で生じた需要の落ち込みに対応して、企業が投資支出を絞り込んだことが直接的な原因だと結論づけた。しかし彼らは同時に、純貸出の増加傾向そのものは、すでに世界金融危機以前から観察できることを指摘し、より根本的な要因は「投資の減退」、あるいは「投資機会の欠如」と関連していることを示唆している。

さて、サマーズの挙げる投資減退の第二の理由は、「共有経済（シェアリング・エコノミー）」の浸透だ。民泊事業を営む米国のAirbnbや、配車サービスを展開する米国のUberなどが、人々のニーズに応えることに成功すれば、ホテル建設や自動車製造への需要を縮小させる可能性がある。また、アマゾンを通じたネット購入が一般的になれば、ショッピングモールなど実店舗での買い物需要は、大幅に減少するかもしれない。さらに、情報技術の進歩は一般に、コピー機、印刷機などの事務機器への需要を減退させ、同時に製紙需要を大幅に減退させている。つまり現在、私たちの眼前にある新しい技術は、物的な投資を不要にしていく効果をもつのだ。

2　「自然利子率の低下」が意味するもの

こうして貯蓄が増大する一方、投資が減少すれば、両者をバランス（均衡）させる利子率は低下する。このことを、図1‐4を用いて確認しておこう。この図は、金融市場で利子率がどのように決定されるかを示している。縦軸に利子率、横軸に資金の需要と供給がとられ、右肩上がりの曲線M^Sは資金の供給曲線、右肩下がりの曲線M^dは資金の需要曲線を示している。

利子率が高くなれば高くなるほど、資金を貸し付けることでえられる対価は大きくなるので、資金供給が増える。これが、M^Sが右肩上がりとなる理由である。M^dが右肩下がりとなるのは、利子率が低くなるほど、資金を借り入れる場合の返済コストが小さくなるので、資金需要が増えるためである。利子率は、こうして描かれたM^SとM^dの交点E^0、つまり図のi^0の高さで決定される。

さて、サマーズの指摘のように貯蓄性向が上昇するのであれば、同じ利子率の下でも貯蓄は増加し、

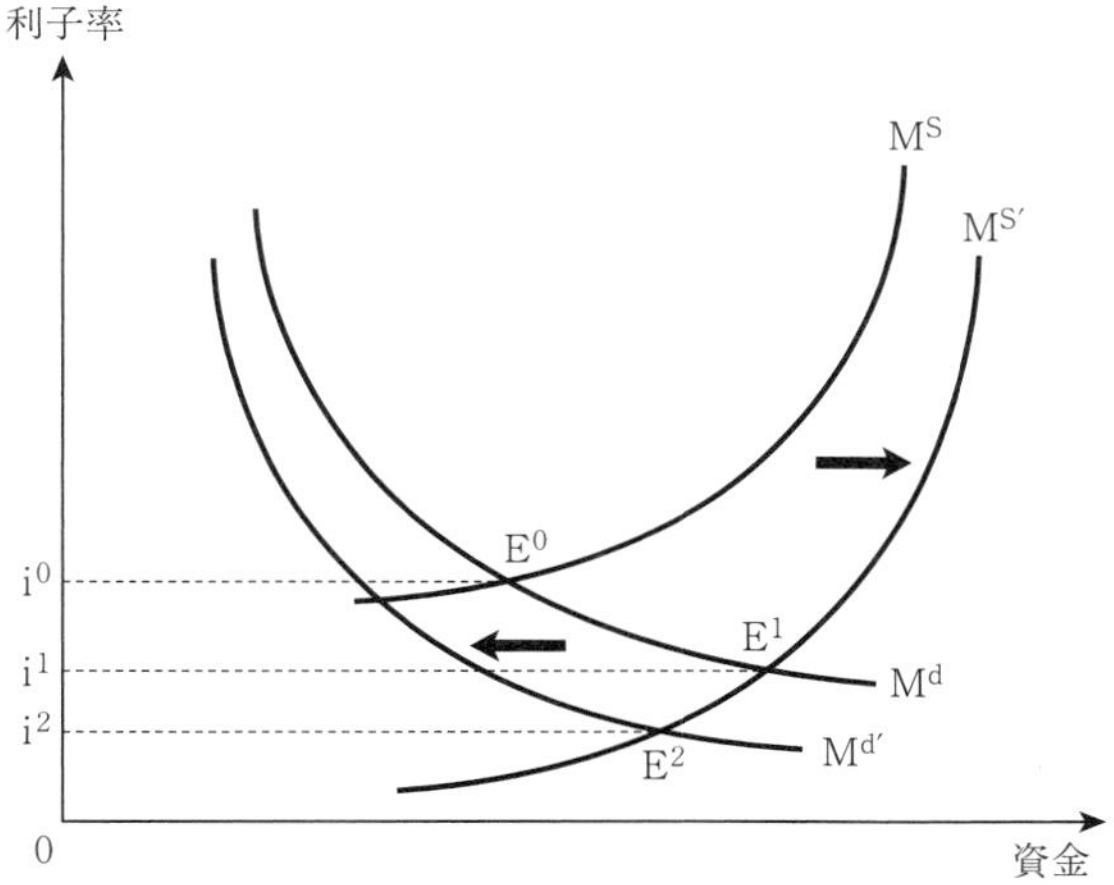

図 1-4　金融市場における利子率の決定

結果として資金の供給は増加するので、図1-4の供給曲線M^Sは右へシフトして$M^{S'}$となる。この結果、新しい均衡点はE^1となり、均衡利子率はi^0からi^1へと低下する。次に、企業が資金を調達して投資を行う意欲が減退する場合には、同じ利子率の下で投資のための資金需要が減少する。つまり、図1-4の需要曲線M^dが左方にシフトすることで、新しい均衡点はE^1からE^2に移る。この結果、利子率はさらにi^1からi^2に低下する。

もしサマーズの「長期停滞論」が正しければ、人々の貯蓄性向が上昇し、企業の投資意欲が減退するので、図1-4で説明したメカニズムが働き、利子率はE^0→E^1→E^2へと低下するはずである。実際はどうか。これは、「自然利子率」の動きを観察す

ることでチェックできる。

サマーズは、スウェーデンの経済学者クヌート・ヴィクセルが導入した「自然利子率(Natural Rate of Interest)」(これは、「中立実質利子率」(neutral real interest rate)とも呼ばれる)の考え方を援用し、自らの長期停滞論を支える論拠を提示しようとしている。[6]「自然利子率」とは、現実のデータでは観察されないが、経済が潜在成長率に達した場合に、貯蓄と投資を均衡させる望ましい水準の均衡利子率だと定義される。

いま世界的に、この自然利子率の長期低落傾向に注目が集まっている。よく引用されるのは、イングランド銀行のレイチェルとスミスによる研究である。彼らは、図1-5において、過去三〇年間のデータを用いて先進国と新興国の金利推移から推計された「世界実質金利」を示した。図において、世界実質金利は黒の実線で示される。これは、一九八五〜二〇一五年の三〇年間で約四・五%も下落し、現在、ゼロ近傍まで低下してきていることが分かる。そして彼らは、この傾向が今後も継続するどころか、強まる可能性すらあると結論づけている(Ra-

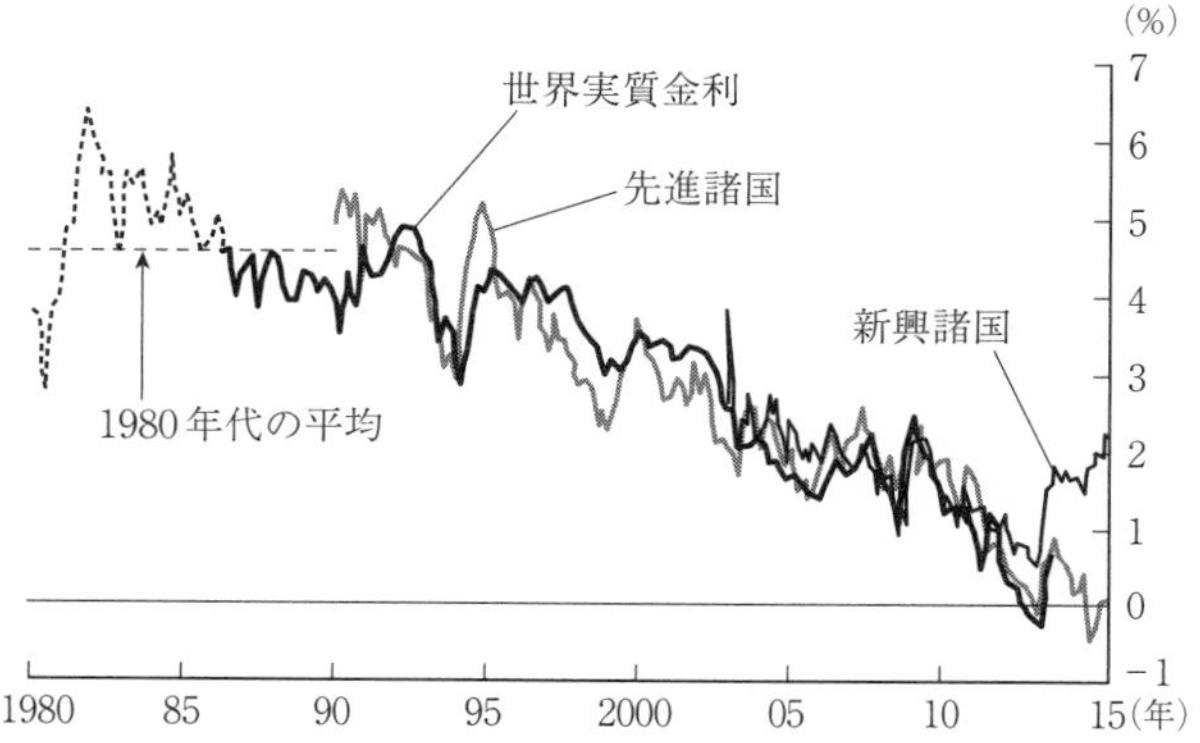

[注]点線は英国のデータのみに基づく推計値
[出所]Rachel and Smith(2015), p. 4, Chart A5.

図1–5　世界長期実質金利の推移(%)

chel and Smith 2015)。したがってグローバルな自然利子率は今後も低迷を続け、中長期にわたって一%前後にとどまるだろうというのが彼らの見方である。これは、サマーズの長期停滞論を傍証する一つの有力な論拠となる。なお、日本でも、自然利子率の低下問題は、ここで取り上げているレイチェルとスミスの議論を含め、翁邦雄によって詳細に論じられている(翁 二〇一七)。また、岩田一政らの編著書では、日本の自然利子率の推計が試みられており、それによれば日本の自然利子率は、一九九七年以降一貫して負の値をとっていることが確かめられている(岩田・左三川・日本経済研究センター編著 二〇一六:二六二)。

ところでなぜ、自然利子率は一九八〇年代以降、グローバルな規模で一貫して低下傾向にあるのか。レイチェルとスミスは、その要因を探るなかで、サマーズと同様に貯蓄性向の高まりと投資の減退に注目することが重要だとしている。第一に、貯蓄性向を高める要因として彼らは、①人口動態(グローバルな規模での労働供給の低下)、②不平等の高まりによる消費低迷、③新興国政府による予防的な資金保全動機、という三つの要因を挙げている。他方、投資が望ましい水準に達しないのは、①資本財の相対価格の低下(投資「量」が価格低下を相殺するほど増えない限り、投資「額」は低下する)、②公共投資の低下傾向、③(国債などの)安全資産の利回りと、望ましい投資が実現すべき投資収益率との乖離(「信用スプレッド」)拡大、という三つの要因による、と彼らは指摘する。いずれにせよ、(1)消費低迷を原因とする総需要の弱さ、そして、(2)十分な収益性をともなう投資機会の欠如、以上二点を指摘している点で、彼らの見解はサマーズの診断と軌を一にしている。

では、こうした問題に対して、どのような処方箋がありうるのだろうか。サマーズは、金融政策では自然利子率そのものを引き上げることはできないと指摘する。もちろん、それは投資を刺激することで需要を引き上げ、自然利子率の引き上げに寄与するはずだが、これまでの実績からみて、それが成功していないことは明らかだとしている。したがって、自然利子率を引き上げる役割は財政政策に割り当てられるべきであり、拡張的な財政政策は貯蓄を減らし、成長を刺激するはずだと結論づけている。

しかも、長期停滞期には金利も低く、インフレ率も低いために原材料費が安く、建設部門の失業率も高いために、公共事業を実施する理想的な環境が整っている。財政拡張は財政赤字を増大させ、将来世代に負担を残してしまうと多くの人々が心配している。だが将来世代は、現在の老朽化したアメリカのインフラを現在世代から引き渡されるよりも、投資を行って更新されたインフラを引き渡される方が、はるかにその生活水準は高まるはずだ、とサマーズは主張する。こうして、問題の診断においてハンセンを継承したサマーズは、その処方箋では、財政拡張政策に懐疑的だったハンセンと、袂を分かつのである。

だが、財政拡張政策に対するサマーズの見方は、楽観的過ぎるのではないだろうか。財政拡張政策といえば、バブル崩壊後の日本は、まさにその実験場であった。景気対策として、数次にわたる緊急経済対策が打たれ、公共事業を中心に財政的な大盤振る舞いが行われた。だが、成長率の低下を食い止めることはできなかったのである。もし、総需要の弱さと投資機会の喪失が、現代資本主義の構造に起因するのであれば、公共投資を中心とする財政拡張政策で一時的に問題を緩和できても、構造そのものを変えるのはきわめて困難ではないだろうか。かつて重化学工業が産業の主軸であった時代には、コンビナート、道路、港湾をはじめとするインフラ投資は、直接的に産業の生産性向上に寄与した。だが、いま産業の主軸になっている情報通信産業やサービス産業と、公共インフラ(社会資本)との間には、かつて存在していたような関係が消滅し、公共投資が必ずしも産業の生産性や競争力向上につながらなくなっている。

もちろん、社会資本の老朽化が今後進むため、更新投資の必要性は高まる。さらに、脱炭素化のための公共投資、再生可能エネルギー大量導入のための電力系統投資といった、新しいインフラ投資の必要性も生まれている。だが経済企画庁(現内閣府)が推計した公共投資の乗数効果(公共投資が、その投資額の何倍の所得増加効果を引き起こすかをみる指標)でみると、一九六〇年代には五を超えていたが、一九九〇年代半ばには一・二四と、限りなく一に近づいている。つまり公共投資が成長を押し上げる効果は、長期低落傾向にあるということだ。その背景には、経済のグローバル化やサービス化があり、本書でこれから論じていく「経済の非物質化」とも深く関わっている。

3　なぜ「投資機会の喪失」が起きているのか

以上みてきたように、(1)成長率の傾向的な低下、(2)企業の純貸出の増大傾向、そして(3)自然利子率の長期的な低落、という形で私たちの眼前に表れている資本主義の変化は、一時的なものではなく長期的なものであり、循環的なものではなく構造的なものである可能性が高い。こうした資本主義の構造変化を示す経済指標として、労働生産性の低下を挙げることができる。労働生産性とは、一単位の労働(例えば一時間の労働)でどれだけの付加価値を生み出すことができるかを示す指標である。一単位の労働を用いてより大きな付加価値をもたらす財・サービスを開発・提供することに成功するか、あるいは、同じ付加価値を創り出すのに必要な労働を削減する技術進歩／イノベーションを引き起こすことに成功すれば、労働生産性は向上する。したがって労働生産性の伸びは、経済成長を促した要因を知る上での重要な指標となる。

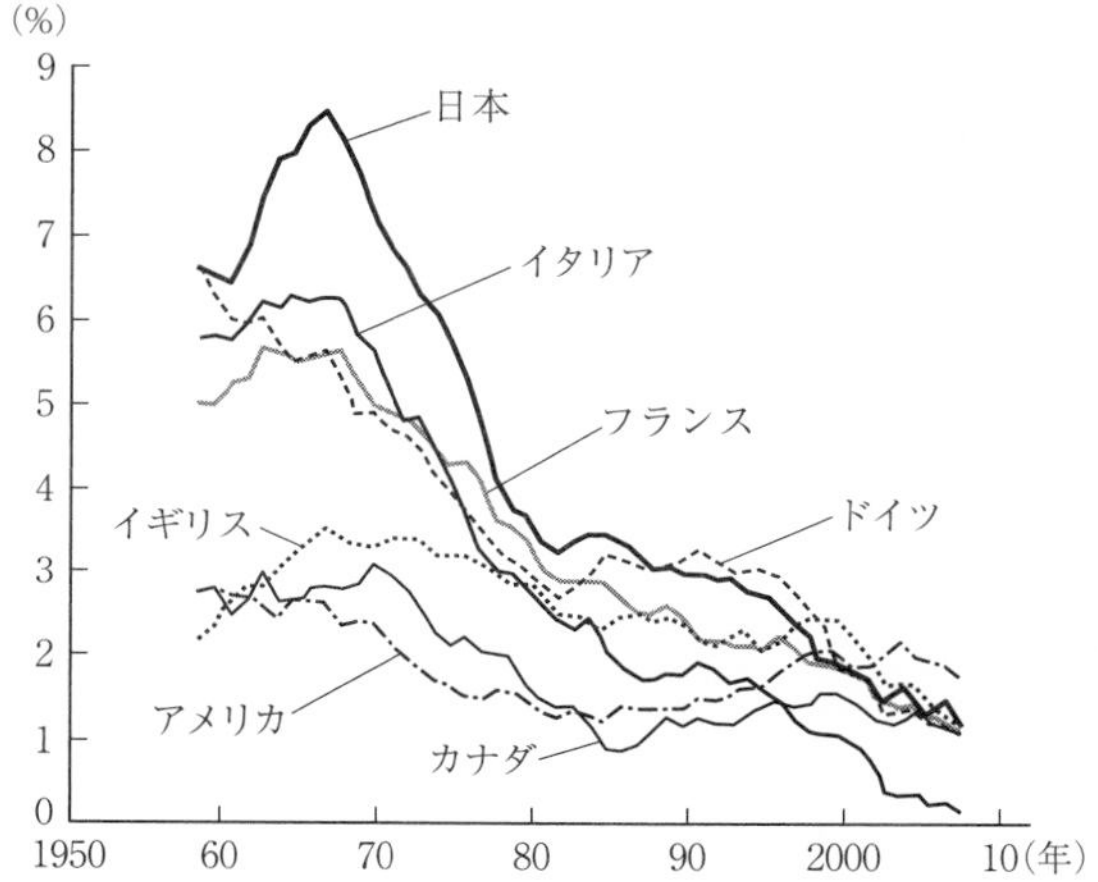

［出所］Furman(2015), p. 4, Figure 3.

図 1–6　G7 諸国における生産性上昇率の推移

　ところで、主要先進国を対象とした一九六〇年代以降の労働生産性の推移に関する推計はいずれも、過去四〇〜五〇年にわたって労働生産性の上昇率が一貫して下落し続けてきたことを示している(Dabla-Norris et al. 2015, Furman 2015, Baldi and Harms 2015)。図1–6に示されているように、労働生産性の上昇率は一九六〇年代にピークを打って以降、一九九〇年代から二〇〇〇年代にかけて一時的な上昇を経験したアメリカを除き、現在に至るまでほぼ一貫して下落している。これは、経済成長を生み出す資本主義の潜在能力が、一貫して弱体化しつつあることを示している。

　ではなぜ、一九六〇年代以降、労働生産性の伸びが一貫して減少してきたのであろうか。アメリカ経済史の研究者で、長期的な視野からアメリカ経済の成長を研究してきたロバート・ゴードンが、この点で多くの示唆を与えてくれる(Gordon 2012, Gordon 2016)。

ゴードンによる主張の最大の論点は、一九六〇年代のような高い生産性、高い成長率は、決して資本主義の常態ではなく、むしろ二〇世紀に固有の、そして人類史上の唯一無二のエピソードだったというものである。私たちは、まだ成長率が高かった時代の記憶を引きずっており、高い成長が正常であって現在のようなゼロ成長が異常だと認識しがちである。そして、さまざまな経済政策を打てば、「正常な」状態に復帰できると、いまだに信じている。しかしゴードンは、一七五〇年から今日までの経済発展過程をたどる中で、現在こそむしろ「ノーマル」であり、二〇世紀は特異な世紀だったと結論づけるのである。

彼は、考察にあたって三つの産業革命の果たした役割に注目する。つまり、一七五〇〜一八三〇年の第一次産業革命(水蒸気、道路)、一八七〇〜一九〇〇年の第二次産業革命(電気、内燃機関)、そして一九六〇年から現在までの第三次産業革命(コンピューター、ウェブ、携帯電話)である。彼は、第二次産業革命こそが他の産業革命よりも重要であり、それが一八九〇年から一九七二年の期間に高い生産性上昇の実現に大きな役割を果たしたことを論証していく。もっとも、第二次産業革命のスピンオフ技術といえる航空機、空調設備、州間高速道路のもたらしたインパクトが出尽くすと、一九七二〜一九九六年にかけて生産性上昇は大きく減速する。たしかに、第三次産業革命は一九九六年から二〇〇四年にかけての短期間、アメリカの生産性上昇をもたらしたが、それ以降は再び下降局面に入った(図1-6参照)。

もう少し詳しく見れば、一八七〇～一九〇〇年のわずか三〇年間に引き起こされた第二次産業革命は、電気と内燃機関をコア技術として、電話、写真、映画、エレベーター、電動機、家電、自動車、トラック、飛行機、高速道路、スーパーマーケット、上下水道など、産業と消費生活の全領域を一変させる画期的な発明を次々と誘発していった。これらにテレビ、空調設備、州間高速道路網などの補完的・追加的発明がさらに続き、それがおよぼす生産性と生活水準の改善効果は一九七〇年まで続いた。結局、第二次産業革命はその効果が出尽くすまでに一〇〇年間いっぱいかかったのである。

ゴードンは、第二次産業革命とそれが及ぼしたインパクトは、あくまでも一回限りだったことを強調する。例えば、旅行のスピードは、過去一〇〇年の間に馬のレベルから飛行機のレベルに向上したが、そのような大変化は一度限りしか起きない。一九世紀の生活では、冬の凍てつく寒さと夏の蒸し暑さを甘受せざるをえなかったが、空調設備のおかげで現在、私たちは年間を通じて摂氏二二度前後の快適な環境で生活することができる。このような大変化は、一回限りしか生じない。アメリカを含む先進国は、一九世紀までの農業／農村主体の社会から、工業・サービス業／都市主体の社会へ変化したが、同様に、こうした大変化は二度と生じない。たしかに照明にしても、空調にしても、その後、現在に至るまでこれら技術の「改善」は起きているが、「革命」は起きていない。つまり基本的に私たちは、第二次産業革命時に発明された技術の延長線上で生きているのだ。

一九七〇年代以降、先進国の経済成長率が低下の一途を辿ったのは、こうした一回限りの大変化が産業に与えるインパクトが減衰したからだ、というのがゴードンの結論である。第三次産業革命はたしかに、アメリカでは一九九六～二〇〇四年の期間に平均成長率二・四六％を実現した。それは、一八九一〜一九七二年の平均成長率二・三三%に匹敵する高さにすぎない。しかもその後、成長率は再び鈍化してしまった。第三次産業革命は、電子空間でこそ大きな変化をもたらし、私たちの生活の利便性を大いに引き上げた。だが、生産と生活に物的な意味で画期的な変化をもたらし、それを通じて

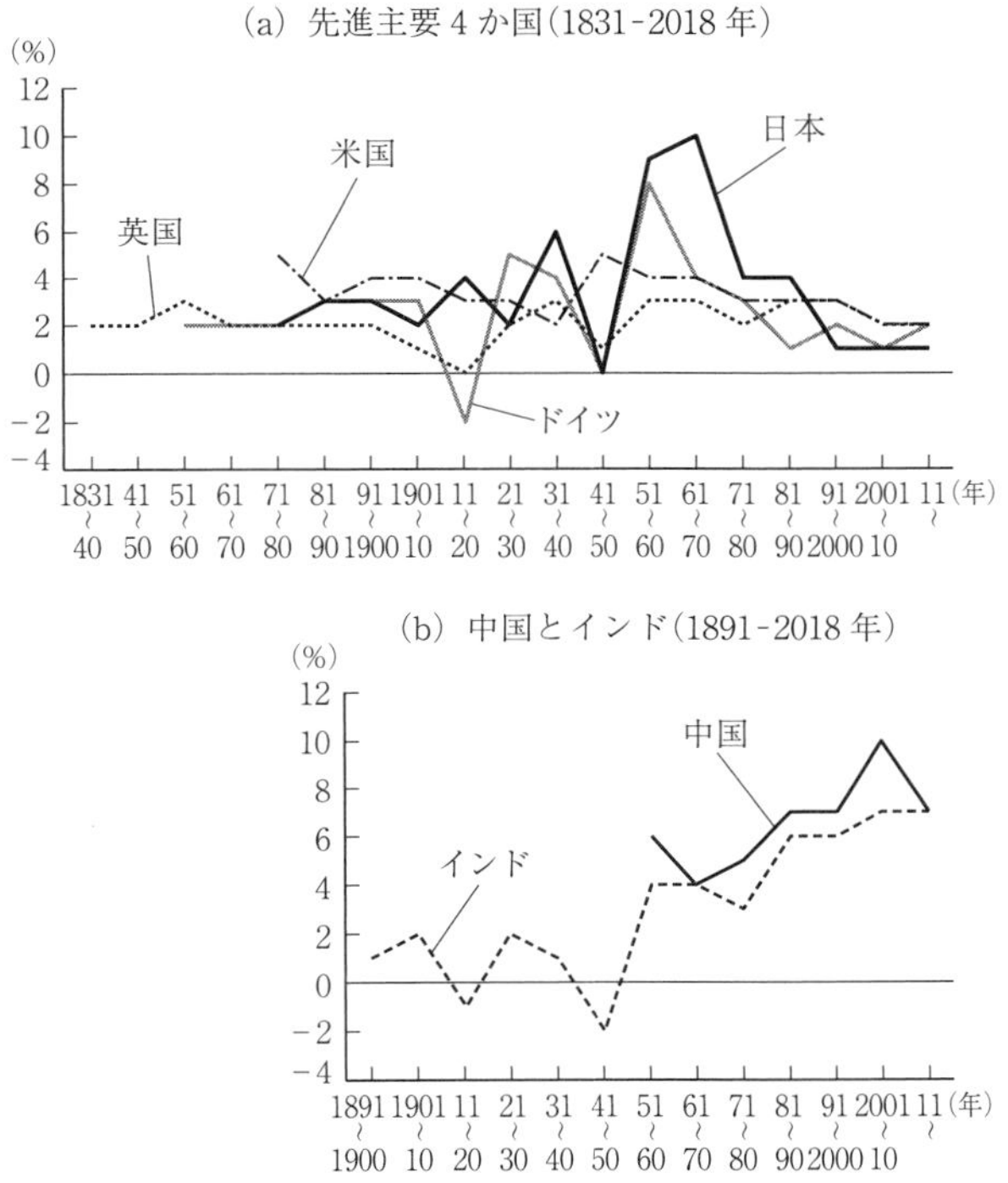

[出所]以上両図とも，下記データより筆者作成.
2008年まで：*Historical Statistics of the World Economy: 1–2008 AD* (March 2010, copyright Angus Maddison), Home Maddison,(http://www.ggdc.net/maddison/oriindex.htm).
2008年以降：IMF, *World Economic Outlook Database*, Update, July 2019.

図1–7　経済成長率の推移(10年間平均)

巨大な投資需要を発生させ、経済成長に持続的な刺激を与え続けるほどの効果はなかった。例えばコンピューターやサーバーなど、第三次産業革命にともなって必要となったハードウェアは、物的な意味で資本ストックを大きく積み増し、劇的に生産性上昇を引き起こすにはインパクトが小さすぎた、とゴードンは主張する。

図1-7(a)および1-7(b)は、先進国四か国(アメリカ、イギリス、ドイツ、日本)と新興国(中国、インド)のGDPに関する歴史データから、一〇年間平均で成長率を算出し、その推移を図に示したものである。この図を見ながら、ゴードンの主張を確認しておこう。

図1-7(a)は、先進主要四か国の長期的な経済成長率(一〇年間平均)の推移を示している。これによれば、一九世紀半ばには二%程度であった成長率は、第二次産業革命とともに一九世紀末から一挙に倍増して四%程度に上昇、さらに二〇世紀半ばには六〜一〇%の高度成長を達成した。しかし一九七〇年代には成長率が急落して二一世紀の現在、再び二%かそれ以下の水準に戻っている。少なくとも先進国をみる限り、ゴードンの主張は妥当性を帯びている。つまり、現時点で得られるデータからは、高度成長は二〇世紀特有の現象だったということになりそうである。

もっとも、視野を先進国から新興国にまで広げれば、異なる様相が表れてくる。図1-7(b)に示されるように、中国とインドの成長率の推移は、先進国とまったく異なる動きを見せている。つまり、二〇世紀後半からぐんぐん伸び率が上昇し、二〇〇〇年代に入ってもっとも高い成長率を記録している。これは、(労働)人口の伸びの大きさや、製造業の中心が欧米から東アジアへ、さらに東南アジアへ、そしてインドを中心とする南アジアへと移行しつつあることを反映している。いわば、ものづくり資本主義の中心軸が、欧米・日本から中・印を中心とするアジアへと移行する歴史的変動期にあることを示しているのだ。

だが、もしゴードンの主張が正しければ、中国やインドもまた、先進国と同様の理由により、一回きりの高度成長を終えた後は成長率が下がり、年率一〜二％の低成長時代に入るだろう。実際、中国の二〇一一〜二〇一八年平均成長率は減少局面に入っている。したがって、成長率の長期推移を描くと、先進国から四〇〜五〇年のタイムラグをともなって山形となるはずである。つまり「投資機会の喪失」に、現在の新興国もいずれ直面することになる。

結局のところ、なぜ「投資機会の喪失」が起きているのか、という本節の問いへの回答については、第二次産業革命が経済にもたらす巨大なインパクトが一回限りで再現性がなく、現在はその効果も減衰したこと、第三次産業革命は、それに匹敵するインパクトをもちえなかった、という結論になりそうである。もちろん一〇年後、二〇年後に成長率、自然利子率、そして労働生産性が何らかの原因で反転し、再び上昇トレンドに向かう可能性がまったくないわけではない。しかし現在、見通せる限りにおいて反転の兆しはなく、むしろ今の傾向は強まりこそすれ、弱まることはない点で、専門家の見方はかなりの程度、一致している。

ただしここで一点、留保が必要である。以上の議論はすべて、資本主義の物的側面に限定されている。もちろん、統計で把握される限りで、「サービス」など非物質的な側面もたしかに含まれている。だがそもそも経済統計は、経済活動の非物質的側面を十分に捕捉できていない可能性が高い。例えば研究開発投資が、日本で国民経済計算に含められるようになったのは、ほんの最近(二〇一六年度)のことであった。研究開発投資も、それで生み出される知的資産も、非物質的で目に見えず手で触ることもできないために、国民経済計算から除外されていたのだ。資本主義の非物質化が進行する時代では、その物的側面だけに着目した議論にはおのずと限界が生じ、その全体像を把握できない。ゴードンの第三次産業革命に関する評価も、その物的な側面についてはたしかに妥当性をもつが、その非物質的側面については、彼はほとんど分析を行っていない。「デジタル化」「サービス化」「情報化」「知識化」といった、資本主義の非物質主義的転回のインパクトを把握し損ねれば、その深遠な影響を過小評価することにつながりかねない。これは、資本主義の根本的変化を見逃す点で、致命的だとすらいえよう。

こうした変化の具体的事例を挙げよう。いま、多国籍企業に対する課税で大きな問題になっているのが、「デジタル課税」の問題である。GAFAをはじめとするデジタル企業は、ますます、その価値創出の源泉を工場などの有形固定資産から、知的財産、ブランドなどの無形資産に移行させている。しかし、無形資産は外部からは把握しにくく、また、その資産価値の評価も難しい。さらに多国籍企業は、簡単にタックスヘイブンや低税率国の子会社に無形資産を移転させ、そこに利潤を集中させる仕組みを創り、租税回避を「合法的に」行うことも可能になっている。無形資産の生み出す所得を正確に把握し、課税できないということは、国家にとっての大きな税収損失を意味する。例えば、欧州委員会が明らかにしたところによれば、アップル社のアイルランド子会社の法人税実効負担率は、なんと〇・〇〇五%(二〇一四年)だった。

また、アマゾンのように実店舗をもたず、消費者に直接製品を配送するビジネスモデルの小売事業者と、実店舗を中心にビジネスを展開する小売事業者とで、税負担の公平性が失われ、公平な競争が阻害されるという問題も生じている。同様に欧州委員会によれば、デジタル企業の平均的な法人税実効負担率が九・五％であるのに対し、伝統的なビジネスモデルの企業の同負担率は二三・二％と、倍以上の開きがあるという。OECD（経済協力開発機構）が「BEPS（Base Erosion and Profit Shifting: 税源浸食と利益移転）」プロジェクトを通じて、デジタル課税ルールの国際合意形成を急いでいるのも、デジタル化が従来の税制のあり方を根本から揺るがしているからである。この事例は、現代の資本主義分析がその物的世界のみならず、非物質的世界をも包含するものでなければ、分析結果に大きな欠落を生み出してしまうことを示している。

以上みてきたように、資本主義の長期停滞は、その構造変化を示す重要な「症状」だといえる。それが、「資本主義の非物質化」と同時並行で起きている点にも留意する必要がある。たしかに資本主義は物的な意味においては、長期停滞傾向にある。だが他方で、第三次産業革命が可能にした電子空間では、それまで物的な世界では困難だった様々なテクノロジーが開発され、私たちの生活の利便性を引き上げるとともに、社会や組織を、より効率的かつ効果的に運営することを可能にしている。しかも、その変化のスピードは加速度的に上昇している。「資本主義の新しい形」をとらえるには、資本主義の非物質化現象をとらえなければならない。この点は、第二章以降で詳細に展開することにして、その前に次節では本章の締めくくりとして、長期停滞と日本経済の関係についてみていくことにしよう。

3　長期停滞と日本経済

1　日本企業における「利益剰余金(内部留保)」の増加傾向

日本は、以上みてきた資本主義の変化の先頭を走る典型国といってよい。前節でデータに基づいて確認した成長率の長期低落、自然利子率の傾向的低下、そして労働生産性の長期低落は、すべて日本に妥当する。しかも自然利子率が一九九七年以降、一貫して負の値をとっているとの推計に示されるように、資本主義の根本的変化は日本においてこそもっとも典型的に表れている。サマーズの長期停滞論が日本にも妥当するのであれば、(1)格差拡大による家計の貯蓄性向の高まり(その反面としての消費の低迷)、(2)企業の貯蓄性向の高まりによる投資の低迷、の二つの現象が観察されるはずである。

実際、日本では日本銀行による量的緩和政策にもかかわらず、いまなおデフレ脱却の目途は立っていない。その背景には、国内投資と賃金の伸び悩みがある。投資は二〇〇〇年代に入ってながらく、減価償却を下回る水準に低迷してきた。また労働分配率が低迷を続ける一方で、企業の内部留保は増加の一途をたどっている。財務省が二〇一九年九月二日に発表した二〇一八年度の法人企業統計(金融・保険業を除く)では、内部留保(「利益剰余金」)が前年度比三・七%増の約四六六兆円と、七年連続で過去最高を更新した。

日本における格差拡大と消費低迷についてはすでに多くの指摘があるので、ここでは企業の貯蓄性向の高まりによる投資低迷に焦点を当てることにしよう。企業における貯蓄性向の高まりは、内部留保の動きを観察することで、確かめることができる。議論に入る前に、内部留保を明確に定義しておく必要がある。日本語で「内部留保」といえば、二つの意味をもっているからである。

内部留保の第一の定義はフロー概念であり、企業の税引き後の当期純利益の中から株主に配当を支払った後に、企業の手元に残された金額を指す（財務省の「法人企業統計」上の定義がこれである）。第二の定義はストック概念である。第一の意味での内部留保が年々、新たに積み上げられていくことで、その蓄積として「利益剰余金」が形成される。これもまた、往々にして「内部留保」と呼ばれる。

こうして「内部留保」という言葉がフローとストックの両面の意味を併せ持つため、ときに混乱が生じるが、この両者は区別される必要がある。内部留保への課税論議の文脈では、ストック概念としての内部留保（利益剰余金）への課税が念頭に置かれることが多い。だが筆者の知る限り、これまで世界で実施されてきた内部留保課税はすべて、フロー概念としての内部留保への課税である。現実にも、

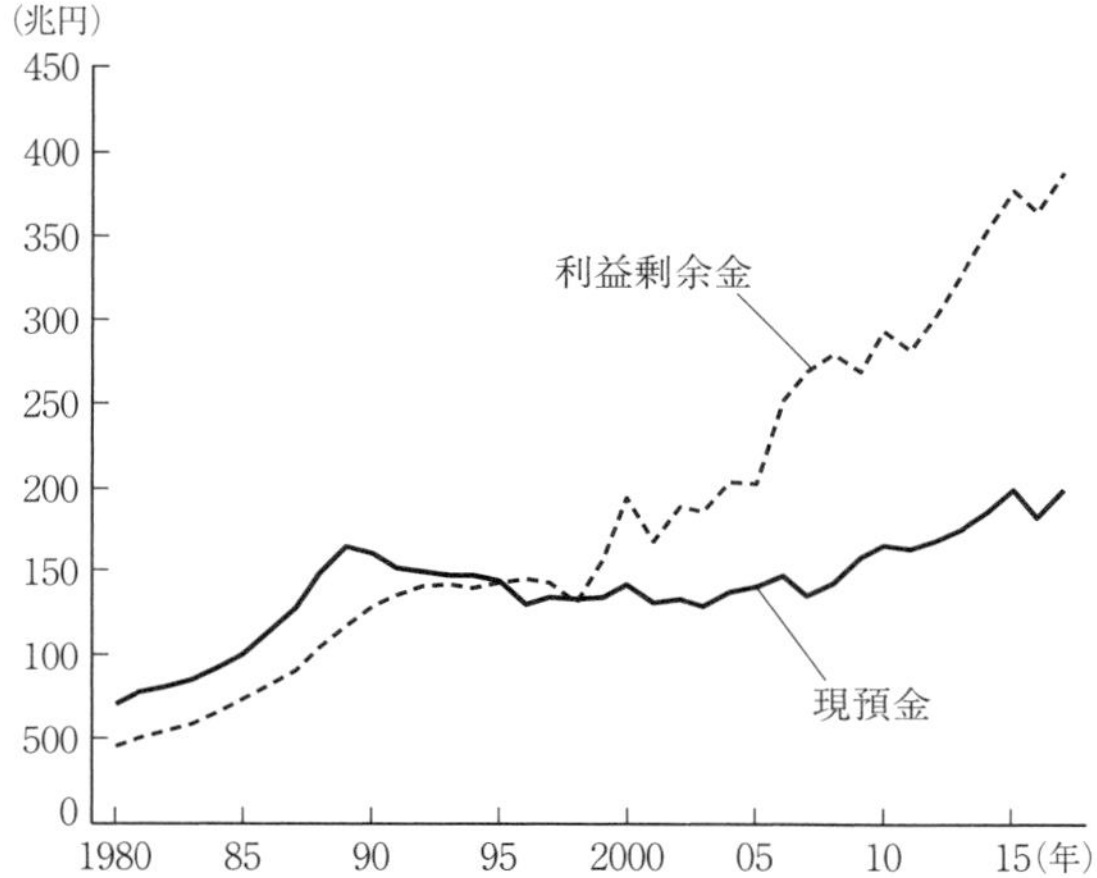

［出所］法人企業統計年報各年度版累年比較「1. 資産・負債及び純資産の状況(全産業)」より筆者作成.

図 1-8　日本企業における利益剰余金，現預金の推移

表 1-1　日本企業全体のバランスシート及び各項目の伸び率(単位：100 万円)

資産の部	1980	1990	2000	2010	2017	%
流動資産	320,863,347	666,701,215	601,193,824	626,448,708	773,397,098	129
現金・預金	70,209,392	159,560,238	141,540,734	164,953,929	221,969,459	157
有価証券	10,859,186	35,619,866	19,242,710	21,822,501	17,958,567	93
その他	239,794,769	12,614,002	440,410,380	439,672,278	533,469,072	121
固定資産	177,853,776	473,649,158	704,528,176	817,546,550	984,543,903	140
うち有形固定資産	136,239,247	341,905,693	481,615,480	463,358,153	470,213,433	98
無形固定資産	2,916,239	7,943,839	16,561,240	17,981,523	24,552,282	148
有価証券など	16,069,349	59,074,650	107,860,897	211,820,021	489,778,188	454
繰延資産	688,632	1,756,471	3,786,200	2,038,350	2,129,136	56
資産合計	499,405,755	1,142,106,844	1,309,508,200	1,446,033,608	1,760,070,137	134

負債の部	1980	1990	2000	2010	2017	%
流動負債	293,173,653	569,893,850	544,358,364	476,417,565	543,647,582	100
固定負債	126,175,904	353,448,630	428,539,214	454,565,957	482,068,856	112
その他	3,844,055	121,888	271,833	271,833	378,675	139
負債合計	423,193,612	923,464,368	973,169,411	931,255,355	1,026,095,113	105
純資産の部						
うち利益剰余金	44,758,122	128,374,101	202,329,700	293,880,847	446,484,435	221
純資産合計	76,212,143	218,642,476	336,338,789	514,882,769	733,975,024	218
負債・純資本合計	499,405,755	1,142,106,844	1,309,508,200	1,446,033,608	1,760,070,137	134

[注]変化率は，2000 年と 2017 年の変化分の百分率で示されている.
[出所]法人企業統計年報各年度版統計表「2. 業種別，規模別資産・負債・純資産及び損益表(全産業)」より筆者作成.

利益剰余金そのものへの課税は、理論上不可能ではないにしても、実務上きわめて困難であろう。内部留保課税を論じるならば、フロー概念としての内部留保に対する課税を念頭に置くのが常識である(7)。

図1-8は、一九八〇年以降の日本企業の利益剰余金と現預金の推移を示している。ここから分かるように、利益剰余金(ストックとしての内部留保)は二〇〇〇年以降、一貫して増加し続けている。ただし利益剰余金は、企業の手元にいったん留保された資金だが、必ずしも企業にとっていつでも自由に使える「余ったお金」ではない。この点は、利益剰余金が実際にどのような目的に使用されているか

を確認する必要がある。

利益剰余金の使途をみるには、日本企業全体のバランスシート(貸借対照表)を確認するのがよい。表1-1の日本企業全体のバランスシートでは、ある時点(決算日)において、下段の「負債の部」と「純資産の部」に、企業が誰からどのように資金調達してきたかが示されている。これに対して上段の「資産の部」には、そうして調達してきた資金をどのように企業が使っているかが示されている。そして、つねに「資産の部」の金額＝「負債の部」＋「純資産の部」の金額、という等式が成立している。

資金調達のあり方を示す「負債の部」では、短期借入金は「流動負債」に、長期借入金や社債は「固定負債」に含まれる。これらはいわば、外部から調達された資金である。これに対して、利益剰余金は「純資産の部」に含まれ、内部蓄積による資金調達だという点で、違いがある。

これらの資金の使途を示すのが、表1-1の上段「資産の部」である。ここから分かるように、調達された資金は、現金・預金、株式など有価証券を含む流動資産、工場設備などの固定資産、そして繰延資産に形を変えている。もっとも流動的な現金・預金は、これらの一項目にすぎず、たしかに、利益剰余金は「自由に使える余ったお金」ではないことが分かる。

とはいえ、現在なお企業内部に、特に使途が決まっていない巨額の現金・預金が蓄積され、増え続けていることも事実だ。図1-8に示されているように、純資産の部の利益剰余金の伸びと歩調を合わせるように、資産の部の現金・預金も二〇〇〇年代以降、ほぼ一貫して増加基調にある。とりわけリーマン・ショック以降、その伸び率が大きくなり、二〇一七年時点で約四〇〇兆円ある利益剰余金のほぼ半分にあたる約二〇〇兆円にも達している。図1-3(一二頁)では、日本企業も二〇〇〇年以降、「純貸出」が正の値をとるようになり、企業が貯蓄部門に転じたことを確認した。これは、図1-8にみられる「現金・預金」の一貫した増加傾向を、別の視点から裏打ちするものだといえよう。

2 投資の停滞

二〇〇〇年から今日までのそれぞれの項目の伸び率は、表1-1の倍率欄(右端の「%」の欄)に示されている。驚くべきことに過去一七年間で、固定資産のうち「有形固定資産」は減少(九八%)し、「無形固定資産」(特許権、借地権、商標権のような法律上の権利やソフトウェア、営業権など)は比較的穏当な伸び(一四八%)であるのに対し、有価証券が激増(四五四%)している。一九八〇年時点では、有価証券は有形固定資産の一割超の価値しかなかったのに、二〇一七年時点ではそれを上回る水準にまで伸長した。つまりこれは、バブル崩壊以降の固定資産全体の伸びが、「有形固定資産」や「無形固定資産」ではなく、もっぱら有価証券によって牽引されてきたことを示している。

こうした動向から二〇〇〇年以降、日本企業が有形の実物投資を抑制してきたことが統計上、明確に確認できる。「無形固定資産」の伸び率が「有形固定資産」の伸び率を上回ったのは、日本企業も徐々に資本主義の非物質主義的転回にともなって有形固定資産から無形固定資産にシフトしつつあると解釈できるかもしれない。だが後で詳しくみるように、日本企業の無形資産ビジネスへの傾斜は、アメリカ企業のはるか後塵を拝している。無形固定資産の伸び率が温和であることは、日本企業の投資行動に画期的な変化が起きているわけではないことを示唆している。

一九九〇年のバブル崩壊以降における、長い期間にわたる(とりわけ実物)投資の停滞は、図1‐9にはっきり表れている。この図は一九八〇年以降の設備投資額と減価償却費の推移を示したものである。この図からは、次のことが分かる。第一に、一九九〇年代初頭までは減価償却をはるかに上回る規模の設備投資が行われ、一九九一年に六〇兆円越えのピークに達したが、バブル崩壊をきっかけに一挙に低落した。第二に、一九九八年から二〇一二年までの期間の大部分にわたって、設備投資は減価償却を下回っていた。これは既存設備の更新投資すらままならなかったことを意味し、この期間には、日本企業の生産設備の老朽化が進行したことを意味している。これにともなって、日本企業の生産性向上が停滞したことが推測される。第三に、リーマン・ショックにより二〇〇八年に設備投資は、バブル崩壊以来の最低水準に落ち込むが、その後は急速に回復、二〇一三年以降にようやく減価償却を上回り、さらに二〇一六〜二〇一八年には投資が急伸し、二〇一七年にリーマン・ショック直前の投資額を超えた。とはいえ、バブル崩壊以降の期間の大部分では、既存設備の更新を超えた新規投資は不活発だった。日本企業の経営者がこれまでず

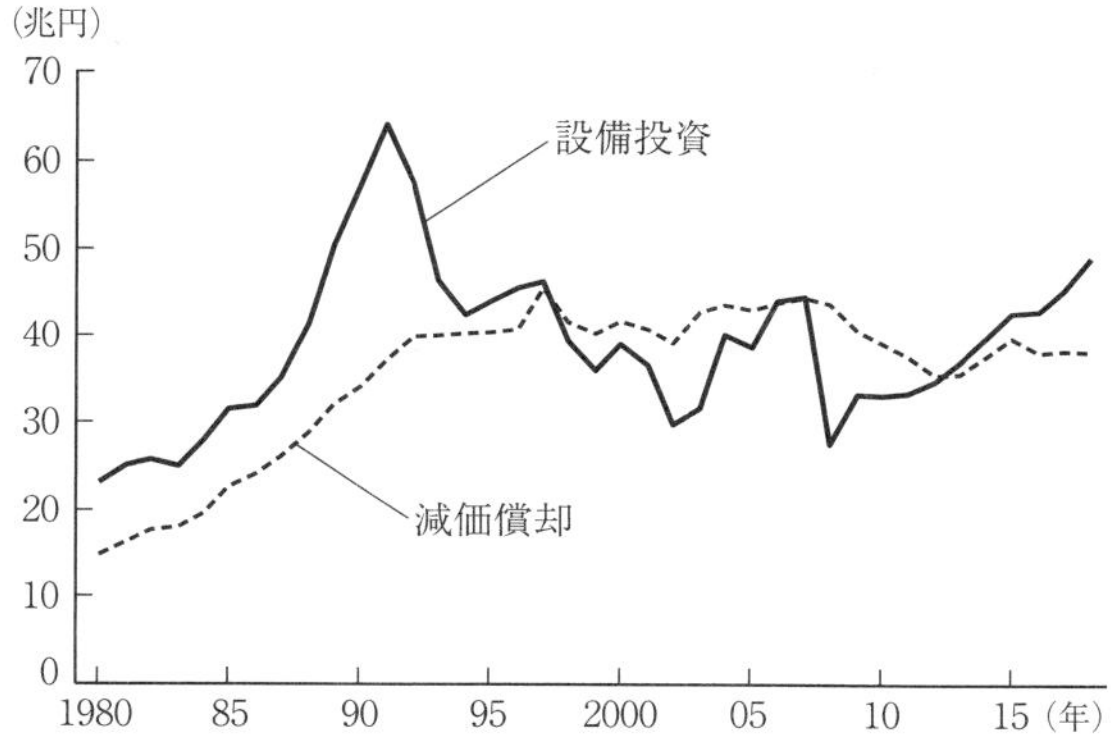

［出所］法人企業統計年報各年度版「調査結果の概要」のうち，「資金需給状況(全産業)」より筆者作成.

図1‐9 設備投資額と減価償却費の推移

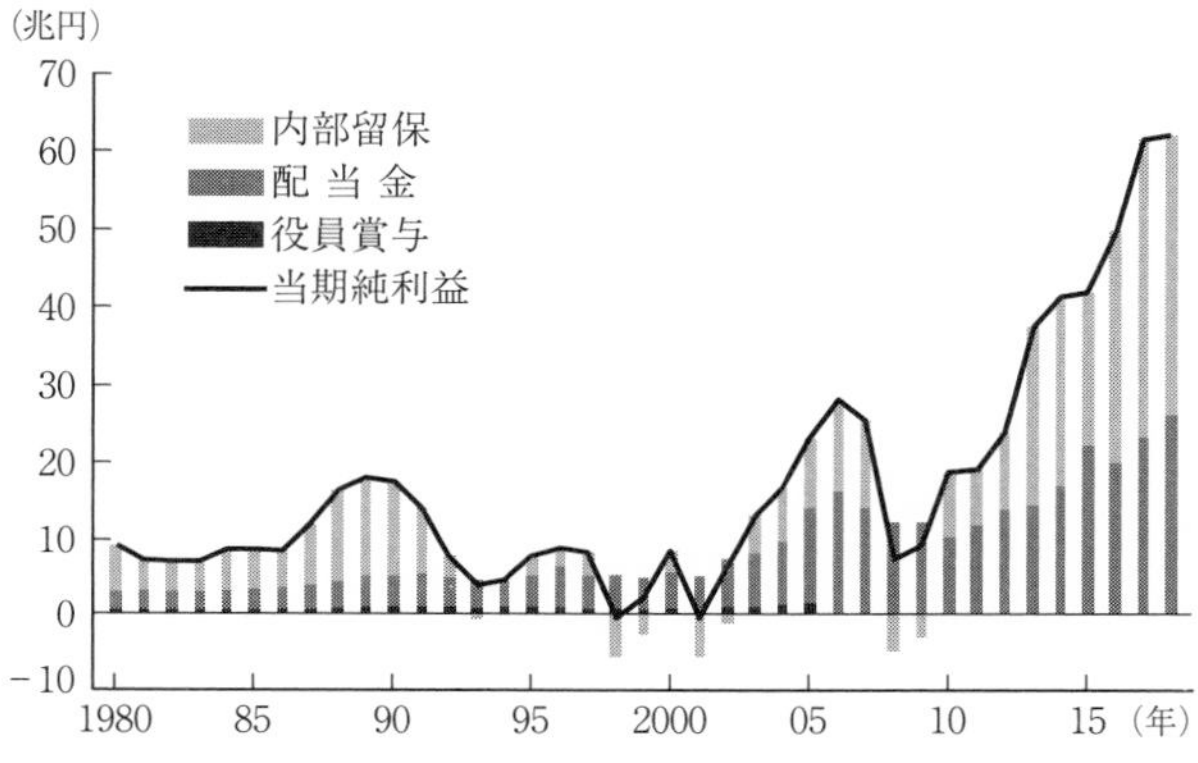

［出所］法人企業統計年報各年度版累年比較「2. 損益及び剰余金の配当の状況(全産業)」より筆者作成.

図 1–10　日本企業における当期純利益処分の推移

っと、新規投資に慎重な態度を示していたことがよく分かる。二〇一八年時点でも依然として、設備投資総額は一九八〇年代後半の水準にははるかに及ばない。現在の投資の伸びが勢いを持続できるか否か、今後が注目される。

以上に対して図1–10は、各期の税引後純利益の大きさと、それがどのように処分されたかを示している。二〇〇五年までは統計上、「役員賞与」が含まれていることにご留意頂きたい。「当期純利益処分」とはいっても、基本的には株主に配当を支払うか(「配当金」)、そうでなければその残余を「内部留保」(フローとしての内部留保)として手元に残すか、という二者択一になる。日本企業は伝統的に配当支払性向が低く、一九八〇年代までは微々たる配当しか支払ってこなかったことが、図によく表れている。一九九〇年代もおそらくバブル崩壊後の不況の影響で、配当支払は抑えられていた。

こうしたトレンドが大きく変化するのは、二〇〇〇年代に入ってからである。まず、税引後当期純利益そのものが二〇〇〇年代に入るや否や、顕著な伸びを見せていく。それにともなって配当支払が著しく増えている。これはリーマン・ショックでいったん中断するが、その後は再び、同じトレンドが再現され、現在に至っている。

これに対して内部留保は、企業の利益水準が落ち込んだ一九九〇年代には配当水準を維持するために犠牲となり、時にマイナスの値すらとっていた。フローとしての内部留保が負の値をとるということは、ストックとしての内部留保である「利益剰余金」を取り崩したことを意味する。ところが二〇〇〇年代に入ると、リーマン・ショックによる中断をはさんで、一貫してフローとしての内部留保は増大傾向にある。これが、ストックとしての内部留保である利益剰余金が、二〇〇〇年代以降一貫して増加してきた原因である。

3　分岐点としての二〇〇〇年

ここから分かるのは、二〇〇〇年前後が大きな節目になっているということである。二〇〇〇年を境に、バブル崩壊後の「失われた一〇年」における利益水準の低迷が終わり、税引後当期純利益の顕著な伸びが始まったからである。これは、二〇〇〇年以降も日本全体の経済成長率が伸びず、人々の生活水準がほとんど上昇しなかったのとは、好対照をなしている。

税引後純利益の増加の背景には、二〇〇〇年代の中国経済の成長にともなう日本からの輸出増や、二〇一〇年代のアベノミクス以降における事実上の円安誘導による企業収益の増加がある。それに加えて企業の側で進めた給与水準の抑制、リストラ、そして非正規雇用比率の増大で人件費総額が抑制されたことも、純利益増加に寄与したものと考えられる。実際、「法人企業統計」によれば、二〇〇〇年の人件費総額(役員給与を含む)は約二〇三兆円だったのに対し、二〇〇五年には一九七兆円と減少し、二〇一〇年は一九五兆円、二〇一五年は一九八兆円と低迷が続き、ようやく二〇一七年に二〇七兆円、二〇一八年に二〇九兆円と、二〇〇〇年水準を上回るようになった。つまりこの間、経済は成長しているのに、人件費総額はずっと抑制されてきたのだ。

配当の著しい増加は二〇〇〇年代以降、コーポレートガバナンスの強化が強調され、経営者に対して会社経営の最重要目的に株主価値最大化を据えるよう要求が強まったこと、そして、その成果を配当支払の形で株主還元するよう要求が強まったこと、などが作用しているものと考えられる。こうして企業の稼ぐ価値が、被雇用者から株主へと移転されるようになったのが、二〇〇〇年以降の日本企業の大きな特徴である。この中で給与水準が抑えられ、中間層の所得が増えなかったことが、消費低迷につながっていく。配当所得はよく知られるように、高額所得者層に対してより多く帰属する傾向がある。したがって配当支払の増加と給与水準の抑制は、合わさって所得格差拡大の主たる要因になったと推測される。一般に消費性向は、高額所得者層よりも中間層のほうが高いので、こうした格差拡大は、GDPの約六割を占める民間消費の低迷につながる。これが、サマーズの長期停滞論が、日本に妥当すると筆者が考える第一の根拠である。

では、一貫して増大傾向にある内部留保は、投資に回り、経済を活性化させているのだろうか。そうではないことは、上述したとおりである。つまり、表1-1(三〇頁)が示しているように、日本企業全体のバランスシートの「資産の部」で二〇〇〇年以降もっとも顕著な伸びを示した項目は、「現金・預金」であった。固定資産総額もある程度伸びたが、その中身をみると、有形固定資産はむしろ減少し、無形固定資産がそれを補う程度に伸びているにすぎない。対照的に、顕著な伸びを示したのは有価証券であった。また、設備投資も一九九〇年代から二〇〇〇年代にかけて停滞し、近年はようやく伸び始めたものの、その水準は減価償却費をわずかに上回る程度で、更新投資を上回る新規投資は、依然として不活発である。

以上、日本企業の行動に関して明らかになったことは、二〇〇〇年以降、非金融法人部門の「純貸出(Net Lending)」が増加し、企業が貯蓄超過部門へと転化したというグルーバーとカミンの研究結果とも合致している(図1-3、一二頁参照)。これが、サマーズの長期停滞論が、日本に妥当すると筆者が考える第二の根拠である。日本は、企業の投資不足(その反面としての超過貯蓄)という点でも、典型国となっているのだ。

第二章　資本主義の進化としての「非物質主義的転回」

1　資本主義の「非物質主義的転回」とは何か

1　知識産業、脱工業化、ポスト資本主義

資本主義が非物質化すると聞いて、訝しげに思われる読者もいるかもしれない。本章では、その意味するところを詳細に論じることにしたい。現代資本主義経済が「非物質主義的転回」を遂げつつあるという主張は、唐突なものではない。というのは、用いるキーワードこそ異なっても、すでに様々な論者が、資本主義の変化を語る際に大なり小なり「非物質化」に言及してきたからである。本章の議論も、そうした議論の系譜に位置づけることができる。本節ではまず、議論の系譜を整理しておこう。

遡れば、すでに一九六〇年代には資本主義の非物質化現象について、様々な問題提起が行われていた。その嚆矢となったのは、フリッツ・マッハルプの『知識産業』であろう(Machlup 1962)。マッハルプは本書で「知識」を幅広く定義し、それを生産・活用して普及させる産業の特定を行った上で、知識の生み出す付加価値が一九五八年のアメリカＧＤＰで既に約三〇％も占めていることを明らかに

した。そして、アメリカ経済における知識産業の占める比率は、時間とともに増大していくだろうと結論づけたのである。本書は当時の資本主義に早くも現われていた「知識経済化」の傾向を、驚くほど正確に言い当てたといえよう。

中核的な産業が、農業・工業から知識産業に移行することは、資本主義の非物質化を示す一つの重要な兆候である。これにともなって、生産の投入側と産出側で、同時並行的に非物質化が進行する。つまり伝統的な生産要素である資本、労働、土地に加え、知識という新しい経済的資源が、経済発展に決定的に重要な役割を果たす時代に移行し始めたのである。そして産業が生み出す産出物は、「モノ」というハードから、「サービス」というソフトへ移行し始める。

日本でもよく読まれたダニエル・ベルの『脱工業社会の到来』(Bell 1973)は、資本主義の非物質化傾向を概括して、「脱工業化」と名づけた。彼は、アメリカ経済を例にとって、経済構造がモノの生産を中心とする工業社会から、非物質的な価値を提供するサービス経済へと移行しつつあることを統計的に確認した。

脱工業化社会では、経験的知識よりも理論的・科学的知識の重要性が高まり、それを用いる専門職や知的技術職の重要性が高まる。工業社会では、「物的資本」が生産で重要な役割を果たしてきたが、いまや「知的資本」がその地位にとって代わることを、彼は「予言」したのである。この著作の他の大部分では残念ながら、ベルの予測や社会展望は的を外したり、大きな誤りを犯したりしている。しかし、「脱工業化」という資本主義の大きなトレンドについては、その後の推移をほぼ正確に言い当てており、彼の慧眼ぶりを示している。

「資本主義の非物質主義的転回」に先行するもう一つの代表的な議論として、ピーター・ドラッカー著『ポスト資本主義社会』(Drucker 1993)を挙げることができる。彼は、ポスト資本主義社会への移行は、実は第二次世界大戦直後から始まっていると主張する。ただ、その移行が誰の目にも明らかになったのは、「イデオロギーとしてのマルクス主義」と「社会システムとしての共産主義」がともに崩壊した一九九〇年以降だという。彼によれば、ポスト資本主義社会でもっとも重要な経済的資源は、もはや資本や労働ではなく、「知識」だと述べる。したがって、知識社会におけるもっとも重要な担い手は知識労働者となり、経済的価値は、知識をベースとした生産性の向上とイノベーションによって生み出される。

本書は、学校教育論で締めくくられている点に特徴がある。工業社会で成功を収めた教育は、逆に知識社会には不適合となる。では、知識社会に適合的な学校教育とは、何か。それは読み書きをはじめとする基礎能力をはるかに超える、高度な能力を提供するものでなければならず、学習への意欲とその継続への規律づけを重視する。教育は、知識そのものだけでなく、知識を獲得するための方法を授ける場でもある。子どもたちだけでなく成人に対しても教育過程が開かれ、企業、政府、非営利組織など、あらゆる機関や組織と連携して、成人教育が推進されるべきだと説く。本書は、知識社会への移行をきわめて説得的に説いただけでなく、教育論を通じて新しい時代の人的資本形成のあり方を論じた。それが、多くの人々に知識社会の到来を予感させ、その具体像を考える手がかりを与えた。

日本では、神野直彦がドラッカーの影響を受けつつ、知識社会への移行と、それにともなう公共政策の転換を精力的に訴えている(神野 二〇一五)。神野によれば現在、(1)産業構造の変化(「脱工業化」、知識集約型産業への転換）と、(2)消費者の欲求の高度化・多様化、という、二つの大きな地殻変動が生じている。こうした変化に対して、生産現場に求められるのは、工業社会時代の均一性、正確性、規律から、知識社会時代における多様性、柔軟性、創造性へと大きく変わりつつある。そこで重要になるのが、人間の「人間的能力」（対人能力、コミュニケーション能力、創造性）を高めることである。そのためにも社会インフラを、工業社会対応型から、知識社会対応型へと張り替える必要があると説く。もっとも重要なのは、教育制度と社会保障制度であり、政府はあえて増税を行ってでも、将来、確実に果実を生む「人への投資」を怠ってはならないと主張する。

資本主義のこうした変化をめぐっては、膨大な文献が公表・出版されており、それをめぐって盛んに論争が行われている。しかし、ここで紹介した代表的な文献からその共通点を括り出すならば、次のようになるだろう。第一に、戦後経済においては、工業からサービス産業への重点移行が生じ、産業の構造転換が生じた。中でも「知識産業」とでもいうべきセクターが興隆してきた。第二に、これにともなって資本主義の発展要因として「知識」が最重要となり、それが価値創造の源泉になった。第三に、それにともなって知識を創造し、活用する活動の重要性が高まり、教育や訓練など「人への投資」やそれを可能にする組織構築の重要性が高まった。そして、労働者の中でも「肉体労働者」から「知識労働者」への需要シフトが生じた。第四に、こうした変化に対応するためには、工業社会に適合的であった教育システムは、知識社会に適合的な教育システムへと改革がなされる必要がある。

2 「非物質主義的転回」の定義

以上、「資本主義の非物質主義的転回」に先行する議論の要点を概観してきた。これらの議論の最大の特徴は、資本主義社会の変化を「知識」という非物質的要素を媒介として読み解く点にある。本書もまた、この結論を継承している。しかし、知識の重要性の高まりだけが、資本主義の変化を引き起こしているわけではない。本書が「知識化」ではなく「非物質化」という言葉を用いるのは、知識を含めてより広範な資本主義の変化を捉えるためである。それは、生産面で資本と労働のあり方に深遠な影響を与えるだけでなく、消費面からも「非物質化」を進行させ、現代資本主義の根本的な変化を引き起こしている。生産・消費両面の変化を統合的に捉えるには、「非物質化」という概念を手掛かりに分析するのが、より有用だと思われる。

「資本主義の非物質主義的転回」とはしたがって、現代資本主義が生産と消費の両面で「物的なもの」から「非物質的なもの」へと重点を移行させることを意味する。もっとも、だからといって「物的なもの」が消えてなくなるわけではない。「非物質化」は、非物資的なものが単純に物的なものを置き換えていき、やがて物的なものが必要なくなるか、あるいは完全に価値を失う世界に移行することを意味する「脱物質化」とは区別される必要がある。

「非物質化」という言葉で念頭に置いているのは、物質的なものに非物質的要素が付加されたり、製造業がサービス業と融合したりすることで、「物的なもの」が「非物質的なもの」によって新たな価値を与えられ、資本主義が新しい発展段階へと進化を遂げることである。こうした移行で非物質的要素の重要性が、機能面でも経済的価値の面でも格段に大きくなる。こうした移行現象を、本書では資本主義の「非物質主義的転回」と呼ぶ。

物的なものと非物質的なものが融合することで、物的なものは新たな価値を獲得する。しかし、物的なものが中心だった時代と異なり、モノは非物質的な価値を表現し、伝える媒体へと変わっていく。モノはそれ自体として価値があるというよりも、非物質的な価値を帯びているからこそ価値を認められる、という世界に移行する。こうして価値の源泉は物的なものから、非物質的なものへと移行するのである。

自動車を例にとってみよう。たしかに、自動車の基本性能としての「走行機能」を保障するのは、それを支える素材(鉄、ガラス、プラスチック……)であり、車体というモノである。しかし、それに大きな付加価値を与え、他の製品から差別化を図っているのは、安全性の高さ、環境に対する影響の小ささ、デザイン、ブランド、そして、その製品が象徴的に体現する価値(シンボル性)など、様々な非物質的価値に他ならない。消費者が車に求める価値は、物的に担保された自動車の基本性能だけでなく、こうした非物質的要素にも由来する。

今後はさらに、「モノのインターネット(internet of things: IoT)」や「人工知能(artificial intelligence: AI)」の飛躍的な発展が見込まれるが、自動車はこれらを通じて自動走行、安全確保、音楽・映像などのエンターテイメント提供、といったサービス提供を行うための媒体/端末としての側面を強めていく可能性がある。その意味では、生産の非物質化を生み出すのは、実は「消費の非物質化」だといった方がよいかもしれない(1)。つまり、消費者の求めるものが、モノそのものから、モノで生み出される非物質的な価値/サービスへと移行し始めたのである。

いずれにせよ、「資本主義の非物質主義的転回」が進むと、時間とともに素材をはじめとするモノそのものの相対的重要性は低下していく。対照的に、製品・サービスに占める「非物質的要素」の価値が占める比率は、ますます上昇する。後者の方が、市場でより高く評価され、より大きな支払いを受けるからである。以下では資本、労働、そして消費という順番で、「非物質的転回」とは何かを、具体的に説明することにしよう。

3　資本の非物質化

経済学では通常、生産は「資本」と「労働」という二つの生産要素を投入することで成し遂げられると説明する。しかし問題は、その資本と労働が、非物質化しつつある点にある。資本といえば、かつては工場の機械設備を典型的に思い浮かべた。しかしもはや、先進国経済において工場設備の多寡やその物的な意味での巨大さは、必ずしも競争優位の源泉ではなくなった。

生産にとって重要なのは、新しい製品を生み出す研究開発であり、新しいアイディアとイノベーションを引き出す環境の整備であり、経営戦略の策定であり、全世界に広がるネットワークの構築であり、それらを支える制度構築と「人的資本」への投資である。これらはいずれも、形のない「無形資産(intangibles)」であり、その厚みと質の高さが、企業の競争優位を左右するようになっている。

クリントン政権時代の労働長官を務めたロバート・ライシュは、現代企業で高い価値を生み出せる人間の技能とは何かという問題について、次の三点が重要だと指摘している(Reich 1991, 邦訳版一一三—一一五頁)。第一は、問題を解決可能な形に構成しなおし、実際にそれを解いてみせる「問題解決の技能」である。第二に、顧客がみずからの抱える問題を理解するのを助け、彼らのニーズに沿った製品・サービスを提案していくことのできる技能（「問題発見の技能」）である。そして第三は、第一の問題解決者と、第二の問題発見者を結びつけるために必要とされる技能、つまり「戦略的媒介者」の役割である。高付加価値企業はこうした技能をもつ社員たちが、顧客の問題解決のために顧客のニーズを絶えず発見し、解決策を提案する製品・サービスを提供し続けることで利益を生み出している。そこでは、「製品」を売り切って終わりではなく、まるで製品が顧客と持続的な関係を取り結び、継続的なサービス提供を行うための媒介者として機能しているかのようである。だからこそ、製品を媒介とする良質なサービス提供が求められ、それを可能にする上記第一〜第三の技能を備えた人材が必要とされるのだ。

したがって物的な製品ではなく、非物質的なサービスこそが価値創出の源泉となる時代における最重要投資とは、人、組織、そして制度への投資に他ならない。これらはいずれも、非物質性を帯びた投資活動となっている点に特徴がある。企業が生産においてもちいる資本が、工場設備など物的なものから人的資本や無形資産など非物質的なものへ移行すれば、それに応じて投資も非物質化する。この点は、本章第3節でより詳しくみていくことにしたい。

4　労働の非物質化

非物質的要素が重要になるのは、資本だけでなく、労働でも同様である。工業化時代の労働といえば、肉体労働のことであった。典型的には、工場の生産ラインで作業をする労働者の姿を思い浮かべると分かりやすい。まさに工業化時代は製品を加工し、組み立てて物的価値を創出するために、肉体労働に基づく「力」によって対象に働きかけ、物理的改変を加える労働が必要だった。ところが経済が非物質化していく時代には、求められる労働の姿も変わっていく。肉体労働は消えないが、その相対的重要性は低下していく。代わって、財・サービスに「非物質的価値」を付与できる労働のあり方が求められるようになっていく。これはいったい、どのような労働であろうか。

この点でヒントを与えてくれるのが、イタリアの思想家ネグリらを中心として展開されている「非物質的労働論」である(Hardt and Negri 2000, ネグリ 二〇〇四)。彼らのいう非物質的労働とは知的、コミュニケーション的、関係的、情動的な活動を指す。しかも非物質的労働は、それぞれの労働者が孤立的に遂行するのではなく、ネットワークを通して協働的な相互作用の形をとり、展開される点に特徴がある。つまり創造性は、ある特定の個人からのみ生み出されるのではなく、ネットワークの中で生み出されるのだ。

当然のことながら、価値創出の現場では労働者同士のコミュニケーションが重要になる。労働者同士の相互作用が促されることで、非物質的な価値が共同生産される。このとき、「非物質的労働」のもう一つの重要な特徴が現れる。製品の価値にとって、もはや労働時間の長短は、本質的な要素ではなくなる。これはマルクスの剰余価値が、労働時間の長短の観点から論じられていたのとは大きな相違である。価値の創出にとって重要なのは、知的活動やコミュニケーションから創造的なアイディアを生み出すことであって、何時間働いたかは問題ではないのだ(2)。

さらにもう一つ重要なのは、アイディアの源泉が必ずしも労働者個人に帰するとは限らない点だ。つまり、こうしたネットワーク型共同生産では、価値は労働者による個人プレーではなく、協働的で相互依存的な関係から生み出される。しかも労働者の創造性を高める知識や認識、そして感性は、生産現場だけでなく、家庭や地域で磨かれることも多い。創造性の醸成はしたがって、労働者のもつ外部的な社会関係にも依存する。ネグリはこのことを、「共同的な外部経済」と呼んでいる。価値の創出は、労働者が生産現場の外で、日常生活を営んでいる瞬間にも行われている可能性がある。

以上のネグリによる「非物質的労働」概念の展開は、イタリアにおける現実の生産・労働過程の変化に関する調査研究結果を反映したものであり、その意味で現実的基礎をもった概念だといえる。これは、「資本主義経済の非物質主義的転回」のもとで、労働のあり方がどう変わっていくのか、新しい労働はどう組織化されるべきなのか、労働者に求められる新しい能力とは何なのか、といった問題を考える際に手掛かりを与えてくれる。

5　消費の非物質化

以上みてきた生産面(資本・労働)における「資本主義の非物質主義的転回」は、生産面だけでなく、消費面での変化によっても後押しされている。むしろ、「消費の非物質化」が起点となって、需要構造を大きく変え、製品・サービスのあり方に影響を与えつつあるとすらいえる。人々がモノの消費よりも、ますます非物質的な消費に関心を移し、それに対してより大きな支出を行う傾向(「モノ」から「コト」へ)が顕著になっている(3)。

こうした変化が起きる背景要因として、人々が物質欲求よりも非物質欲求を満たすことにより大きな関心をもつようになったことが挙げられる。それを引き起こすのは、人々の価値観の変化である。

少なくとも先進国経済では、大部分の人々は飢えから免れることができるようになり、衣食住といった基本的欲求を満たすのに事欠かなくなった。貧しい時代であれば、何よりも生存を確保することが重要であり、それは大部分、物質的欲求の充足と結びついていた。しかし、いったん生活の基礎条件が確立すると、人々の優先順位は「非物質的な欲求」を満たすことに移行する。

このことを、世界四三か国にわたって五年に一度行われる大規模な「世界価値観調査(World Values Survey)」の結果分析に基づいて、説得的に証明しようとしたのが、ロナルド・イングルハートである(Inglehart 1997)。彼は、これを「近代社会」から「ポスト近代社会」への移行期にみられる特徴だとした。つまり、「近代社会」では経済成長と所得上昇が何よりも優先されるのに対し、「ポスト近代社会」では生活の質や主観的幸福に重点が移る。イングルハートは、大量データの分析からこうした移行を跡づけたのである。世界の多くの地域では、工業化時代の規範が社会に大きな影響を与えてきたが、一定の経済成長が達成され、国民が豊かになれば「自己表現の自由」、「ライフスタイルにおける自己決定」といった非物質的要素が尊重されるようになっていく。人々を仕事に向かわせる動機も、ゆっくり変化する。安定的な職に就くとか、より多くの所得を稼ぐといった経済的要素が最大の関心事だったのが、いまや「仕事の面白さ」や「意味ある仕事に就くこと」など、非経済的要素も劣らず重要になってきている。イングルハートはこれらを、人々の価値体系が「物質主義的価値」から「非物質主義的価値」へ移行しつつある証拠だと捉えた。ちょうどこれは近年、GDPに代わる経済社会指標として「持続可能性・幸福度指標」が注目を浴びる状況とも響き合っている(4)。

こうした価値体系の変化は、人々の行動や消費のあり方に大きな影響を及ぼさずにはいられない。

生産者は、人々の非物質主義的な価値欲求を満たすことのできる製品・サービスを生み出さなければ、利潤を獲得できず、市場競争で生き残れなくなっていく。そのため消費のあり方の変化は当然、生産のあり方の変革につながる。人々の非物質主義的な欲求を満たす製品・サービスを生み出す生産や労働のあり方は、工業化時代に成功を収めた生産や労働のあり方と大きく異なるのは当然であろう。

以上みてきた資本主義経済の非物質化は、経済学にも影響を与えないわけにはいかない。経済学は正面から資本主義の非物質化を理論化しようとしたわけではないが、少なくとも、一九六〇年代には明瞭になり始めた知識経済化／知識社会化についてには、経済学でも理論化が模索されていく。次節では、こうした基礎の上に、一九八〇年代以降、経済学が非物質主義的転回を遂げていくことになる、そのプロセスをみていくことにしよう。

2　経済学における「非物質主義的転回」

1　ソローの新古典派成長モデルとその限界

経済はなぜ成長するのかという問いは、アダム・スミス以来、経済学の根本問題の一つであった。現代経済学における経済成長理論は、ロバート・ソロー(マサチューセッツ工科大学名誉教授、一九八七年ノーベル経済学賞受賞)によってその基礎が打ち立てられた。彼の名をとって「ソローモデル」と呼ばれる経済成長モデルは、次のように成長の原動力を、資本(K)と労働(L)という二つの生産要素の投入に求めた(Solow 1956)。

$$Y = F(K, L) \quad (1)$$

この式は、生産水準(Y)が資本(K)と労働(L)に投入量に依存して決定されることを示している。ここでいう「資本」とは、機械や装置などの物的生産要素を意味する。「労働」とは、文字通り労働者が提供する労働力を指す。これら生産要素の投入を追加的に増やしていくと、生産も増加していく。だが、追加的な投入に対する生産の追加的な増加分は次第に減少していき(「限界生産力逓減」)、やがて、それ以上資本・労働を投入しても生産が増加しない点に至る。こうした想定が、ソローを起点とする新古典派成長理論の大きな特徴である。

このように定式化されたソローモデルは、それ以降、隆盛を極めることになった経済成長論の土台となり、無数の論文を生み出す出発点となった。だが、問題もあった。第一に、長期的な経済成長を、モデルに内在的な形で説明できなかった。つまり、限界生産力逓減が仮定されているために、資本(K)と労働(L)の投入量を増やしていくに従って成長の伸びは弱まり、やがて成長は止まってしまう(それを「定常状態」という)。これではなぜ、経済が長期的に成長し続けるのかを説明できない。

そこで、ソローモデルでは全要素生産性(A)を導入し、限界生産力逓減の仮定の下でも、技術進歩等の要因によってAが引き上げられることで、生産水準(Y)を拡大させることができるという形で長期的な経済成長を説明しようとした。この点を考慮に入れると、(1)式は(2)式のように書き換えることができる。

$$Y=AF(K, L) \qquad (2)$$

しかし、これは依然としてモデルに内在的な説明ではない。(2)式で生産が依存する資本(K)と労働(L)は、あくまでも物量的な概念であり、限界生産力逓減の法則に従っている。何らかの内在的要因により、それが質的に改善されることで成長が促されるというストーリーは、依然としてこのモデルには組み込まれていない。技術進歩はモデルの外で、何らかの外在的理由により突然生じ、その結果として生産性が上昇する((A)の値が引き上げられる)と想定されているのだ。その因果関係は、このモデルでは説明がつかない。こうした理由により、ソローモデルは「外生的成長理論(exogenous growth theory)」とも呼ばれている。

ソローモデルに関する第二の問題点は、それが現代資本主義においてますます重要性を増している非物質的要素を考慮していない点にある。人間の知識、アイディア、創造性、あるいはそれらの成果である知的財産やブランドなどの「無形資産」などが、経済成長に重要な貢献を行いつつあることに注目が集まっているが、ソローモデルはこうした点も、考慮の外に置いている。

実のところ、(2)式で表現される世界は、きわめて物質主義的なものである。生産は、資本(K)と労働(L)を組み合わせることで行われる。生産量は一方で、機械設備等の資本ストック水準(K)を増やすような投資を行うことで増加する。これはまさに物的投資に他ならない。他方で生産量は、労働(L)を量的に増やすことでも増加するが、念頭に置かれているのは肉体労働である。工業であれば、生産過程で原材料や中間製品に、肉体労働による物理的改変を加えることで最終製品を生み出す。サービス業であれば、肉体労働によってサービス提供そのものを行う。このように、物的意味での労働が寄与して生産水準を引き上げるのが、(2)式が描く物的世界である。

だがいまや、経済成長に資する非物質的要素は、その重要性を高める一方である。知識やスキル(技能)を学習し、それらを身につけた人間は、そうでない場合に比べて労働生産性を高めるであろう。また、創造的なアイディアをもち、研究開発の過程を通じて新しい技術や画期的な製品を生み出すことができれば、新しい価値を創出し、成長に寄与できる。知識、スキル、アイディアといった非物質的要素をもつのは、そもそも人間である。肉体労働とは異なる形で、人間による非物質主義的な知的活動が経済成長にもたらす効果をモデル化することが、経済成長をより説得的に経済理論で説明する途となる。

課題は二つある。第一は、人間のこうした知的活動の側面を、肉体労働とは区別する形で経済成長論に導入することである。これは、「人的資本」概念を導入することで成し遂げられる。これらを成し遂げたのが、「新しい経済成長理論(new growth theory)」であった。第二は、人間の知的活動の成果物である知的財産やブランドといった「無形資産(intangibles)」が、「物的な資本(tangible capital)」とは区別される形で、独立に経済成長論に導入されるべきである。この点は、次の本章第3節でより詳しく検討することにしたい。

2 人的資本と内生的成長論——その意義

ソローの新古典派成長理論とは区別される「新しい経済成長理論」の特徴は、(1)人的資本概念を導入したこと、そして、(2)長期的な経済成長を、モデルに内在的な形で説明できるようにしたこと、以上二点にある。その嚆矢となったのは、二〇一八年にノーベル経済学賞を受賞したポール・ローマー(ニューヨーク大学教授)の論文である(Romer 1986)。彼はこの論文の中で、新古典派成長理論による「限界生産力逓減」の仮定を批判し、代替理論の構築を試みた。ローマーモデルがソローモデルと異なるのは、次の二点である。第一に、知識が次式のように、資本や労働と並ぶ生産要素として位置づけられ、その増加が直接、生産の増加に貢献するようモデルが設定された。

$$Y = F(k, K, x) \tag{3}$$

ここで、kは個別企業に特有の知識であり、Kは個別企業の知識を総計した社会全体の知識ストックを示す(資本を表すソローモデルのKとは異なっていることに注意)。xは個別企業の生産要素で、資本や労働など知識以外のすべての生産要素をまとめて表現している。

ローマーのモデルがソローモデルと異なる第二点目は、生産が、社会全体の知識ストック(K)の増加に対して「収穫逓増的」となるよう設定されている点にある。この設定については、ケネス・アロー(一九二一〜二〇一七、一九七二年ノーベル経済学賞受賞)に負うところが大きいとローマーは述べている。

アローは、人々が経験を通じて学習し、知識を蓄え、能力を向上させることで生産性を高めるプロセスを経済モデルに組み込んだ先駆者である(Arrow 1962)。論文の表題となった「経験による学習(learning by doing)」は、アローの名と結びついて、経済学で余りにも有名なフレーズとなっている。彼は飛行機組立工場の事例を挙げている。飛行機を一機組み立てれば、その経験を通じて労働者は、飛行機の組み立て方を学習する。そこで学んだことが生きて、二機目、三機目、四機目……と、完成に要する時間はどんどん短くなっていく。言い換えれば、飛行機生産の生産性は、学習を通じてどんどん向上していく。

こうなれば、労働時間の追加的な投入にともなって学習効果が働き、生産性が上昇するため、追加的な労働投下による生産量増加分は「限界生産力逓減」の仮定とは逆に、段階的に増えていく。これが、「収穫逓増」である。アローはこうした経験的事実に基づいて、学習による収穫逓増を想定することの妥当性を論拠づける。

実は一九六〇年代は、経済成長論に人的資本による貢献を明示的に組み込み、彼らが経験・学習を通じて成長し、生産性を向上させることで経済成長に寄与するメカニズムを明らかにしようという知的関心が台頭した時代でもあった。この新しい知的運動に貢献した人物としてアローのほかに、アブラモヴィッツ、ハーヴェルモ、カルドア、マーリーズ、フランケル、フェルプス、そして宇沢弘文(一九二八〜二〇一四、東京大学名誉教授)らの名を挙げることができる。

なかでも宇沢は、人的資本を明示的にモデルに組み込んで成長理論を構築した最初の人物と評価されている(Uzawa 1965)。宇沢の一九六五年論文では、労働者の技術知識が向上して生産性が改善され、結果として経済成長が生み出されるという形でモデルの構築が行われた。生産水準(Y)はソローモデルと同様に資本(K)と労働(L)に依存するが、宇沢は独自に「労働(L)＝AL」とした。Aは効率化係数を表し、教育や学習を通じてその質が改善される。つまり、労働(L)はALと書き換えられることで事実上、「人的資本」に組み替えられたのだ。これは結果として、本文でも説明するルーカスモデルと同じ性質をもつことになり、よって彼らのモデルはたびたび、「宇沢＝ルーカスモデル」と括って呼ばれる。

宇沢の貢献はこれだけでなく、内生的成長論の発展を担う若手研究者の育成という点でも、大きな役割を果たした。宇沢は、スタンフォード大、シカゴ大、マサチューセッツ工科大学、イェール大学を中心とする大学院生を招聘し、彼の在籍するシカゴ大学で内生的成長理論に関するサマーセミナーを一九六四年から一九六七年にかけて毎年開催した。参加者はスティグリッツ、アカロフ、ノードハウス、ルーカス、ラジンなど、後のノーベル経済学賞受賞者を含め、第一線級の研究者に育っていく錚々たる面々を含んでいた。一九六六年にセミナーに参加したルーカスは、当時を振り返って「宇沢はカリスマ的な人物で、理論志向の学生たちに巨大な影響力をもっていた……」と回想している(Spear and Young 2016: 8–17)。

さてローマーモデルに戻れば、アローの問題提起を応用し、知識の増加が人々の能力を高め、同じ労働時間でより多くの生産が可能になるのであれば、知識増加に対して生産が「収穫逓増」になると想定するのは、あながち間違いではない。こうしてローマーの貢献は、(1)知識を資本や労働とならぶ生産要素と位置づけ、それが生産に及ぼす直接的な影響をモデル化したこと、そして、(2)知識という新しい生産要素がもつ「収穫逓増」の側面をモデル化することで、長期的な成長を、モデルに内在的な形で説明可能にした点が挙げられる。よって、このような性質をもつ経済成長理論は以後、「内生的成長理論(endogenous growth theory)」と呼ばれることになった(5)。

こうしてローマーモデルが知識を生産要素として取り扱い、それが生産増加に寄与すると想定した点は、最初のアプローチとしては良かったのだが、実は問題もあった。なぜなら知識を獲得し、それをもって活動し、生産に寄与するのは人間であって、知識そのものではないからだ。しかもアローが描いたように、労働者が学習を通じて能力を高め、知識を獲得して生産性を引き上げていくダイナミックなプロセスは、ローマーモデルでは表現できない。このモデルは単純に知識を生産要素の一つとして取り扱い、関数形を収穫逓増に設定しているにすぎない。

「経験による学習」を通じて人間が成長していく側面をモデル化しようとすれば、「人的資本(human capital)」概念を導入する他ない(6)。これを成し遂げて内生的成長理論の発展に大きく貢献したのが、ロバート・ルーカス(シカゴ大学名誉教授、一九九五年ノーベル経済学賞受賞)であった(Lucas 1988)。彼は、生産水準が物的資本(K)と人的資本(H)に依存して決定されると想定した。

$$Y=F(K, H) \qquad (4)$$

(1)式と(4)式の違いは、労働(L)が人的資本(H)によって置き換えられている点にある。前者がたんなる量的概念で、増やすか減らすかしかできないのに対し、後者は教育など人的資本への「投資」を通じて蓄積を進め、労働の質を高めて生産性を向上させることができる。

ルーカスは、人的資本が「①教育／学習」、あるいは「②経験」を通じて蓄積されていくとした。①の場合、教育／学習と労働は厳然と区別され、有限な時間を両者の間でどのように最適に割り振るかが個人にとって重要な問題となる("learning or doing")。人的資本の蓄積は、教育／学習を通じてのみ可能である。有限な時間を労働時間(u)と教育／学習時間(1－u)とに分割できるとすれば、人的資本は教育／学習にふり向けた時間の長さ(1－u)に応じて蓄積される。

これに対して②の場合、アローが想定したように、労働者は労働過程を通じて経験を蓄積し、学習していくため、教育／学習と労働は渾然一体となって区別できない("learning by doing")。したがって人的資本は、①の場合とは異なって、労働時間(u)の長さに応じて蓄積されていく。

以上のような設定を通じてルーカスモデルでは、人的資本の蓄積が生産水準に影響を与え、しかも時間とともに「①教育／学習」、もしくは「②経験」を通じて、人的資本のストック水準を高めていくことが可能になっている。これによって生産性が向上し、同じ労働者数の下であっても生産水準は向上する。こうして彼は、モデルに内在的に長期的な経済成長の説明を可能にしたのである。

3 研究開発とシュンペーター的「創造的破壊」

ルーカスの新しいモデルを受けて、ローマーもまた、自身の一九八六年論文で残された課題の克服を試みた。つまり、そもそもどのようにして知識が生み出され、それが成長につながるのかを説明できる新しい理論モデルの構築である(Romer 1990)。彼はしかし、アロー、宇沢、ルーカスとは異なり、知識生産をストレートに労働側、つまり人的資本の蓄積や労働生産性の向上と結びつける途を採用しなかった。ローマーは知識をむしろ、企業側の研究開発と結びつけ、それがもたらすイノベーション効果に着目したのである。彼によれば、生産水準は次式のように、労働(L)、研究開発に従事する人的資本(H)、そして物的資本など人的資本以外の資本を含む生産要素(x)に依存して決定される。

$$Y=F(L, H, x) \qquad (5)$$

彼は産業が、(1)研究開発部門、(2)資本財生産部門、(3)消費財生産部門、という三つのセクターからなると想定している。(1)の研究開発部門では、もっぱら研究開発に従事する人的資本(H)を用いて、新しい知識生産が行われる。(2)の資本財生産部門では、(1)で生産された新しい知識と、労働(L)、資本その他の生産要素(x)を用いて資本財を生産する。(3)の消費財生産部門は、研究に従事する人的資本(H)、労働(L)、そして(2)で生産された資本財を用いて、最終財を生産する。

ローマーのモデルで興味深いのは、労働者を一律に「人的資本」と括ってしまうのではなく、研究開発に従事しない労働者(L)と、研究開発に従事する人的資本(H)とに区別している点である。社会の総労働者数は限られているので、有限な人的資源を研究開発部門とそれ以外の部門に振り分ける必要がある。知識生産が可能なのは研究開発部門のみであり、それが技術進歩やイノベーションを主導し、生産性の向上を通じて企業利潤を高める。総労働者数のうち、研究開発に従事する人的資本の比率が高ければ高いほど、その経済の成長速度が高まることは、こうした設定から容易に理解できるであろう。

ローマーが切り開いた「研究開発からイノベーションへ」という理論的な方向性は、フィリップ・アギオン(コレージュ・ド・フランス/ロンドン・スクール・オブ・エコノミクス教授)とピーター・ハウイット(ブラウン大学名誉教授)によって、さらに発展させられた(Aghion and Howitt 1992)。それは、シュンペーターの「創造的破壊」(Schumpeter 1912)をともなう内生的成長モデルであった。研究開発の成果は、知的財産権によって守られるため、イノベーションに成功した企業は、その製品からえられる利益を暫定的に独占できる。こうした独占利潤獲得の可能性は、さらなる研究開発へのインセンティブを既存企業に与える。だが他方で、そうした超過利潤の可能性を狙って参入してくる新興企業の台頭を防ぐことはできない。彼らのモデルでは、新しい技術開発に成功した新興企業の生産性がやがて既存企業を上回り、既存企業を押しのけて産業の支配的地位につく。産業の新陳代謝をともなう「創造的破壊」がつねに進行することで、経済全体が成長していくのだ。

以上のような発展過程を経て、経済成長理論では「人的資本」が経済成長を説明する上で決定的に重要だという認識が深まり、それをモデルにいかに組み込むかは、あらゆる経済学者にとって避けて通れない論点となった。

こうした理論的発展を受けて、人的資本を取り込む形で新古典派的なソローモデルの拡張が行われることになった。そうすることで、ソローモデルが時代から取り残されるのを救ったのは、グレゴリー・マンキュー(ハーバード大学教授、二〇〇三〜二〇〇五年大統領経済諮問委員会委員長)とデビッド・ローマー(カリフォルニア大学バークレー校教授)であった(Mankiw, Romer and Weil 1992)。アメリカの代表的なニュー・ケインジアンとされる彼らが、この仕事を成し遂げたのは皮肉である。この論文は、二〇一九年九月末時点で引用件数がGoogle Scholarで一万八四〇〇件を超えており、経済学の領域でもっとも引用頻度の高い論文の一つとして成功を収めている。

彼らは生産水準が、資本(K)と労働(L)にのみ依存していたソローモデルに、第三の生産要素として新たに人的資本(H)を左記のようにモデルに付け加える。それ以外の点では、彼らのモデルはソローモデルの基本性能を保持しているので、それは「拡張ソローモデル(augmented Solow model)」と呼ばれる。なお、ALのAは技術水準を示しており、外生的に一定率で向上していくと仮定されている。

$$Y=F(K, H, AL) \qquad (6)$$

論文の後半で彼らは、このモデルの妥当性を検証するために、一九八五年時点で経済発展段階(所得水準)の異なる世界九五か国のデータをとって、それぞれの国の生産水準と三つの生産要素の関係を調べた。その結果、(1)資本(K)、労働(L)、そして人的資本(H)は、生産水準の向上にそれぞれ等しく寄与していること、(2)これら三要素で経済成長要因の約八〇%を説明できること、以上二点を示した。

この論文は、新古典派成長理論への批判と、その代替理論の開発としての意義をもっていた内生的成長理論の発展を、再び新古典派成長理論の枠組みに引き戻す意味をもっている。そのために、この論文に対しては「反革命」との評価もある(Dowrick 2004: 17–19)。しかし他方でこの論文は、もはや知識という非物質的要素や人的資本の役割を抜きに経済成長を語ることはできないことを、新古典派経済学が公式に認めたものと解釈することもできる。

こうして知識や人的資本は、経済理論の中に深く埋め込まれることになった。一九八〇年代後半から徐々に進められた「経済学の非物質主義的転回」は、本論文でもって完遂されたといえる。人的資本を組み込んだ経済成長論の一応の完成を受けて、一九九〇年代には人的資本の形成と経済成長の関係に関する実証研究が盛んに進められた。当初、この両者の関係に相関性はないとの結果が多く出されたが、こうした結果が出る原因が特定され、それらを考慮した推計のやり直しと改善が行われた結果、現在では多くの実証研究結果が、人的資本への投資が経済成長を促すという結果を支持するようになっている。

3　マクロ経済における資本主義の「非物質化」

1　資本主義発展における無形資産投資の重要性

以上、「資本主義の非物質主義的転回」とは何かを明らかにしてきた。そして、資本主義の変化に対応するかのように、経済学においても「非物質主義的転回」が進行したことをみてきた。しかし、すぐに読者の方々は、次の疑問を発するかもしれない。「論理としては分かったが、本当にそんなことは起きているのか」と。しかし、それはたしかに起きているのである。このことを、本節で確認していきたい。

とくに本節で注目したいのは、「無形資産」の役割である。前節では、経済理論に知識と人的資本が組み込まれ、研究開発やイノベーションをも取り込んだ新しい成長理論が生み出されることで、経済学の「非物質化」が進行する様をみてきた。そしていまや、実証研究でもこれらが経済成長に大きく寄与することが確かめられている。だが、現代資本主義の動態を真に把握するには、物的資本(K)、労働(L)、人的資本(H)の三要素でも、もはや十分ではない。一九九〇年代以降、企業の経済活動において「無形資産」が重要な役割を果たし始め、量的にも質的にも存在感を高めているからである。こうした変化を受けて、二〇〇〇年代頃から会計学において無形資産を企業会計上、どのように価値評価し、位置づけるかが大きな問題となってきた(伊藤編 二〇〇六)。にもかかわらず、経済理論ではまだ十分その役割を理論に組み込めていない。

無形資産とは何か。それは、ストックとしての人的資本と、それが生み出した無形の資産からなる。後者には、(1)所有権が明確で、市場で売買可能なもの(特許、著作権、商標、ブランドなど)、(2)特定企業に所有され、コントロールすることは可能だが、企業と分離して売却することが困難なもの(途上にある研究開発、評判・名声、独自の業務プロセスなど)、(3)企業で働く従業員やサプライヤーと企業の密接な関係の中で構築されていることから、企業によってコントロールすることが困難なもの(人に根ざした知識・スキル、コア競争力、ネットワーク、組織など)が含まれる(Blair and Wallman 2001, 邦訳版八九―九六頁)。

この定義から「無形資産」が、人的資本によって生み出され、経済計算可能か否かにかかわらず、企業の競争力と国民経済の発展に資するあらゆる無形の資産を含んでいることが分かる。現代の非物質化しつつある資本主義では、物的資産よりもむしろ、これらの無形資産の多寡、その優劣が、企業の競争力に決定的な影響を及ぼす。もし、こうした変化が進行しているのであれば、無形資産のストック水準と、フローとしての無形資産への投資に注目することが、現代資本主義の変化を理解するための鍵となる。

とくに投資は、資本主義経済をダイナミックに動かすもっとも基本的な要因である。資本主義が将来的にどの方向に変化していくかは、現在の投資動向によって決まる。実際、二一世紀に入って以降の過去二〇年間に投資の世界で起きた非常に大きな変化は、無形資産への投資が顕著に増大した点にある。

無形資産の量的な拡大に気がついた実証研究に携わる経済学者たちは、それが投資のうちどれだけを占めているのか、その増大は経済成長にどのような影響を及ぼすのか、といった問題に取り組み始めた。つまり、理論研究よりは実証研究が先行したのである。現在に至るまで、無形資産投資によるマクロ経済的なインパクトの推計研究で大きな影響を与えているのは、企業向けシンクタンク The Conference Board の経済学研究部門の研究部長コラードらの一連の研究である(Corrado, Hulten and Sichel 2005, Corrado, Hulten and Sichel 2009, Corrado et al. 2012)。アメリカについて始まった彼女らの研究方法は、いまや無形資産の経済的影響の推計に関する標準的な手法となって各国でも応用され、国際比較研究も行われるようになっている。以下ではコラードらの研究を中心に、無形資産への投資、つまり「投資の非物質化」がどのようにして進展してきたのか、そしてそれが経済成長に対してどのような影響を与えてきたのかを確認していくことにしたい。

2　無形資産投資の推計

コラードらは、現行の国民経済計算が、企業による無形資産投資の重要性の高まりにもかかわらず、統計の未整備や定義の曖昧さのため、そうした傾向を統計上、十分に把握し、国民経済計算に反映させることができていないと指摘する。彼女らは、「無形資産への支出」とみなしうる項目を立て、それらのデータを集め、その規模に関する推計を行った。その上で、もしこれらが国民経済計算上、十分に反映されればGDPの計測に大きな変化が起きることを見出した。つまり彼女らは、(1)無形資産投資が一九九〇年代を通じて、GDPにおけるその他の構成要素と比較しても、急速に伸長したこと、(2)無形資産投資は、少なくとも有形資産への企業投資と同程度の大

表 2-1　企業の無形資本への投資支出額の推計結果(10 億ドル)

資産もしくは支出のタイプ	推定金額		
	1988-90	1993-95	1998-2000
情報化資産	40	70	155
1. コンピューターソフトウェア	41	69	151
2. 情報化されたデータベース			3
革新的資産	205	260	425
3. 科学的研究開発投資	103	123	184
4. 天然資源開発(その大部分は調査・研究開発)	11	12	18
5. 免許料および特許料	28	41	75
6. その他，製品開発，デザイン，調査に関連する支出	63	85	149
経済的競争能力	325	425	640
7. ブランド資産	134	163	236
8. 企業特殊的な人的資本	68	87	116
9. 組織構造	120	174	291
総計	570	755	1,220
対 GDP 比	10.4	10.7	13.1

[出所]Corrado, Hulten and Sichel(2005), p. 24, Table 1. 3.

きさだったこと、そして、(3)経済成長率はそれを反映して、私たちがいま手にしている統計が示すものよりも高かった可能性が高いこと、以上三点を見出したのである。

それでは、コラードらはどういう支出項目を「無形資産への投資」と分類したのであろうか。それを示すのが、表2-1である。ここで、企業の無形資産は大きく分けて、三つのカテゴリーに分類できる。第一は「情報化資産」、第二は「革新的資産」、そして第三は「経済的競争能力」である。

第一の「情報化資産」への投資は、主として企業のコンピューターソフトウェアへの投資支出を含んでいる。

第二の「革新的資産」は、研究開発投資(research and development: R&D)である。ただし、研究開発投資は大きく二つに分類することができる。第一は、主として製造業や大学で行われる研究開発で、科学技術に基づく技術ベースの研究開発である。典型的には、表2-1の第三項目「科学的研究開発投資」(科学的R&D)がそれに相当する。第二は、非製造業による調査研究支出であり、表2-1の第六項目「その他、製品開発、デザイン、調査に関連する支出」がそれに相当する。具体的には新しい動画映像や、その他エンターテイメント産業の研究開発費、新しいデザインへの投資支出、そして金融・保険業における新しい金融商品開発への支出などが含まれる。これらはまとめて「科学技術によらないR&D」と呼ばれる。

最後は、第三番目のカテゴリーである「経済的競争能力」である。これは今後の新産業の創出、そして成長と雇用の拡大にとって、もっとも重要なカテゴリーとなっていくであろう。なぜなら、ここに含まれるのは企業の経営戦略の立案に関わるからである。上述の第一のカテゴリーと第二のカテゴリーに分類される無形資産投資をどのように進めるのか、その成果をどのように活用するのかを決定するのも、企業の経営戦略である。その経営戦力強化へ向けた無形資産投資を行うのが、第三番目のカテゴリー「経済的競争能力」である。

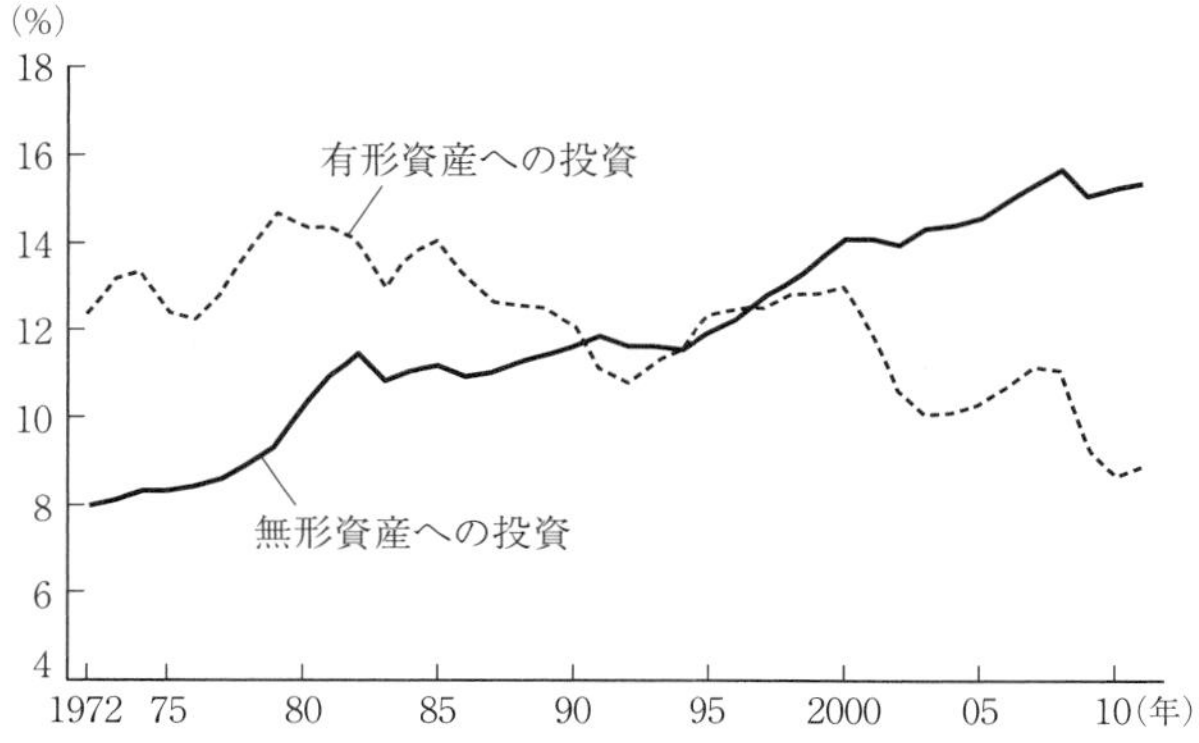

［出所］OECD(2013), p. 24, Figure 0. 1.

図 2–1　アメリカにおける無形資産投資と有形資産投資の対 GDP 比推移

表2−1の第七項目「ブランド資産」には、既存製品のデザイン更新や再構成、市場シェアの保持、もしくはその獲得のための投資、そしてブランドへの投資が含まれる。第八項目「企業特殊的な人的資本」には、雇用者によって提供される労働者の訓練費用や企業の生産性向上のために充てられる経営者の時間価値が含まれる。最後の第九項目「組織構造」は、人的資本を使いこなし、最大限の価値を生み出すための企業内部の組織構造を構築するために支出される費用を含む。

表2−1右側下方の推定金額「総計」欄が示すように、アメリカにおける無形資産投資は時を追って増大し、一九九〇年代末には年間約一・二兆ドルにも上っていた。これはなんと、GDPの一三％以上にも相当する。しかもコラードらは、無形資産への

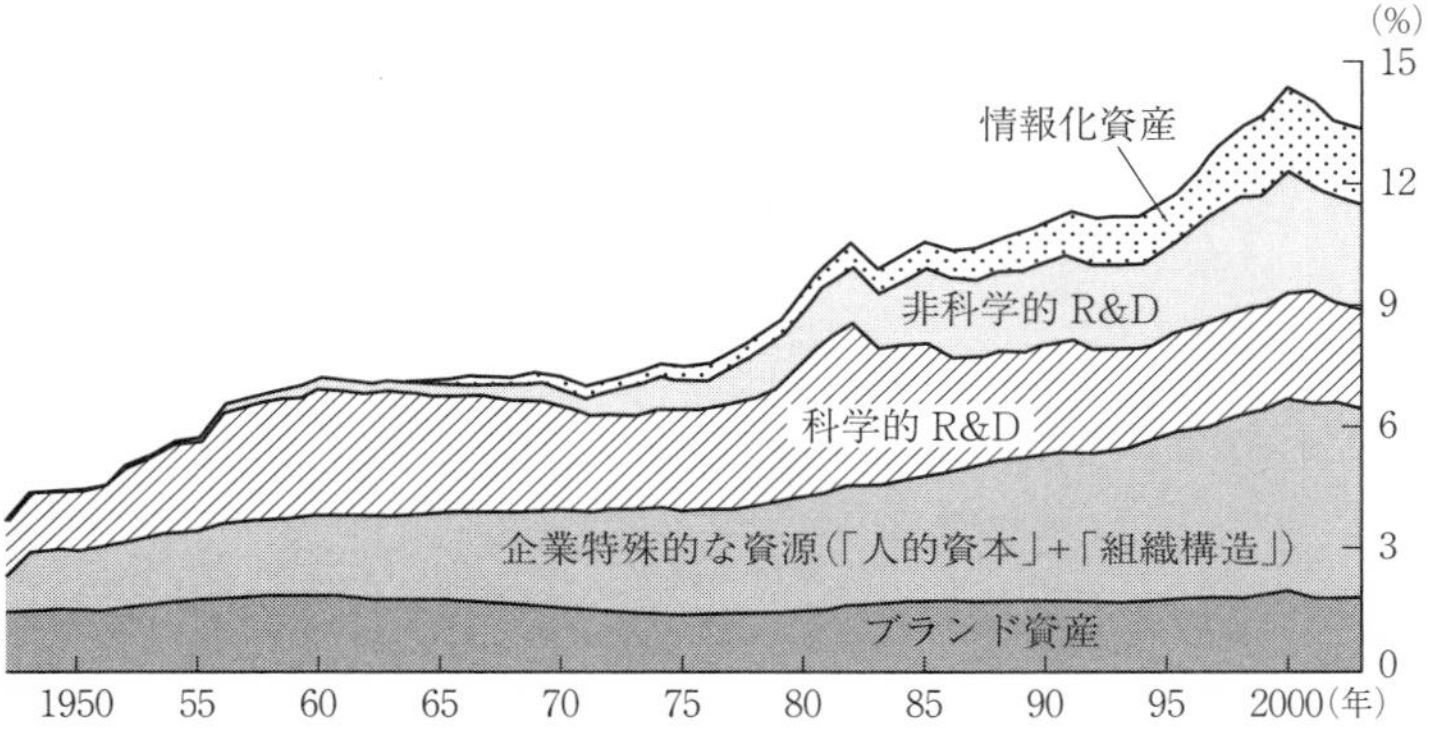

［出所］Corrado et al.(2009), p. 673, Figure 2.

図 2-2　非農業セクターの産出水準に占める無形資産投資の各項目比率の推移

投資支出が一九九〇年代の後半には、経済全体の成長率を上回るスピードで伸びていたことも見出した。実際、一九九八〜二〇〇〇年における無形資産への投資支出の伸びは、一九九〇年代初頭や一九九三〜一九九五年の期間を基準とした場合、GDP成長率の値を、二・五％ポイントも上回る値であったという。この結果、無形資産への投資がGDPに占める比率は一貫して増大し、図2-1が示すように、アメリカでは一九九〇年代後半に有形資産投資を逆転し、以後、両者の格差はますます拡大していった。まさにこの図は、アメリカ経済において投資が無形化、つまり「非物質化」しつつあることを示している。

これに対して図2-2は、増大する無形資産投資の中身を示したものである。表2-1（六五頁）に示された無形資産投資に関する三つのカテゴリーを構成する項目それぞれの占める比率が、一九五〇年代から二〇〇〇年代にかけてどのように推移したのかが示されている。一九九〇年代に伸長したのは、「企業特殊的な資源」（「人的資本」＋「組織構造」）に対する投資、科学技術によらない研究開発（非科学的R＆D）、そしてコンピューターソフトウェア（「情報化資産」）に対する投資である。

以上より、一九九〇年代頃からアメリカ経済において無形資産投資が台頭し、一九九〇年代後半には有形資産投資を上回ってその差を拡げつつあることが明らかとなった。これは、資本主義経済の根本的な変化（その「非物質主義的転回」）を示す象徴的な出来事だといってよい。こうした変化は、アメリカに特殊的な動きではなく、ＯＥＣＤ諸国に共通してみられる現象であることが、様々な国際比較研究によって明らかにされている（van Ark et al. 2009, OECD 2013）。

もちろん、国によってその進展に違いがあるが、もっとも「投資の非物質化」が進行しているのがアメリカとイギリス、その後を追うのが北欧諸国やドイツ、そして日本となっており、遠く隔たって無形資産への投資水準が低迷しているのがイタリアやスペインなど南欧諸国であることも明らかにされている。こうした国際比較研究は、コラードらの研究が確立した同じ方法論を、アメリカ以外の国々に適用することによって成り立っている。

3　日本における無形資産投資の停滞

では、日本はどうなのだろうか。アメリカを代表とする投資の非物質化の傾向と軌を一にして、無形資産投資が活発化しているのだろうか。この点では、コラードらの研究手法に基づきつつ、宮川努らが無形資産の投資動向を精力的に分析している（Fukao et al. 2009, 宮川・滝澤・金 二〇一〇、宮川・金 二〇一〇、宮川・比佐 二〇一三、宮川他 二〇一五、宮川他 二〇一六）。これらの推計が明らかにしたとこ

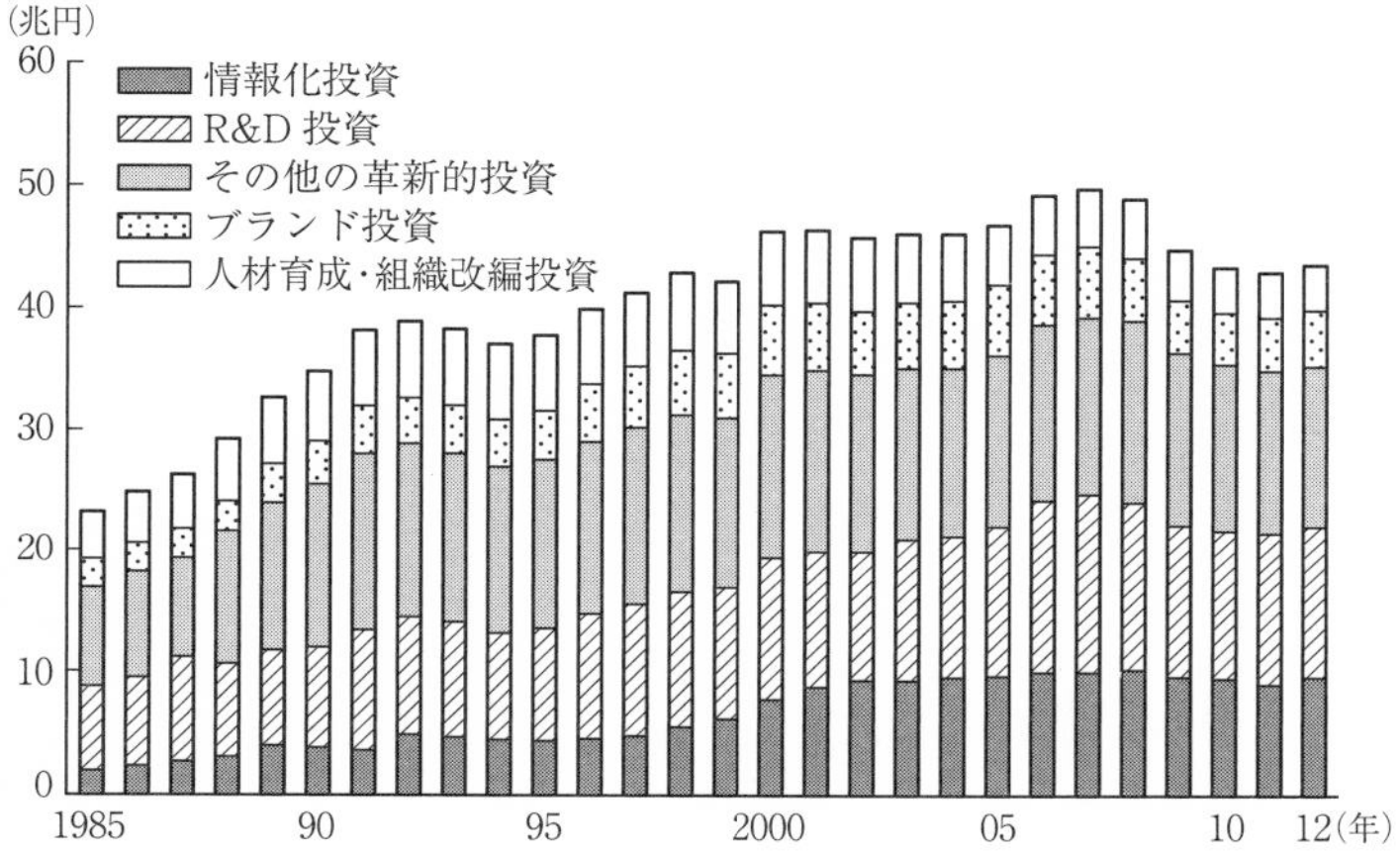

［出所］宮川他(2016)，24 頁，図 1-2.

図 2-3　日本における無形資産投資の推移

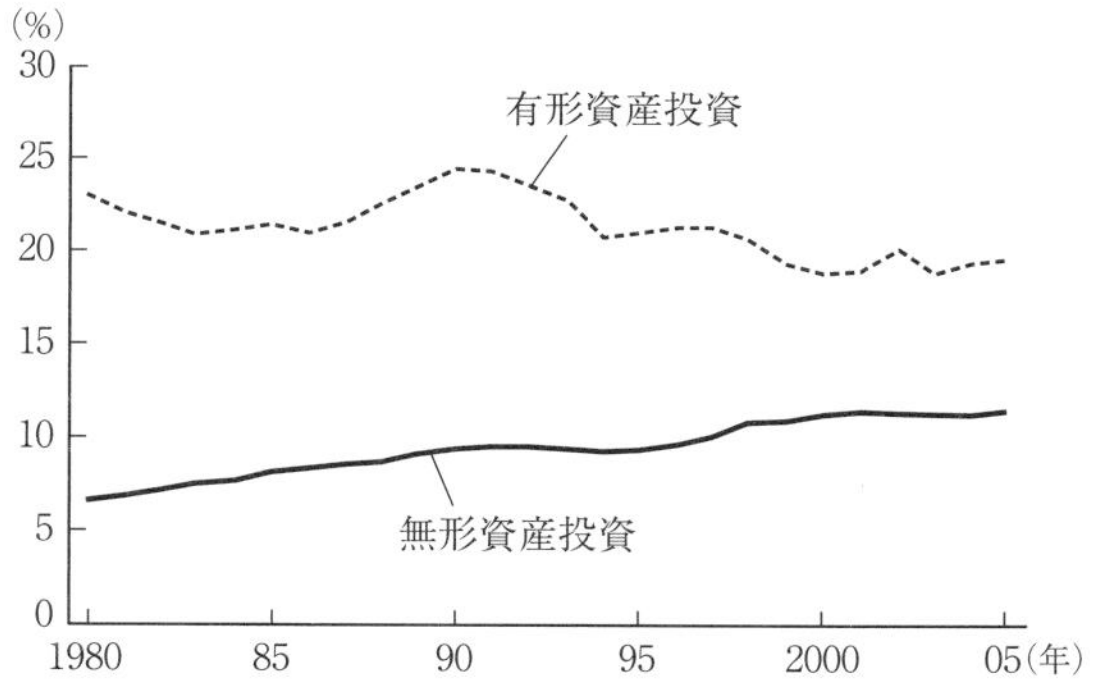

［出所］Fukao et al.(2009), p. 725, Figure 1.

図 2-4　日本における無形資産投資と有形資産投資の対 GDP 比推移

ろによれば、日本でも一九八〇年以降の無形資産投資は、図2-3が示すように着実に増大し、二〇一二年で約四三兆円に達している。日本も、「投資の非物質化」に関する国際的潮流の例外ではないことを示している。しかし問題は二〇〇〇年代以降、無形資産への投資額がほぼ横ばいとなり、世界金融危機以降は、むしろ減少にすら転じている点にある。

加えて、無形資産投資に関する日本のもう一つの特徴は、その総投資額が依然として物的投資に及ばない点にある。一九九〇年代後半に無形資産投資が有形資産投資を上回ったアメリカとは対照的に、日本では両者の差が縮まってきているものの、二〇〇〇年代前半に入っても依然として有形資産投資が無形資産投資を上回っている(図2-4を参照)。このように、アメリカと比較した場合の日本の特徴は、「無形資産投資の停滞」という点にありそうである。

4　無形資産投資の経済成長・産業構造転換へのインパクト

もちろん、何でも日本がアメリカを標準としてそれに追随する必要はない。無形資産投資の台頭はあくまでもアメリカ経済に固有の事情であって、製造業に強みをもつ日本では、有形資産投資が無形資産投資を依然として上回り続けるのは当然であり、アメリカとは異なる日本経済の固有性が発揮された結果だとの反論がありうるかもしれない。だが、一九六〇年代に始まった資本主義の知識化、情報化、そしてサービス化は、日本を含むすべての先進国を覆う趨勢となっていることは疑いない。こうした状況を踏まえて、投資のあり方を有形から無形にシフトすることは、必然的な流れと言えないだろうか。その波は、サービス産業だけでなく、製造業をも洗い始めているのだ。むしろ「投資の非物質化」を推進し、産業構造を、無形資産投資を核とした産業に切り替えることこそ、国民経済の発展にとって死活的に重要だという証拠が揃いつつある。

アメリカの知的財産集約的(intellectual property intensive)な産業を対象とした研究報告書によれば、知財集約産業はいまやアメリカ経済の主流となり、他産業をまとめ上げ、ますます成長しつつある産業領域になりつつあるという(Antonipillai and Lee 2016)(7)。この報告書は、アメリカの全産業のうち、八一産業を知財集約的と認定した。これら「知財集約的」な産業の雇用者数は二〇一四年に二七九〇万人となり、二〇一〇年と比較して八〇万人の増加となった。知財集約産業がGDPに占める比率は二〇一〇年の三四・八%から増大し、二〇一四年には三八・二%となった。知財集約産業は、産業連関を通じて間接的な雇用者をも生み出しており、その数は一七六〇万人にも及ぶ。

また、韓国経済を対象とした別の研究によれば、無形資産集約的な産業は、有形資産集約的な産業よりも成長率が高く、韓国経済全体の先導役になりつつあることが実証的に明らかにされている(Chun and Nadiri 2016)(8)。一九八一〜二〇〇八年の韓国GDP成長率への各産業の寄与度をみると、期間全体では無形資産集約産業と有形資産集約産業の寄与度はほぼ同じだったという。ところが時期を区切れば、無形資産集約産業の成長に対する寄与度は一九八一〜一九九〇年の三六・七%から、二〇〇一〜二〇〇八年の六五・二%へと倍増近くになった。同じ期間に、製造業(有形資産集約産業)の寄与度は三五〜三八%でほとんど変化していない。つまり、韓国経済の成長を無形資産集約産業がますます牽引するようになっていることを本論文は明らかにしたのだ。

他方、本論文は労働生産性向上への各産業の寄与についても推計を行っている。それによれば、一九八一～二〇〇八年の全期間をとれば、無形資産集約産業と有形資産集約産業の生産性向上への寄与度は、ほぼ拮抗している。ところが期間を区切ってみると、異なる姿が浮かぶ。無形資産集約産業の労働生産性上昇への寄与度は、二四・四％（一九八一～一九九〇年）から六三・五％（二〇〇一～二〇〇八年）へと三倍近くに増大したのに対し、製造業の寄与度は逆に減少し、同期間に元の水準の五分の一に縮小している。生産性向上への寄与度では、時間とともに無形資産集約産業がより大きな役割を果たすようになり、製造業との格差は年々広がる一方になっている。

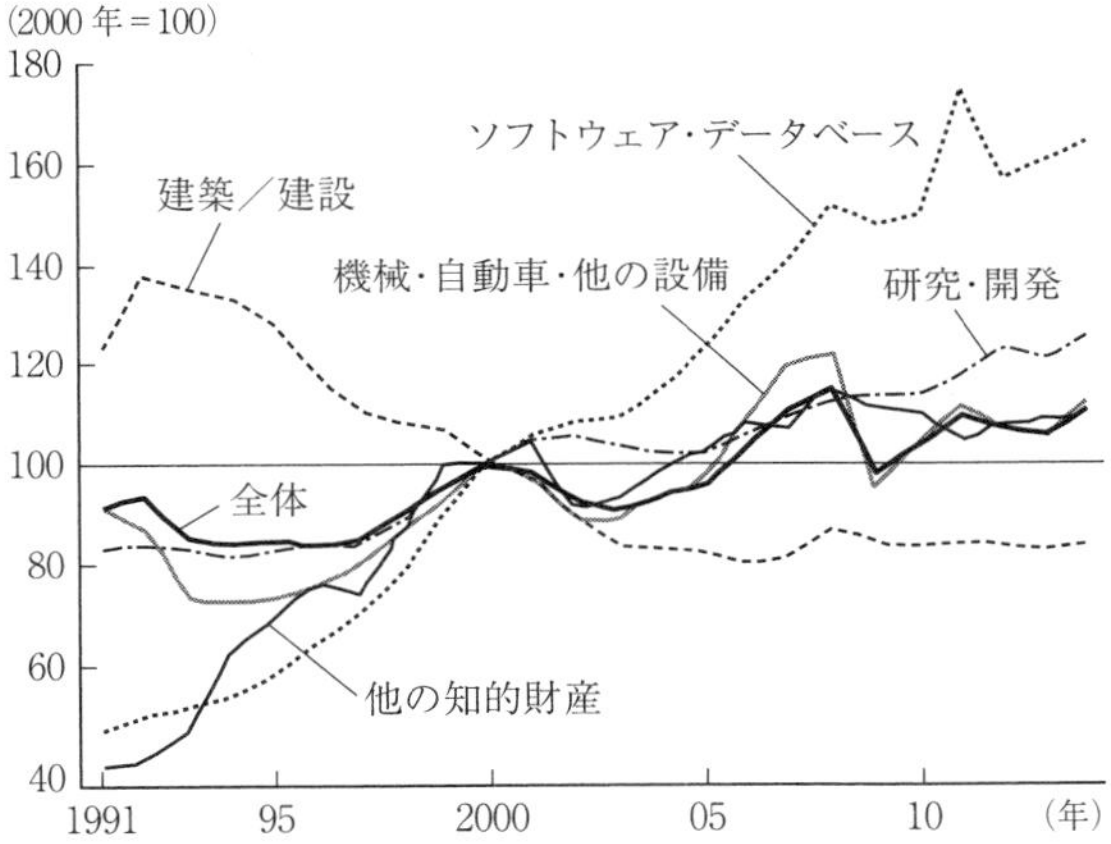

［出所］Rammer and Peters(2016), S. 73, Abb. 3.

図 2–5　1991–2014年におけるドイツ企業の投資の推移

　最後に、ドイツの産業を対象とした研究結果を確かめてみることにしよう。この研究によれば、一九九一～二〇一四年の期間に、投資傾向に明確な傾向が観察された（Rammer and Peters 2016）。図2-5は、ソフトウェア／データベース投資や研究開発投資など無形資産投資が顕著に伸びたのに対し、設備投資など物的投資はわずかな伸びしか示さず、さらに建築／建設投資に至っては減少すらしていることを示している。また、無形資産投資は景気変動に対して、安定的に推移することも分かってきた。

本論文は、様々な投資がもたらす生産性向上への寄与度についても推計を行っている。それによれば、二〇〇六〜二〇一四年におけるドイツ企業のデータに基づいて著者らは、特に研究開発、成人教育、そしてマーケティングおよびソフトウェアへの投資が、高い生産性上昇効果をもっていることを明らかにした。無形資産投資による生産性向上効果は、サービス産業のソフトウェア投資を除いていずれも、製造業の物的投資による効果を上回っている。

以上の研究から明らかなように、無形資産投資の成長促進効果は、製造業の物的投資を上回り、時間を追うごとに無形資産投資を事業の中核とする産業が拡大を遂げ、産業構造転換を通じて経済全体の成長が促されることも分かってきた。つまり、有形資産よりも無形資産への投資が成長という果実をもたらすのだ。

さらに無形資産投資が物的投資に比べて、より顕著に生産性を向上させる効果も共通して観察される。日本が無形資産への投資で他国に劣後しているという事実は、日本経済にとって成長の足かせになっているという推測を生むし、この問題が解消されない限り、今後も日本経済の成長は、低迷を余儀なくされると予想できる。また、ここから日本企業はなぜ無形資産投資にそれほど慎重なのか、という疑問も生じる。

5　無形資産投資の経済政策・産業政策上の含意

前節で、資本主義経済をダイナミックに動かす根本要因としての投資について、一九九〇年代以降の動きをみてきた。その大きな特徴は少なくとも先進各国で、無形資産への投資が一九八〇年代以降一貫して増大してきたという点にある。特にアメリカでは一九九〇年代後半に、無形資産投資が有形資産投資を凌駕した。ここから次の二点の政策的含意が生まれる。

第一は、無形資産投資に焦点を当てた経済政策／産業政策が必要だということである。それを実行するためにも国民経済計算をはじめ、経済統計の整備が必要になる。第二に、日本企業の無形資産投資が停滞しているが、このまま推移すれば、その国際競争力に響くのみならず、日本経済の低迷につながる恐れがある。

まず第一点目だが、無形資産への投資や無形資産集約産業の成長が、経済全体の成長に大きく寄与することが分かった以上、政策の焦点も、無形資産投資をいかに促進するかに焦点を当てるべきである。例えばこれまでにも、研究開発投資に対しては法人税の優遇措置が適用されてきた。あらゆる無形資産投資の主体は人的資本にあることから、無形資産投資を促すために、人材への教育訓練投資を活発化させるための税制優遇を導入すること、そして第四章と終章で論じるように、人的資本投資（「積極的労働市場政策」）を強化することが必須である。

だが、こうした政策を効果的に実施するためにも、「無形資産」の定義を明確にしたうえで、無形資産に関するミクロ経済／マクロ経済上のデータを整備し、それに対する投資動向を統計的に正確に把握する必要がある。現在、多くの国々で国民経済計算は、無形資産投資の大部分を「投資」としてカウントしておらず、投資活動の量的・質的変化の実態を十分に捉えきれていないという問題がある。

もし、コラードらの研究手法に基づいて無形資産投資を国民経済計算に組み込むならば、ＧＤＰはいま私たちが目にしている数値よりも大きくなる可能性が高い。また経済成長率も、往々にして無形資産投資の伸びが物的資産投資の伸びを上回ることから、無形資産投資の国民経済計算への算入はやはり、私たちが目にしている成長率を引き上げる可能性が高い。今後、「投資の非物質化」をより正確にとらえ、経済成長の真の姿を把握するためには、国民経済計算体系の本格的な改定が必要になるだろう[9]。

上述のことを言い換えれば、現状ではＧＤＰをはじめとする経済統計は、私たちの経済活動の全体像を捉えきれておらず、ＧＤＰの規模、その成長率ともに無形資産を考慮しないために過小評価となっている可能性が高い（二〇一六年度に「研究開発費」を国民経済計算に算入しただけで二〇一五年度ＧＤＰは約三〇兆円膨らんだという）。

残念ながら、現在の経済統計は経済の「物的世界」に関してはよく実情を把握できているが、経済の「非物質的世界」に関しては、十分に状況を捉えきれていないといえる。第一章で検討したサマーズの長期停滞論や、ゴードンの投資機会喪失論は、たしかに経済の物的世界のみに着目すれば、議論として妥当性をもつかもしれない。だが彼らの議論は、経済の物的世界のみを取り扱っており、非物質的世界で起きている根本的な変化を踏まえていない。ＧＤＰをはじめとする経済統計では経済が停滞をしていても、非物質的な世界ではきわめて活発な経済活動が展開されているといった状況が起きていてもまったく不思議ではない。筆者は物的世界に関する限り、サマーズやゴードンの議論に共感をもっているが、他方で彼らの議論が、非物質的世界を取り扱っていない限界にも留意しておくべきだと考えている。

無形資産投資がもたらす政策的含意の第二点目は、日本企業による無形資産投資の停滞をどう考えるかという点にある。これは、資本主義の非物質化がもたらす新しい機会を、日本企業が生かしきれていないことを意味する。進化しつつある資本主義経済の中で、企業に求められるのは以下の四点となる。(1)製造業を中心として、科学技術的な知識に基づく研究開発によりイノベーションを引き起こせるか否かが、企業の競争力を決定づける。(2)非製造業においても、革新的なビジネスやサービス革新("service innovation")を生み出すための研究開発は、少なくとも(1)と同等か、それ以上に重要になっていく。(3)知識を生み出し、活用する人材の質を高めることが、最重要課題になる。そのために、企業内部における従業員の人的資本に投資すること(「教育訓練投資」)が、企業の競争力を向上させる。(4)無形資産投資の成果を管理し、活用し、それを新たな製品・サービスにつなげるための組織構築に対して投資することが、上記(1)〜(3)で生み出される成果を形にするために必須となる。

だが宮川らによって行われた実証研究の結果は、資本主義に起きている大きな変化を前に、日本企業が上記(1)〜(4)で効果的な手を打てていないことを示唆している。これは、日本企業が無形資産投資の重要性を理解していないからなのか、それとも理解しているけれども対応できない事情があるからなのか、手持ちの材料からは判断できない。

これまでの理論的・実証的研究結果からは、人的資本を含む無形資産への投資は生産性を高め、産業構造の転換を通じて経済成長を高める効果をもっている。日本企業に関してこうしたメカニズムが働いていないとすれば、それは日本企業や日本経済の競争力低下につながるはずである。ちょうど、日本企業の無形資産投資の伸びが鈍った一九九〇年代後半以降の時期は、日本企業の生産性が悪化し、競争優位を失っていく時期と重なり合っている。

かつて石油ショックや円高という外部ショックに対して、きわめて高い適応能力を発揮し、競争優位を保持してきた日本企業が、なぜ資本主義の非物質化に対しては同じ能力を示しえないのだろうか。なぜ、資本主義が非物質化していくタイミングで、電機産業を典型とする日本企業は、産業国際競争力を失うに至ったのか。次章では、とくに製造業に注目しつつ産業レベルの非物質主義的転回を取り扱う。筆者の仮説は、日本企業の国際競争力低下の原因は、「進行しつつある資本主義の非物質化への不適合」にあるのではないか、というものである。

石油ショックや円高への対応であれば、日本企業は従来のものづくりの延長線上でうまく問題に対処できた。中国など新興国の台頭に対しても、人件費が安く、市場が規模拡大を遂げている新興国に生産拠点を移すことで日本企業は適応しようとしてきた。しかし資本主義の非物質化は、これまで日本企業が依拠してきた競争の土台そのものが根本的に掘り崩され、新しい競争の土台が創出される「パラダイム転換」をもたらしつつある。日本企業は、こうした変化を正確に理解することができず、従来のものづくり論理の延長線上で対処しようとしたために、結果として非物質化に適合的なビジネスモデルへの転換を果たせなかった。それが結果として、今日の日本企業の競争力低下につながったのではないだろうか。

第三章　製造業のサービス産業化と日本の将来

1　日本企業の国際競争力低下

1　象徴としての電機産業の凋落

バブル崩壊以降、日本企業の国際競争力低下が指摘されるようになって久しい。一九八〇年代に全盛期を迎え、世界市場を席巻するかにみえた日本企業の凋落、それと入れ替わるかのようなアメリカ企業の復活、そして韓国、台湾、中国企業の台頭は、二一世紀資本主義における主役交代を強く印象づけた。

日本企業の国際競争力低下を典型的に示すのが電機産業である。電機産業は、テレビ、冷蔵庫などの家電、半導体、パソコン、そして携帯電話などの非常に幅広い製品を扱う。これら事業において日本企業は一時期、世界市場を席巻した。一九九〇年代まで電機産業は、付加価値、出荷額、雇用者数などで日本の製造業の約一五％～二〇％という大きな位置を占め、自動車産業を上回る存在感を示していた。この点で電機産業はまさに、日本のリーディング産業であった。

ところがバブル崩壊後、徐々に競争に敗れて世界シェアを縮小させ、二一世紀に入ると巨額赤字に沈んで企業そのものが存続の危機に直面した。三洋は中国企業のハイアールとパナソニックに吸収されて消滅し、シャープは台湾企業の鴻海《ホンハイ》精密工業に買収された。パナソニックとソニーはともに巨額赤字を出して経営危機に陥った後、近年持ち直したが、世界市場でかつてのような輝きを取り戻したとはいえない。

日立と東芝は家電事業からの脱却を図り、原発、鉄道その他の社会インフラ事業に重点を移すことで収益性を確保する戦略をとっている。だが日立と東芝、そして三菱重工が取り組む原子力発電事業と火力発電事業は、国際的な脱原発・脱炭素の潮流の中で、いずれも巨大なリスクに直面して座礁している。とりわけ原発は、二〇一一年の福島第一原発事故を機に各国で安全規制が強まり、新規の原発事業の収益性は著しく低下している。東芝が二〇一七年に経営危機に直面したのも、米ウェスティングハウスを通じた原発事業の破綻が原因である。結局東芝は、債務超過回避のために、最大の収益源であった半導体事業を、米投資ファンドのベインキャピタル率いる企業連合に売却せざるをえなくなった。二〇一八年一二月には、三菱重工がトルコでの新規原発建設案件を断念するとのニュースが報じられた。さらに、二〇一九年一月一七日、日立製作所は、英西部ウェールズで計画してきた原発建設が建設費高騰のため事業採算の見通しが立たなくなり、事業を中断すると発表した。

半導体事業でも、NEC、日立、東芝、富士通などの日本企業は、一九九〇年代までは世界市場の約半分のシェアをおさえ、世界売上高トップ一〇企業のうち半分を日本企業が占める状況が続いた。しかし二一世紀に入って状況は一変し、存在感が大きいのはアメリカ、韓国、台湾企業となった。日本企業で唯一、二〇一七年売上高トップ一〇に入ったのは売却前の東芝の半導体事業だけである。

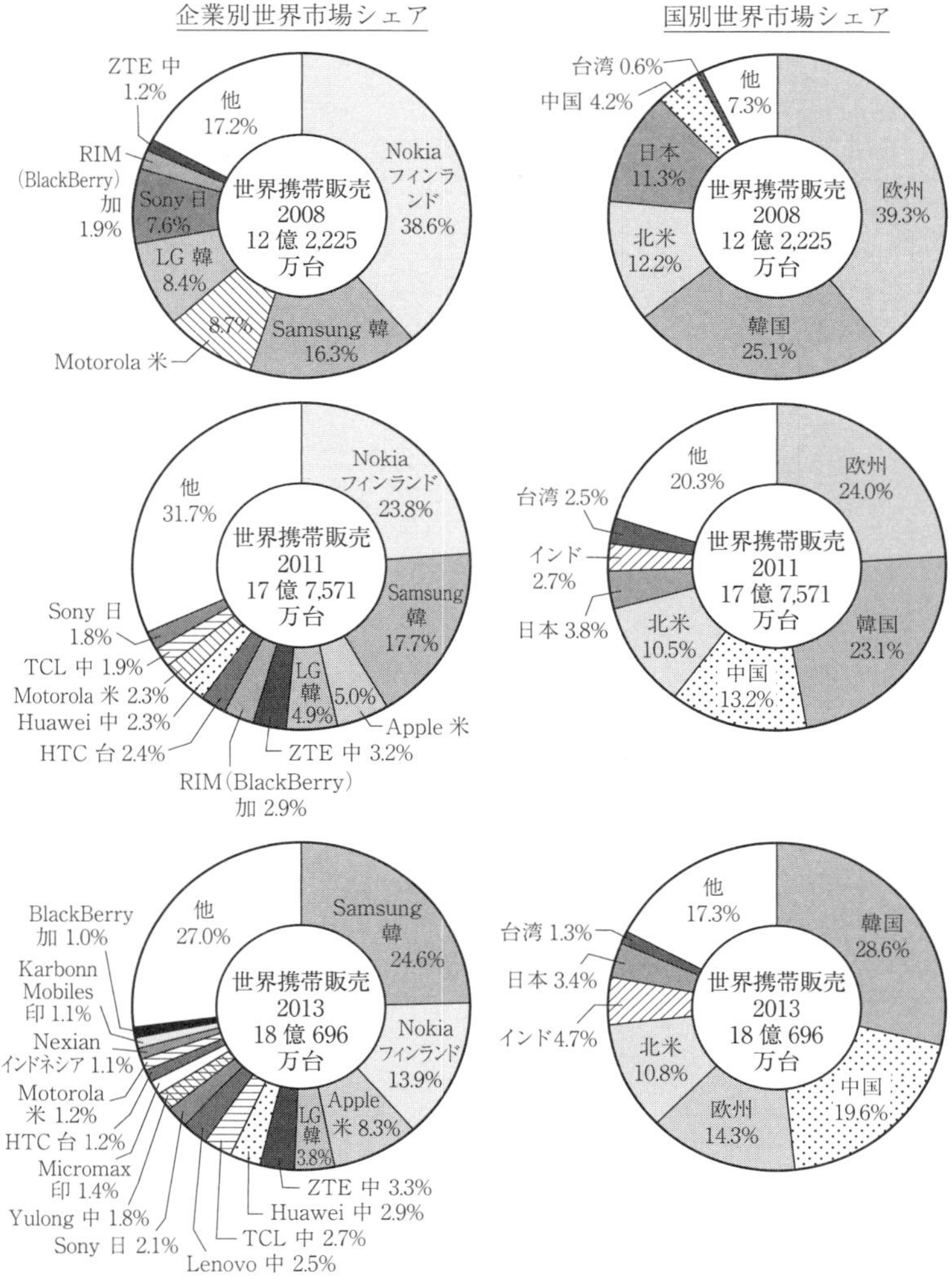

［出所］総務省（2014），57 頁，図表 2-2-2-12.

図 3-1 携帯電話およびスマートフォンの世界市場シェア（2008 年，2011 年，2013 年）

携帯電話事業に至っては、図3-1に示されているように、二〇〇八年時点でこそ日本企業の世界シェアは一一・三%だったが、わずか三年後の二〇一一年には三・八%にシェアが急落している。それ以後、日本の携帯電話は「ガラケー(ガラパゴス携帯)」と呼ばれているように、独自の機能進化を遂げた結果、日本国内市場のみで通用し、世界市場ではまったく競争力を失ってしまった。さらにスマートフォン市場では近年、米国アップル、韓国サムスン/LGを除き、中国企業の台頭が著しく、世界出荷台数ランキングの上位を占めるようになっている。ここでは、日本企業の存在感はほぼ皆無となっている。

2 労働生産性と収益率の低下

日本の産業競争力がなぜ低下したのか、その要因をめぐっては、これまでに多くの説得的な議論が提示されてきた。本書では、それらに屋上屋を架すことはせず、異なる側面から産業競争力問題に光を当てる。つまり一九八〇年代以降、顕著となってきた資本主義の非物質主義的転回に対して、日本企業はどのように対応してきたのかを問う。うまく対応できなかったのだとすれば、それはなぜなのかという点について以下、製造業に焦点を当てて考えていく。まずは、日本の製造業の国際競争力をめぐる現状を、国際比較の中で確認したい。

日本の製造業の国際競争力を測る上で、「労働生産性」に着目することが有益である。一般に、一国の労働生産性は、「労働生産性=GDP/就業者数」の算式で定義される。これは、一人の労働者が働いてどれだけの付加価値を生み出しているのかを示している。製造業の労働生産性は、製造業が

表 3-1　製造業の労働生産性水準上位 15 か国の変遷

（US ドル［加重移動平均した為替レートにより換算］）

	1995 年		2000 年		2005 年		2010 年		2016 年	
1	日本	88,093	日本	85,182	アイルランド	154,011	アイルランド	230,321	アイルランド	447,190
2	ベルギー	73,386	アイルランド	84,696	米国	103,967	スイス	164,272	スイス	182,423
3	ルクセンブルク	71,393	米国	78,583	スウェーデン	103,812	スウェーデン	130,804	デンマーク	146,481
4	スウェーデン	69,771	スウェーデン	75,803	フィンランド	103,497	米国	128,394	米国	140,205
5	オランダ	69,568	フィンランド	74,454	ベルギー	99,761	デンマーク	125,744	スウェーデン	129,833
6	フィンランド	67,561	ベルギー	68,427	ノルウェー	99,633	ノルウェー	124,556	ベルギー	122,207
7	フランス	64,289	ルクセンブルク	64,955	オランダ	98,138	ベルギー	121,351	オランダ	114,860
8	ドイツ	62,162	オランダ	63,648	日本	94,186	フィンランド	119,763	ノルウェー	109,915
9	オーストリア	59,914	デンマーク	62,542	デンマーク	88,739	オランダ	115,400	フィンランド	107,689
10	デンマーク	59,104	フランス	61,961	オーストリア	86,597	オーストリア	108,969	オーストリア	107,366
11	ノルウェー	56,832	オーストリア	59,052	ルクセンブルク	85,327	日本	105,569	英国	102,202
12	アイルランド	54,935	英国	59,004	フランス	84,090	フランス	103,143	フランス	101,576
13	英国	51,229	ノルウェー	58,714	英国	83,706	ドイツ	98,699	ルクセンブルク	101,494
14	イタリア	48,094	ドイツ	55,737	ドイツ	78,871	カナダ	92,597	ドイツ	100,599
15	オーストラリア	43,468	イスラエル	54,873	オーストラリア	66,588	アイスランド	91,889	日本	99,215

［出所］日本生産性本部（2018），23 頁，表 3.

生み出した付加価値総額を、製造業の就業者数で除すことで算出できる。

付加価値を引き上げるには、(1)付加価値額を一定とした上で、製造業に従事する労働者数を減らすか、あるいは、(2)労働者数を一定とした上で、製造業が生み出す付加価値を増大させるか、いずれかが必要である。つまり労働生産性の定義式の分子を大きくするか、あるいは分母を小さくするか、そのいずれかを実現すれば、労働生産性を引き上げることができる。

ただし、(1)による労働生産性の向上と、(2)による労働生産性の向上では、大きく意味が異なる。(1)は就業者数を減らすリストラを行ったり、自動化など製造工程への投資を行ったりして、同一の付加価値をより少ない従業員で実現できるよう効率性を高める方法である。これに対して(2)は、研究開発その他のイノベーションを通じて、新しい製品・サービスやビジネスモデル

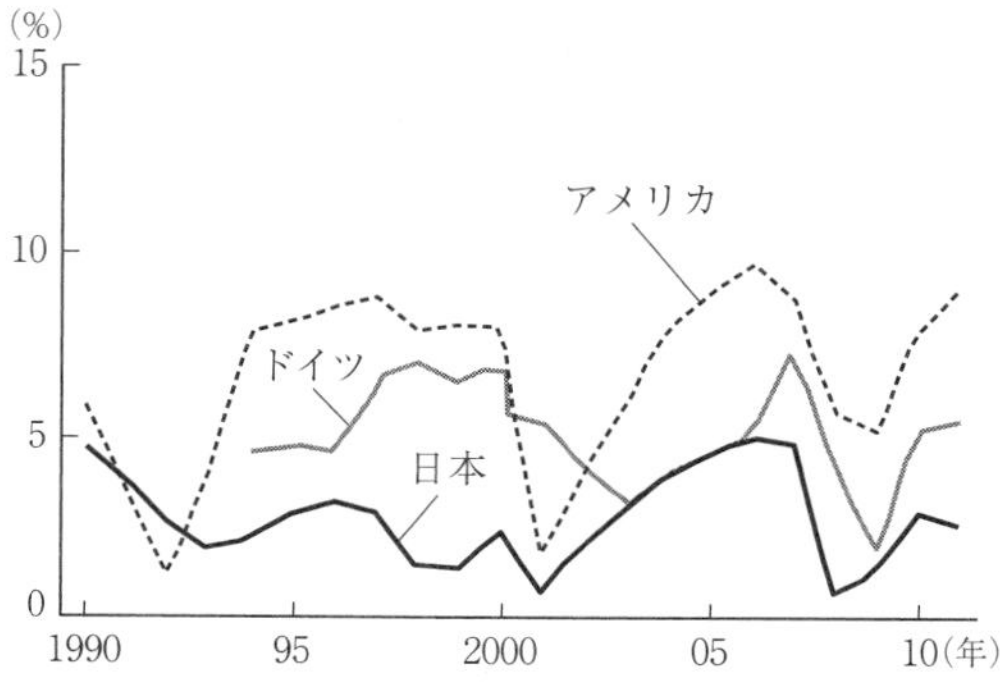

[出所]内閣府(2013)，164 頁，第 2–1–4 図(1).

図 3–2　米・独・日 3 か国製造業の ROA 比較

を生み出し、付加価値を増大させることで、生産性を高める方法である。

以上の整理の上で、表3-1によって近年の日本の製造業が、労働生産性の国際比較において占める位置を確かめよう。これをみれば日本の製造業の労働生産性は、一九九〇年代には世界で首位だったことが分かる。しかし二〇〇〇年以降、順位が下がり始め、二〇一六年には第一五位まで低落した。時を追うごとに、日本の製造業の労働生産性が悪化しているのが実情である。

次に確認したいのは、収益力の国際比較である。図3-2は、内閣府が公表している『平成二五年度年次経済財政報告(経済財政政策担当大臣報告)』に掲載されているものである。これは、アメリカ、ドイツ、そして日本の製造業の「総資産利益率(Return on Asset: ROA)」に着目し、一九九〇年代から二〇〇〇年代にかけて二〇年あまりの推移を国際比較したものである。ROAは、株主資本と負債(銀行等金融機関からの借入金)の合計からなる総資産に対して、製造業がどれだけ収益を上げたのか、その比率を示している。つまりこの指標は、保有する資産を活用してどれほど効率的に利益を稼ぎ出すことができたのかを表している。図3-2が示すように、バブル崩壊以降のほぼ全期間にわたって日本の製造業のROAは米・独製造業を下回っている。頻繁に指摘される日本企業の低収益性が、ここでも改めて確認できる。

3 設備投資の低迷

こうした収益性低下の背景要因は何であろうか。内閣府(二〇一三)は、その要因の一つとして「設備ビンテージの上昇」を挙げている。「設備ビンテージ」とは、製造業の生産設備の平均年数のことである。図3-3が示しているように、日本の製造業の設備ビンテージは一九九〇年代以降一貫して上昇傾向にあり、しかも、米・独よりも高い水準にある。背景には、設備投資が長年抑制されてきたために、設備の更新が行われず、設備の年齢を意味する「ビンテージ」が一貫して上昇してきたという事情がある。こうして設備の新陳代謝が進まず、設備老朽化によって日本企業の収益性が押し下げられた可能性がある。

一九九〇年代以降の日本企業の設備投資低迷/抑制については、すでに第一章でも確認したとおりである(図1-9、三三頁)。設備投資低迷は、バブル崩壊後の一九九〇年代に始まるが、その背景理由は一九九〇年代と二

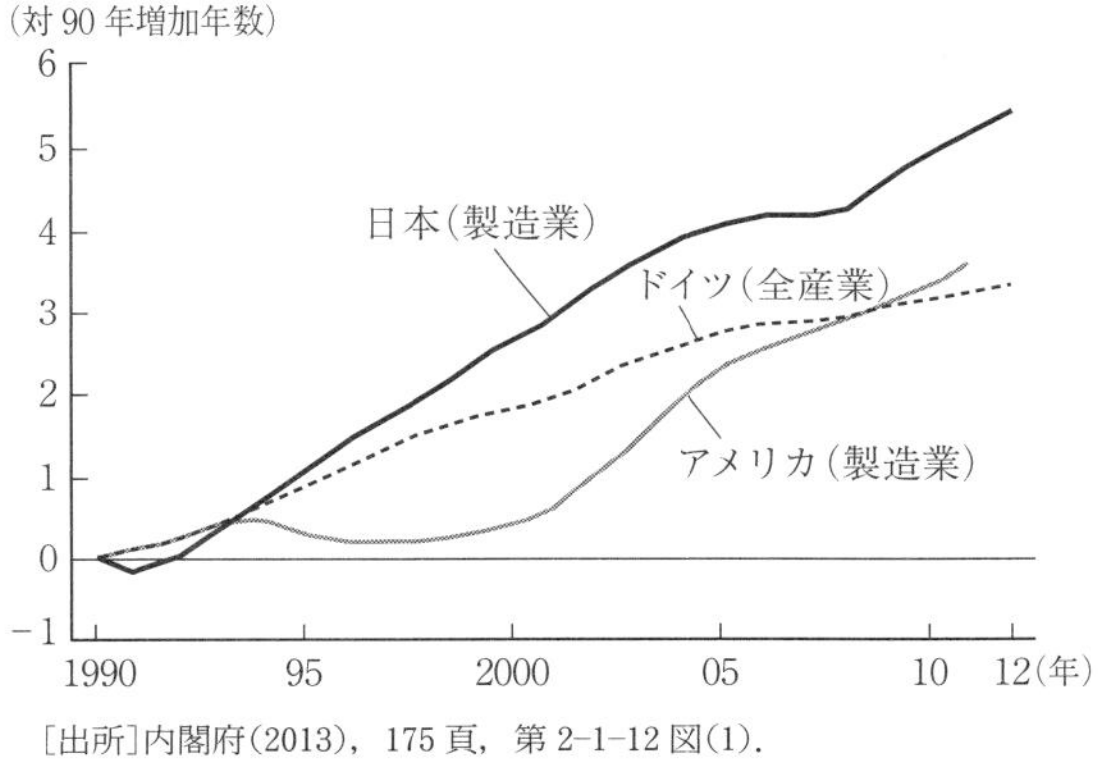

［出所］内閣府(2013), 175頁, 第2-1-12図(1).

図3-3 「設備ビンテージ」の推移

〇〇〇年代とで異なっている。第一章の図1-10(三四頁)から明らかなように、前者の場合は、バブル崩壊後の景気低迷と企業業績の悪化のために「当期純利益」が低迷し、投資のための原資を捻出できなかったことが主原因であった。ところが、二〇〇〇年代に入ると不良債権の処理も進み、世界的に景気拡大が始まったため、当期純利益はリーマン・ショックを挟んで急速に拡大していった。それが、同図に示されているように、「内部留保」と「株主配当」の急速な増加をもたらした。

問題は、こうして獲得した内部留保を原資に、次の成長に向けた積極的な再投資が行われなかった点にある。図1-8(二九頁)が示すように二〇〇〇年以降、「現預金」が「利益剰余金」の伸びと歩調を合わせるように増加していった。増えた原資は再投資に回らず、「配当」の形で株主に配分されるか、あるいは「現預金」の形で企業内部に溜め込まれ続け、二〇一七年時点で約二〇〇兆円もの巨額に達し、過去最高水準を更新し続けている。

ではなぜ、企業の現金保有がこれほどまでに増え続ける一方、設備投資が控えられたのか。第一の理由は、企業内部にともかく資金的な備えが必要だというものである。より積極的には、将来に向けて投資原資を蓄積しておく必要がある。より消極的には、リーマン・ショック級の経済危機襲来に備え、流動性を手元に置いておく必要がある。とくに、バブル崩壊後に金融機関に融資の「引き剝がし」を受けた経営者には、そのトラウマから後者のニーズが強いとされる。

第二の理由は、「投資機会の喪失」である。人口減少で国内市場が縮小する中、国内投資を行う動機づけに欠けると公言する経営者が増えている。二〇一三年四月に日本銀行が導入した量的緩和政策で円安が進行し、それ以降、景気拡大局面が続くにもかかわらず国内投資が盛り上がりを欠くのは、市場の拡大する海外生産拠点への投資が優先され、国内投資は抑制されているからかもしれない。また、シェアリング／デジタル・エコノミーへの移行によって、資本主義がいわば「非物質化」し、物的投資の必要性が減少している可能性もある。だからといって、日本企業が経済の非物質的側面で活発な投資を行っているわけでもない。そのことは、第二章第3節(六九―七一頁)でも確認したとおりである。

いずれの理由にせよ、こうした設備投資の低迷は製造業の生産現場を疲弊させ、競争力を低下させるほか、最悪の場合、不正行為に手を染める原因の一つとなる。本書執筆中だけでも日産、スバル、三菱自動車、スズキ、神戸製鋼、川崎重工、三菱マテリアル、日本ガイシ、宇部興産、ＩＨＩ、住友重機、東洋ゴム、ＫＹＢ(油圧機器メーカー)、日立化成など、日本の名門企業で、相次いで不正行為が発覚した。いったい、日本の製造業の生産現場で何が起きているのだろうか。その一端を垣間見せてくれるのが、不正行為が発覚した企業で行われた調査の結果報告書である。

例えば、二〇一八年三月に報告書が公表された三菱マテリアルの子会社ダイヤメットの事例では、規格値／社内仕様値を逸脱した製品の出荷や、検査データ書き換え等の不正行為が行われていた。調査報告書によれば、こうした不正行為の背景には、設備投資の抑制があった(1)。この会社では長年、新潟工場への人的投資および設備投資が抑制されていた。このため製造設備の老朽化・陳腐化が進み、プレス機の八割以上は三〇年以上も交換されることなく使用され続けていたという。当然のことながら生産能力は低下するが、にもかかわらず経営層は売り上げの減少を恐れ、能力を超える受注が行われた結果、それを捌くために現場は不正に手を染めざるをえなかったという。

人的投資も抑制されているため、不適合品が大量に出て技術者が異常報告書の処理に忙殺されると、人繰りに余裕がなくなる。不適合品でも出荷したり、検査の実施そのものを省略したり、といった不正行為に技術者たちが手を染めていく過程が、報告書には詳細に描かれている。

同様のことは、神戸製鋼の不正行為にも当てはまる。(2) 神戸製鋼はアルミ・銅事業部門を中心として、製品の検査結果の改ざん・ねつ造を行ったうえで、それが基準を満たす製品だと偽って顧客に出荷する不適切行為に手を染めていた。背景には、一九九九年の「カンパニー制」／「事業部門制」の導入があるという。これにより各事業部門には、徹底したコスト削減と、生産拡大による短期利益拡大への圧力が増した。

こうした環境下で、売り上げ拡大のために生産能力を上回る受注を行った結果、彼らは、顧客の要求する仕様を満たす製品を安定的に製造できない状況に陥った。受注を断ることが顧客離れ、売り上げの減少につながることを過度に恐れた彼らは、不正行為に手を染めて当面の苦境を乗り切ろうとした。生産現場のこうした不正行為はたしかに非難されるべきである。だが、生産現場に短期利益極大化へのプレッシャーをかけながら、それを可能にする投資(人的資本／生産設備への投資)を十分に行わなかった経営陣の責任こそ、より重いとみるべきであろう。

以上の報告書から見えてくるのは、次の三点である。第一に、人口が減少し、市場縮小が予測される日本における生産能力の改善投資や増強投資に、経営者は慎重になっている。この結果、生産設備が老朽化し、生産性で日本企業が国際的に劣後し始めて久しい。第二に、経営者は二〇〇〇年代以降、株主から配当支払へのより強い圧力にさらされており、短期利益の拡大を図るよう生産現場に強いプレッシャーをかけている。第三に、経営者は、株主に高水準の配当支払いを実行したのち手元に残った資金(内部留保)を用い、生産設備と労働者に再投資するよりも、現預金として企業内部に資金を積み上げ続けることを選択している。

4　なぜ無形資産投資の重要性を理解できなかったのか

日本企業はなぜ、投資をしないのか。その当面の理由は、上記に挙げたとおりである。だが、本当に投資機会は喪失してしまったのだろうか。筆者の回答は、「否」である。実は、新しい投資機会は生まれてきているのだが、従来型の「ものづくり」に執着する経営者には、その新たな機会が見えていないのではないか。これまで論じてきたように、資本主義の非物質化にともなって、「投資の非物質化」が進行する。だが日本の経営者は、「ものづくり信奉」が強すぎて、こうした資本主義の構造変化に気づくのが遅れた。「経済の非物質化」という変化の重要性を理解し、それに対応した事業構造の転換が必要だと認識しなければ、投資のあり方を変革することはできない。こうした変化は、アメリカでは少なくとも一九九〇年代に始まり、二〇〇〇年代以降、加速化していった。経済の非物質化に対応できなかったことで、日本企業はビジネスモデルの変革に遅れ、すっかり変わってしまった競争の土俵で、次々と敗北を喫し、市場を失うことになった。

この点で、次のようなエピソードがある。パナソニックを筆頭に、数多くの日本企業の経営指南を行ってきた経営コンサルタントのフランシス・マキナニーは、アップル社の戦略を事例にとって、非物質化した(情報化した)世界における新しいビジネスモデルを日本企業の経営者に説明し、それに対抗する事業戦略の採用を迫った。だが、物的な意味に限定された「ものづくり」を信奉する彼らには理解されなかったという。彼は、経営幹部層との次のようなやり取りを披露している。

ところがこの日本企業は、私のプランがいずれも「ものづくり」とは無関係なので、検討することはできないというのだ。逆に言われたものだ。「マキナニーさん、このプランがものづくり企業にどのように役立つのか教えてください」——。

純粋なものづくりが第一原則として機能しないということを、彼らは想像すらできなかったのである。一〇年前の私にははっきり見えていたとおり、この企業は利益と市場を失うことになった。結果は悲惨だった。一時は名の轟いていたこのブランドは、もはや家電業界の世界的プレーヤーではない。（マキナニー 二〇一四：四〇）

日本企業が繰り返し市場を失う理由の一つは、売上げ原価を重視したものづくり指向のため、キャッシュ化速度の高い〝ハイパーものづくり〟競争において競争優位を失ってしまうからだ。私は数え切れないほど聞かされてきた。日本企業はものづくり経営であるとか、ものづくりは日本企業のＤＮＡの中核だとか、ものづくりこそ日本企業が勝負をかける場所である、と。私はいつもこう答える。それはけっこうですが、顧客は御社のＤＮＡにそれほど関心がないですよ、と。顧客は自分のことにしか関心がない。キャッシュ化速度の高い競争とは、そのような顧客に真っ先にたどり着き、彼らの情報をマネジメントすることで利益を上げる勝負なのだ。（マキナニー

（二〇一四：一二六）

ところで、非物質化した投資とは具体的に何を指すのか。もう一度、第二章で紹介したコラードらによる無形資産投資の推計に立ち戻って、その投資項目を再確認しよう。

第一は、「情報化資産」投資であった。これは、企業によるコンピューターソフトウェアやデータベースといった非物質資源への投資支出である。

第二は、「革新的資産」であった。その主たる内容は、研究開発投資（R＆D）である。これは、科学技術に立脚した、ものづくりに直結する研究開発もあれば、サービス産業に直結する研究開発もある。後者のタイプの研究開発には、新しい動画映像、エンターテイメント産業における研究開発、新しいデザインへの投資支出、そして金融・保険業における新しい金融商品開発への支出などを含む。いずれのタイプの研究開発投資であれ、人間の知的活動への投資は、本質的に「非物質的」である。

そして第三は、「経済的競争能力」であった。これは、①製品のデザインやブランドへの投資（「ブランド資産」）、②労働者の職業訓練や企業の生産性向上のための人的資本投資（「企業特殊的な人的資本」）、そして、③人的資本を使いこなし、最大限の価値を生み出すための企業組織を構築する目的でなされる支出（「組織構造」）、以上三点からなっている。

これらは、私たちが「投資」と聞くとイメージしてきた物的投資（「有形資産投資」）とは大きく異なっている。従来型のものづくりの延長線上では出てこない、新しいタイプの投資だといえよう。コラードらは、これら無形資産投資が一九七〇年代以降のアメリカで一貫して増大し、一九九〇年代後半には有形資産投資を上回り、以後ますます重要性を高めつつあることを明らかにした。その背後にあるのは、着実に進行しつつある資本主義の非物質主義的転回である。それは、以下で取り扱う「製造業のサービス産業化」とも深い関わりをもつ。

こうした傾向は、情報通信技術投資(information and communication technology: ＩＣＴ投資)と融合し、「デジタル化」を推し進めつつ、産業の姿を大きく塗り替えつつある。サービス産業と製造業の融合を図りながら現れてきた新しい産業の駆動力こそ、無形資産投資である。無形資産投資の巧拙が、次世代の産業競争力を左右する。企業として生き残ろうとするならば、資本主義の非物質化に対応して事業構造を入れ替え、投資の重点を無形資産投資へシフトさせなければならないだろう。

だが、宮川らが明らかにしたように、日本企業はこの点で完全に立ち遅れている。実証研究が明らかにしたように、無形資産投資による成長促進効果は、製造業の物的投資による成長促進効果を上回っている。前述のドイツの事例からも、成長率のより大きな無形資産集約産業の拡大が産業構造を転換させ、それが経済全体の成長を促す(図2-5、七三頁)。有形資産ではなく無形資産への投資こそが、より大きな付加価値を生み出し、生産性向上を通じて成長という果実をもたらすのだ。日本企業はこれまで、こうした変化を十分に捉えきれてこなかったのではないか。この変化に対応した事業構造への転換に遅れ、無形資産投資も過少のままであれば、今後も生産性の伸びは期待できず、成長率の低迷から脱却できないだろう。

実際、神戸製鋼の報告書も、高付加価値分野に事業の重点を移行させるような事業再編への取り組みで遅れをとってきたと認めている(3)。グループ会社の総数が二一三社にまで膨らみ、それらを整理／

再編することなく今日に至っているという。ここから、いったん始めた事業は、不採算事業でもなかなか事業構造転換に踏み切れず、低収益に甘んじる典型的な日本企業の姿が浮かび上がってくる。

5　何のためのＩＣＴ投資か

資本主義の非物質化に対応した事業構造転換を図るうえで、情報通信技術投資（ＩＣＴ投資）の果たす決定的な役割は、もはや強調するまでもないだろう。アップル、アマゾン、マイクロソフト、アルファベット（グーグル）、フェイスブックといったプラットフォーム企業は、競合他社を圧倒する巨額のＩＣＴ投資を行い、顧客情報を収集すると同時に、それを分析して彼らの嗜好に合った広告を打ったり、サービス提供を行ったりすることで、高収益を稼ぎ出す新しいビジネスモデルを創出した。いまや、これら大手五社が世界の企業の株式時価総額の上位五位を独占する時代である。

ところが、日本で彼らに伍してＩＣＴに積極的に投資し、国際的に存在感を発揮する企業はいまのところ、見当たらない。それどころか、日本企業はＩＣＴ投資が新しいビジネスモデルを展開する手段になりうることに長年気づかず、たんに社内業務効率化のための手段としてしか位置づけてこなかった。岩本晃一（経済産業研究所［ＲＩＥＴＩ］上席研究員）が指摘するように、日本企業の経営者は、ＩＣＴが資本主義経済にもたらす意味を完全に過小評価してきた。

日本企業の経営者は、ＩＴ投資に対する重要性の理解度が低く、なかなかＩＴ投資を行なわず、もし行ったとしても、企業の売り上げを増やす方向でなく、コスト削減や人員削減の方向で投資をするため、企業の売り上げ増に反映せず、国の景気を上向かせる方向で働かないとされている。それは各種のアンケート調査で明らかになっており、それが日本企業の国際競争力の低下の大きな要因となっている。(4)

では、そのアンケート調査とは、どのような内容なのか。(5) 電子情報技術産業協会(ＪＥＩＴＡ)が二〇一三年に実施した日米比較調査は、日本二一六社、米国一九四社、合計四一〇社を対象に、経営者およびＩＣＴ部門以外のマネージャー職以上に行われたアンケート調査に基づいている。そこからは、ＩＣＴ投資に対する日米企業のきわめて対照的な姿勢が浮かび上がってくる。

米国では、ＩＣＴ投資が「きわめて重要」が七五％に達する一方、日本は一六％に留まった。日本企業がＩＣＴ投資の重要性を理解していなかったことを示している。ＩＣＴに対する期待では、日本企業が「ＩＣＴによる業務効率化／コスト削減」をトップに挙げているのに対し、米国企業は「製品やサービス開発強化」がトップ、これに「ビジネスモデル変革」が続いた。つまり、「業務効率性改善」の日本、「新しいビジネスモデル開発」の米国、という対比である。

ＩＣＴがもたらした効果については、日本企業は「社内業務効率化／労働時間減少(四四％)」、「社内情報共有の容易化(四一％)」が上位二つを占めたのに対し、米国企業は「製品・サービス提供の迅速化・効率化(五四％)」がトップ、これに「社外情報提供の効率化、提供量の増大(三四％)」が続いている。日本企業が、ＩＣＴを社内業務効率化のツールとして理解しているのに対し、米国企業は顧客や取引先とより迅速に、より深く結びつくためのツールとして理解している点が、対照的である。

国際ＩＴ財団が国内企業六一五社を対象として行ったＩＣＴ活用の実態と効果に関するアンケート調査でも、日本企業にとってのＩＣＴ活用の目的・効果として上位に挙がったのは、「業務プロセスや作業効率の改善」であった。ＩＣＴ活用の効果があった企業にその達成度を尋ねたところ、効率性改善が上位に挙がる一方、「顧客の意見を吸い上げ、新しいビジネスを創り出す能力の向上」、「投資収益率（ＲＯＩ）の向上」、「新市場の売り上げの向上」、そして「新規顧客の開拓」の達成度は下位となり、ＩＣＴ投資が収益向上、新しいビジネスモデルの構築、顧客獲得には結びついていない日本企業の実態が浮かび上がっている。(6)

2　資本主義の非物質主義的転回としての「脱炭素化」

1　資本主義の死命を制する脱炭素化

資本主義の運命を考える場合に、気候変動問題はますます重要な要素になってきている。それどころか、資本主義の死命を制するのは、「脱炭素化」の成否にかかっていると言っても過言ではない。それを成功裏に成し遂げ、「脱炭素経済」を創出、軌道に乗せることが、二一世紀において資本主義が生き延びるための唯一の方途だとの認識が国際的に強まっている。「脱炭素化」は、資本主義の「非物質主義的転回」と並ぶ二大課題であり、間違いなく今後の企業・産業のあり方を左右する基軸となっていく。

これまで論じてきた「非物質化」と「脱炭素化」はまったく別の課題のようにみえて、実は多くの点で重なり合っている。脱炭素化を図りつつ成長しようとすれば、事業・産業の構造転換を進め、エネルギー集約型の産業構造から、より知識集約型の産業構造に転換する必要がある。それは同時に「情報化」「無形資産化」「サービス化」「デジタル化」を推進し、無形資産を核とした新しいビジネス構造へ移行する途と、多くの点で重なり合っている。

こうして企業の事業構造や産業構造が「非物質化」していけば、同じ付加価値を生み出すのに必要な資源やエネルギー投入量は削減され、産業が排出する温室効果ガスの量は削減されていく可能性がある。これまで、環境と経済は対立するといわれてきた。厳しい環境政策は往々にして企業の国際競争力を削ぎ、経済成長にマイナスだとされてきた。逆に急速な経済成長は、往々にして環境を犠牲にして成し遂げられてきた。

しかし今後、両者はもはや相対立する関係ではなく、むしろ相互補完的、あるいは相互促進的な関係となっていく可能性が高い。つまり、産業構造の「非物質主義的転回」は、企業や産業の生み出す付加価値を増やして経済成長を促す一方、そのエネルギー消費については削減の方向に舵を切らせることになるだろう。つまり「非物質主義的転回」は、成長しつつ脱炭素化を実現するための前提条件となるわけだ。環境と経済を両立させる鍵は、実は「非物質化」にあるというわけである。したがって本書では以下、「脱炭素化」を大きな意味で、資本主義の非物質主義的転回の一環として位置づけ、具体的にどのように産業・企業の形を変えていくべきか、論じていくことにしたい。

2　新しい投資機会としての脱炭素化

これまで資本主義の急速な発展は、英国の産業革命以来の温室効果ガスの大量排出をともなってきた。だが、それがもたらす地球温暖化という負のインパクトはますます明瞭になり、二一世紀資本主義の将来に影を落とし始めている。気象庁によれば、二〇一八年の世界の平均気温(陸域における地表付近の気温と海面水温の平均)の基準値(一九八一〜二〇一〇年の三〇年平均値)からの偏差は+〇・三一℃で、一八九一年の統計開始以降、四番目に高い値になったという。世界の年平均気温は、二〇世紀を通じて一〇〇年あたり約〇・七三℃の割合で上昇し続けてきた。だが、二〇一〇年以降でみると、気温上昇の勢いはトレンドを超えてさらに加速し、近年、急激な気温上昇が生じつつある(上述の正偏差のトップ5はすべて二〇一四〜二〇一八年に集中している)。このまま行けば、世界中で起きている気象上の大きな変化のために、異常高温、熱波、豪雨、台風などによる人的・物的被害が激化していく可能性が高い。

地球温暖化はもはや、「理論上の可能性」や「蓋然性の問題」ではなく、私たちが肌で感じる「現実に目の前で起きている問題」になってきている。ゆえに、「気候変動に関する政府間パネル」(Intergovernmental Panel on Climate Change: IPCC)の科学的知見に基づいて、二〇一六年一一月四日に発効した「パリ協定」は、以下の二つの長期目標を定めた。

(1)世界の平均気温上昇を産業革命以前に比べて二℃より十分低く保ち、一・五℃に抑える努力をする。
(2)そのため、できるかぎり早く世界の温室効果ガス排出量をピークアウトさせ、二一世紀後半には温室効果ガス排出量を、森林などによる吸収量とバランスさせる(「実質排出ゼロ」)。

本書でもこれまで論じてきたように、資本主義は「投資機会の喪失」に直面している。しかし今後、無形資産投資と並んで「脱炭素化(decarbonization)」投資は、もっとも緊急性の高い投資項目であり、そこに大きな投資ニーズが存在する。脱炭素化に失敗すれば、人類の生存が脅かされる。脱炭素化投資は今後、どの国、どの企業にとっても必須となる。二〇二〇年以降の温室効果ガス排出削減等のための新たな国際枠組みを定めた「パリ協定」は、資本主義の航路を脱炭素化へ向けて大きく切り替える「転轍手」としての役割を果たすことが期待されている。

この協定は歴史上初めて、すべての国が地球温暖化の原因となる温室効果ガス削減に取り組むことを約束した点で、画期的である。今後、地球温暖化との闘いの基盤となるだけでなく、経済とビジネスのあり方にも深甚な影響を及ぼすだろう。二一世紀の経済を考える上で「脱炭素化」は、グローバル化、人口減少・高齢化、情報化・デジタル化と並んで、各国政府と企業にとって、長期戦略立案の必須検討項目となりつつある。

本章ではこれまで、日本の産業の国際競争力の低下や生産性の低迷を、資本主義経済の非物質主義的転回に日本企業が適応しきれていない点に求めてきた。投資が不活発となり、法人が貯蓄超過部門となる一方、生産性は低迷し、残念ながら、デジタル資本主義時代にふさわしいイノベーションが日本からは生み出されなくなっている。日本企業は、事業構造を入れ替えつつ、より高付加価値の事業領域へ移って高収益を実現することにきわめて慎重だった。結果として、その生産性は国際的にみて低く、同時に、低収益性に甘んじてきた。

だが脱炭素化への挑戦は、日本企業に新しい投資機会をもたらす。しかも、脱炭素化は必然的に、事業構造の転換をもたらす。興味深いことに、「脱炭素化」のプロセスは、「高付加価値化」のプロセスとも重なり合ってくる。脱炭素化にともなって事業の「非物質化」が進み、無形資産への投資が増えるからである。それは、温室効果ガスの排出を減じる効果をもつ。事業構造の転換が進めば、まったく別の話と考えられていた「資本主義の非物質主義的転回」とその「脱炭素化」は、いずれ重なり合い、融合していくことになる。

このことを、筆者も参加した環境省「カーボンプライシングのあり方に関する検討会」に招かれてプレゼンテーションを行ったDSM株式会社を例に取ってみてみよう。この会社はオランダに本社を置き、健康、栄養、材料分野でグローバルに事業を展開しているが、その祖業はなんと炭鉱業だった。そこからつねに時代の変化に応じて事業構造を入れ替えることで、一九五〇年代には化学企業へ、一九七〇年代には機能化学へ、そしてさらに、二〇〇〇年代以降に健康、栄養、材料事業へと進化を遂げてきた。(7) DSMにとって事業構造の入れ替えは、より高い付加価値を生み出す事業領域への進出であり、同時に、より環境負荷の少ない事業スタイルへの転換を意味していた。実際、DSMの業績はきわめて順調に推移している。つまりDSMにとって事業構造の転換は、環境負荷削減と収益性向上の同時達成のための手段でもあった。

脱炭素はいまや、DSMの経営方針を規定する根本原理の一つとなっている。それどころかDSMは、炭素税や排出量取引制度などのカーボンプライシング(carbon pricing: 詳細は一一四―一一七頁を参照)を国際的に推進する活動にも積極的に関わっている。DSM会長は二〇一六年に、「国連気候変動カーボンプライシング部会」の共同議長に任命されている。二〇一七年には環境経営フォーラムを日本で主催してカーボンプライシングの普及に努めたほか、自社でも、社内カーボンプライシング制度も導入している。彼らがこのような活動に熱心なのは、温暖化を防ぐ社会的責任を果たすだけでなく、脱炭素化が進むほど、みずからの製品・サービスがより大きな競争力をもち、自社の収益性を高めるという見通しをもっているからであろう。つまり、「脱炭素化と収益性の向上は両立する」のである。

3 脱炭素化を前に立ち止まる日本

人類が生存し続けるためには脱炭素化が不可避である。これが理解されれば、「脱炭素経済下で企業として勝者になるには、どう行動すべきか」という問いを立て、それに対する解決法を見出し、行動に移すのが合理的な企業行動となる。世界が脱炭素化を進めれば進めるほど、それを可能にする製品・サービスへの需要も拡大する。逆に、炭素集約的な製品・サービスの居場所はなくなっていく。ならば、早めに脱炭素市場に打って出るための製品・サービス開発に注力し、脱炭素経済に適合的な事業構造への転換を成し遂げた企業ほど、「先行者利得」を獲得し、収益性を高めることができる。

私たちはかつて、こうした論理に基づいて、温室効果ガスの排出削減への取り組みを強めることが、同時に経済成長戦略になりうると主張した(諸富・浅岡 二〇一〇)。だが、この一〇年間、日本企業の歩みは遅々としたものであり、DSMのように国際社会で脱炭素化推進のリーダーになろうとする日

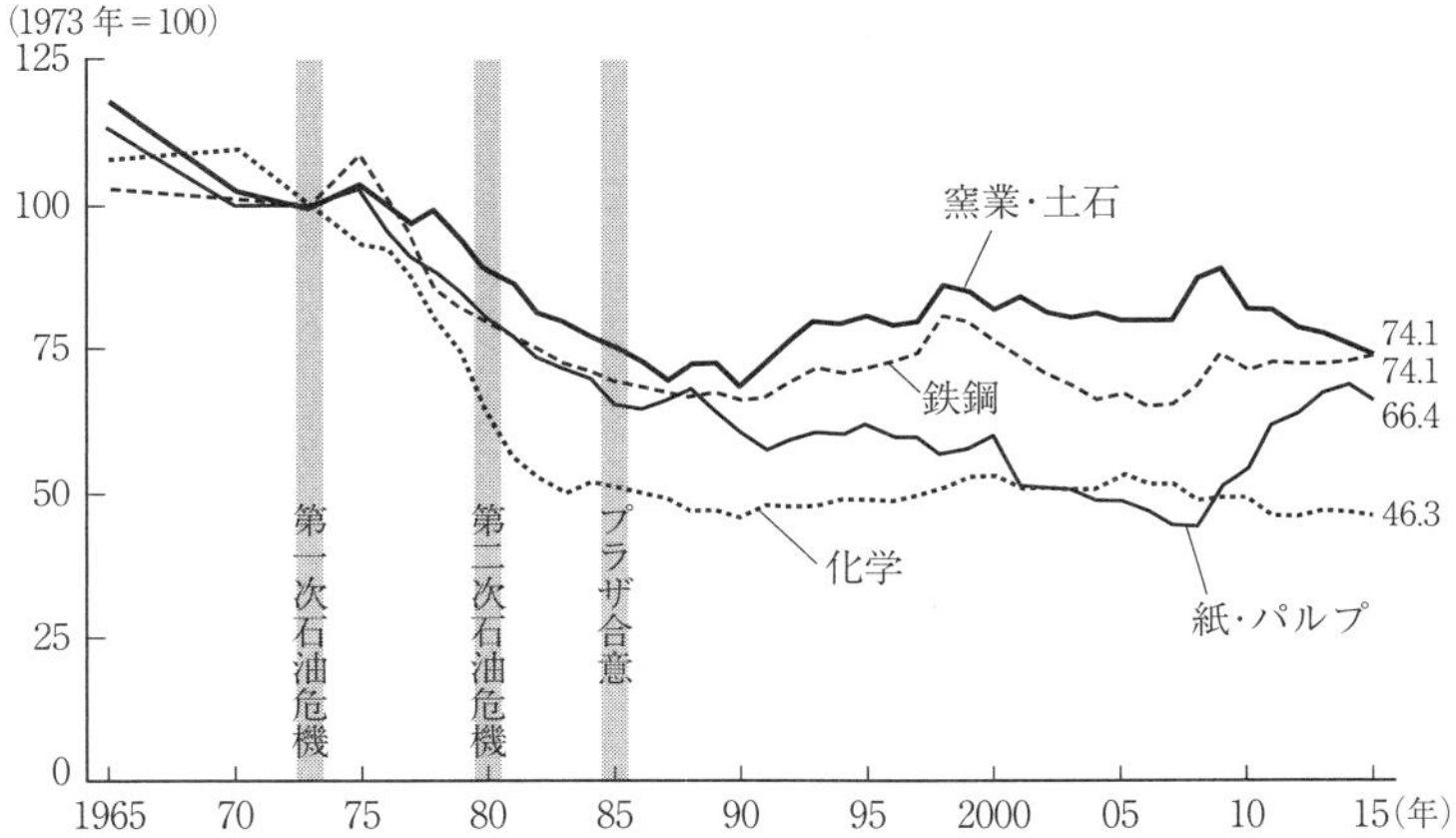

［注］製造業IIP当たりエネルギー消費原単位とは，業種別エネルギー消費量を業種別生産指数(付加価値ウエイトIIP)で除した値.
［出典］日本エネルギー経済研究所「EDMCエネルギー・経済統計要覧2017」をもとに作成.
［出所］環境省(2018),「カーボンプライシングのあり方に関する検討会」取りまとめ参考資料集，スライド166枚目.

図3-4 エネルギー多消費型産業4業種の製造業IIP当たりエネルギー消費原単位の推移

本企業はほとんど現れなかった。日本企業はいまだ、脱炭素化を新しいビジネスチャンスとしてよりもコスト上昇要因、つまり競争阻害要因として捉えている。

日本企業は、環境対策で世界最先端の技術を保有していると往々にして誇るが、それは一九七〇年代の公害対策と石油ショックの産物である。図3-4が示すように、第一次石油ショックと第二次石油ショックを契機に、「エネルギー原単位」(付加価値当たりのエネルギー消費量)の改善が一挙に進んだ。これは同時に、激しかった大気汚染問題を解決する方途でもあった。だが、こうした外的要因が去った一九八〇年代後半以降、エネルギー原単位はほとんど改善されず、停滞状態が今日まで続いている。日本に遅れて一九九〇年代以降、本格的に温暖化対策の観点から省エネに取り組んだ欧州諸国は、この点で次々と日本を追い抜いていった。日本はもはや、世界における脱炭素化のリーダーとはみなされなくなっている。

それどころか、脱石炭の国際潮流に抗うかのように、日本では石炭火力発電所の新設計画が目白押しだ。メガバンクは軒並み、石炭火力発電事業への融資規模で世界最上位を占めていることが明らかとなり、国際的な批判を浴びている(8)。

温暖化対策を行うとしても、日本は「限界排出削減費用」(追加的な温暖化対策を行うのにかかる追加的な費用)が高いのだから、日本ではなく海外で削減投資を行うべきだと経済産業省や経団連は主張している。だがそれでは、日本企業はせっかく眼前に現れた脱炭素化投資という貴重な国内投資機会を見送ることになる。しかも国内投資を行わなければ日本の生産設備は更新されず、ますます老朽化し、生産性は低下することになる。これからグローバルに展開される、脱炭素化のための製品・サービス、生産設備、原材料をめぐる激烈な開発競争で日本は後れをとり、この分野の国際競争力を喪失するだろう。脱炭素化の困難性を強調し、現状維持に甘んじることは、徐々に縮小する市場と運命を共にすることを意味する。逆に、ますます拡大する脱炭素市場で日本企業が本来占めるべきシェアをとれず、その存在感の低下を招くことになる。これは、日本の産業をむしろ衰退させる途ではないか。

4　脱炭素化と経済成長は両立する

温暖化対策は、経済成長を阻害すると主張されてきた。しかし、各国のこれまでの経験から得られたデータから明らかなように、こうした主張に根拠はない。たしかに高度成長期はいずれの国でも、

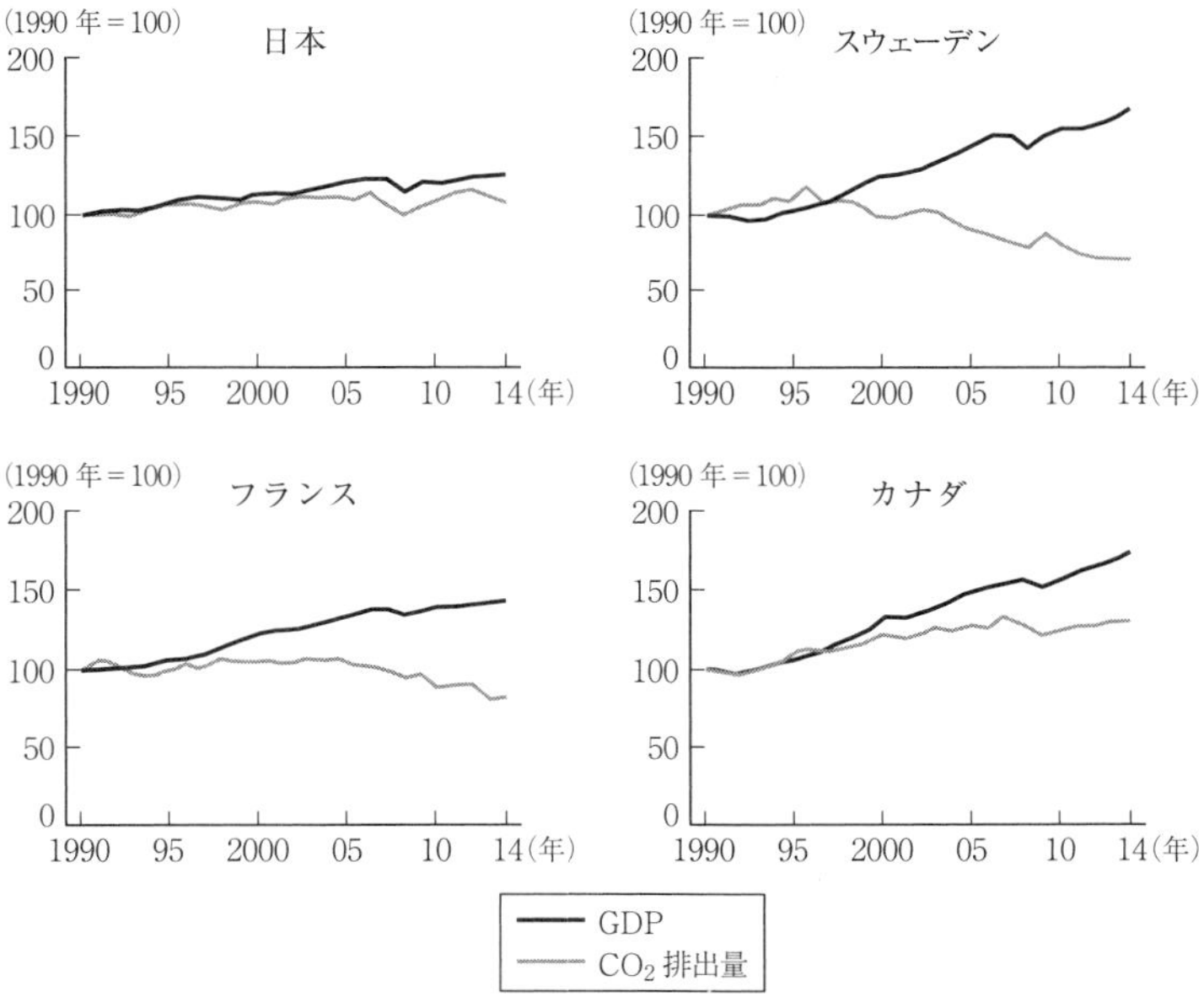

［出所］東京都税制調査会平成30年度第1回小委員会資料5「環境関連税制に関する分科会報告(概要版)」，16頁，みずほ情報総研作成.

図3–5　経済成長と温室効果ガス排出削減の両立

GDPの成長にともなって比例的に、あるいは、それ以上の比率でエネルギー消費量やCO_2排出量が伸びていた。しかし一九九〇年代初頭に始まった温暖化対策の結果、二〇〇〇年代以降に「デカップリング」(経済成長とCO_2排出量の伸びの分離)と呼ばれる現象が観察されるようになってきた。つまり経済が成長しても、CO_2排出量は逆に減少するようになってきたのである。

図3–5は、日本、スウェーデン、フランス、カナダの四か国について、一九九〇年を一〇〇とした場合のGDPとCO_2排出量の伸びの推移を示し

たものである。このなかで、スウェーデンとフランスは明確にデカップリングの傾向を示している。これに対して日本は、依然としてGDPとCO_2排出量がほぼ比例的に伸びており、デカップリングしきれずにいる。カナダは、二〇〇〇年頃までは日本と同様に、成長率とCO_2排出量の伸びが比例的に推移していたが、それ以降、デカップリング傾向を示すようになった。同様の傾向はイギリス、ドイツでも観察されている。

しかも、日本よりデカップリング傾向が明確なこれらの国々はいずれも、日本より明らかに成長率が高い。つまり、「温暖化対策は経済成長を妨げる」との言説は、現実のデータによって反証されているのだ。日本は逆に、CO_2の排出削減も進まなければ、経済成長率も低いという状況である。つまり先進国の中でも、例外的にデカップリングしきれない「後進国」へと転落しつつあるのだ。

このことは、「炭素生産性」の国際比較を行えば、より明瞭となる。「炭素生産性」とは、GDPをCO_2排出量で除した値である。「労働生産性」がGDPを就業者数で除した値だったのに対し、就業者数をCO_2排出量で置き換えたものが、炭素生産性となる。炭素生産性は、一単位のCO_2排出を許容する代わりに、付加価値(GDP)をどれだけ生み出せるかをみることで、成長の質を測る指標だといえる。炭素生産性を向上させるには、分母のCO_2排出量を削減するか、あるいは分子の付加価値を引き上げる必要がある。

図3-6は、主要国の第二次産業における炭素生産性推移を示している。私たちにとってショッキングなことに、一九九五年にはスイスに次いで第二位の水準だった日本の炭素生産性は、その後低迷し、次々と他国に抜き去られる中で、二〇一五年には米国に次ぐ最下位水準にまで低落している。労

働生産性の推移と同様のことが、炭素生産性でも起きていたのだ。二一世紀の資本主義が、「脱炭素経済の獲得をめぐる競争」としての色彩を強めていくのだとすれば、日本はその闘いですでに後塵を拝していることを、この図は示している。

ちなみに、スイスの炭素生産性が他国に比べて圧倒的に優位性を保っている秘密は、非常に高い付加価値を生み出すその産業構造にある。時計に代表される精密機械、医薬品、食品などにスイスは強みをもっており、こうした企業を中心とする産業クラスターがスイス各地に形成されている。時計を生産するロレックスや、医薬品産業のノバルティス、食品産業のネスレ等のグローバル企業は、製造業としてのハードな技術だけでなく、「無形資産」、つまり知的財産やブランドなどで他を圧する強みをもち、大きな付加価値を生み出す源泉となっていることが、この結果に寄与している。

　他方で、なぜ日本の炭素生産性は過去二〇年間、停滞し続けているのか。その最大の要因は、図3-5（一〇三頁）に示されているように、炭素

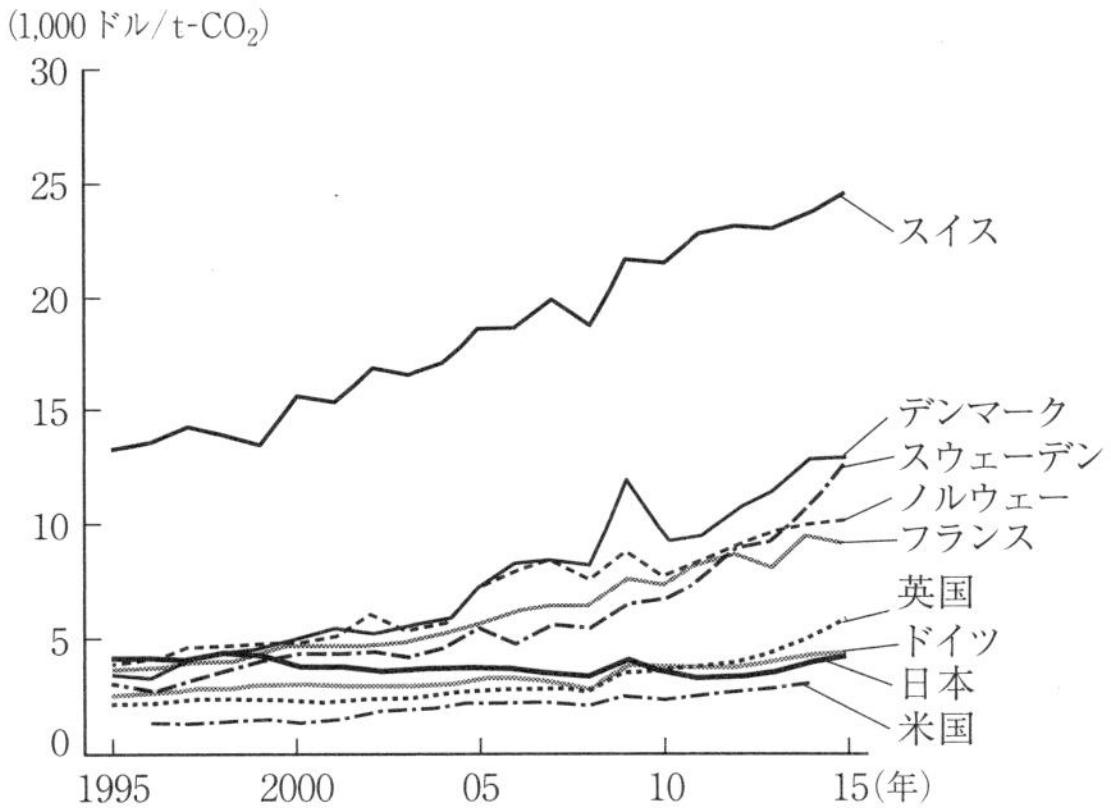

［出所］環境省(2018)，「カーボンプライシングのあり方に関する検討会」取りまとめ参考資料集，スライド61枚目．

図3–6　主要国第2次産業の炭素生産性の推移（当該年為替名目ベース）

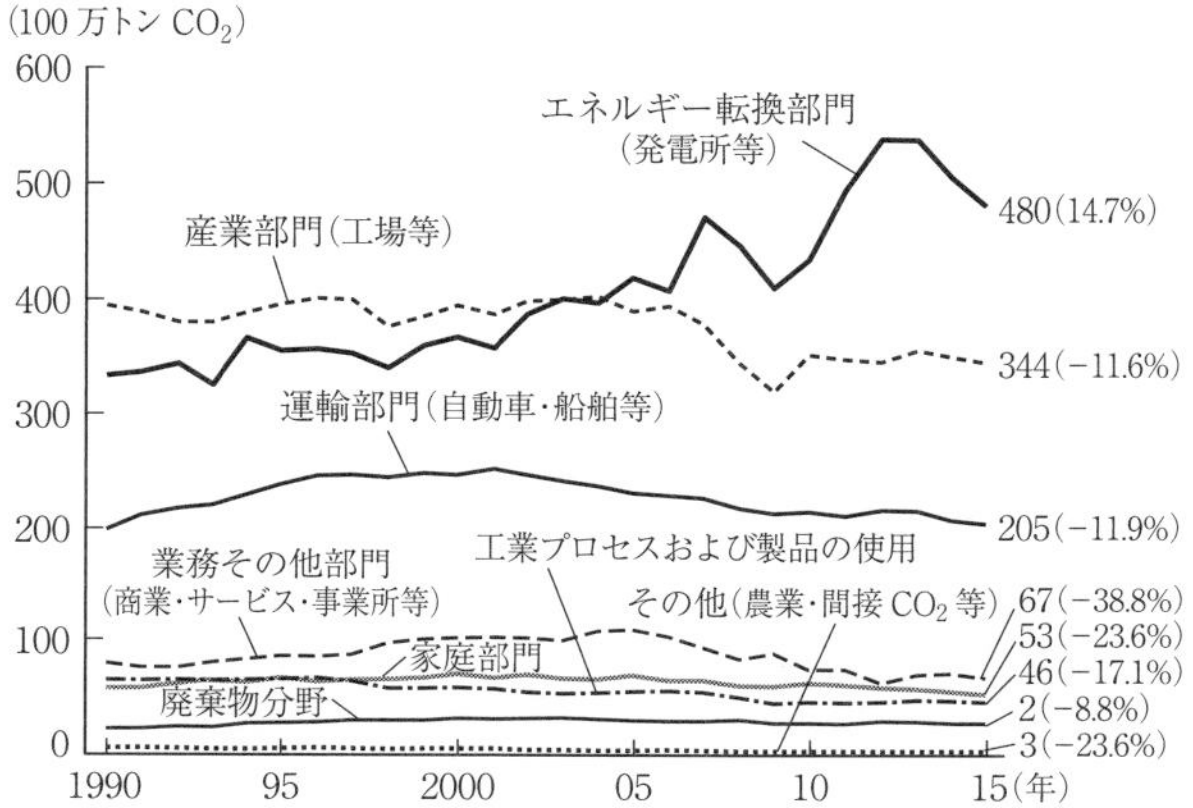

[注]カッコ内の数字は各部門の2015年度排出量の2005年度排出量からの増減率

[出典]温室効果ガス排出・吸収目録

[出所]環境省(2018),「カーボンプライシングのあり方に関する検討会」取りまとめ参考資料集,スライド47枚目.

図3-7　部門別 CO_2 排出量の推移(熱電力配分前[直接排出],2015年度確報値)

生産性の分母、つまり CO_2 排出量の削減に失敗してきた点にある。その「主犯」は、図3-7から明らかなように発電所などの「エネルギー転換部門」である。たしかに、二〇一一年の福島第一原子力発電所の事故後、原子力発電が全停止し、火力発電が著しく増加したことで、この部門の排出が一挙に増えたという事情はある。だがそもそも、この部門の排出が一九九〇年以来、一貫して右肩上がりとなってきた主要因は、電力会社が石炭火力発電所を継続的に増設してきた点にある。これを転換するには、再エネの大量導入を進め、その比率を二〇三〇年代には総発電量の五〜六割に引き上げ(二〇一六年時点での同比率は、大規模水力を含めても約一五%)、石炭火力発電所のこれ以上の増設を止める必要がある。

これとは対照的に、業務・家庭両部門は省エネが急速に進み、それぞれ二〇〇五年比三八・八%減、二三・六％減と大幅にCO_2排出量を減らしている。だが産業部門と運輸部門は、排出が減少傾向にあるものの、その削減率は業務・家庭両部門に比べて小さい（それぞれ一一・六％減、一一・九％減）。そもそも産業・運輸部門の排出は絶対量がきわめて大きいので、これら両セクターの脱炭素化なしに、日本の脱炭素化は成功しない。運輸部門については、電気自動車への移行などを通じて、自動車の脱炭素化を進める必要がある。

問題は、産業部門である。産業部門はこれまで脱炭素化に強く反発してきた。経団連をはじめとする産業界は、温暖化対策の強化は、コスト上昇を通じて日本のものづくりを阻害し、その国際競争力を低下させると主張、排出量取引制度の導入をはじめとする温暖化対策の阻止に「成功」してきた。だが、それでどのような成果があったのか。上述のように、環境技術のイノベーションは一九八〇年代以降、停滞しており、事業構造の転換による高付加価値化に失敗した日本の製造業は労働生産性を落とし、低付加価値／低収益に甘んじている。加えて製造業の炭素生産性も停滞を続け、他国に次々と抜き去られてきた。

こうした状況が明らかになってきたのは、温暖化対策が本格的に始まった一九九〇年以降、三〇年近くデータが蓄積されてきたことが大きい。データによる検証が可能になったことで、温暖化対策が経済成長に及ぼす影響をめぐる論争は、ほぼ決着がついたといえる。つまり結論は、「温暖化対策は成長と両立する」ということだ。それどころか、温暖化対策は企業に事業構造の見直しを迫り、「炭素集約的で低収益」な事業領域から「低炭素だが高収益」な事業領域への転換を促すことで、成長を後押ししてきた可能性すらある。

欧州諸国が炭素生産性を高めてきた背景には、産業構造転換によって「製造業のデジタル化／サービス産業化」を進め、事業領域をより高付加価値分野に移しつつ、CO_2排出量を削減する戦略をとってきたという事情がある。日本企業はこれまで、「ものづくり」の強みを強調しすぎたことで、資本主義の非物質主義的転回に出遅れることになった。このことは同時に、脱炭素化をも困難にしているのだ。

5　脱炭素化と産業構造の転換

炭素生産性という指標は、炭素排出を許容する代わりに、その国／産業／企業がどれだけ付加価値を生み出して経済発展に寄与しているのかを評価する指標である。この視点から、日本の製造業をより詳しく分析してみることにしたい。

図3‐8は、環境省の「温室効果ガス排出量算定・報告・公表制度」に基づいて抽出したCO_2大量排出上位一一業種について、各年度の業種別CO_2排出データと、財務省の「法人企業統計」に記載されている各年度の業種別付加価値データに基づいて、各年度の業種別炭素生産性を計算し、その推移を図示したものである。この図で注目すべきは、炭素生産性の業種別推移よりも、その業種間の大きな格差である。

例えば、同じCO_2大量排出上位一一業種でも、図3‐8でもっとも上位に位置する電気機械器具製造業はt‐CO_2あたり一〇〇〜一五〇万円の付加価値、その次に上位に位置する金属製品製造業は同八〇〜一三〇万円もの付加価値を生み出しているのに対し、鉄鋼業はわずか同一〜二万円、石

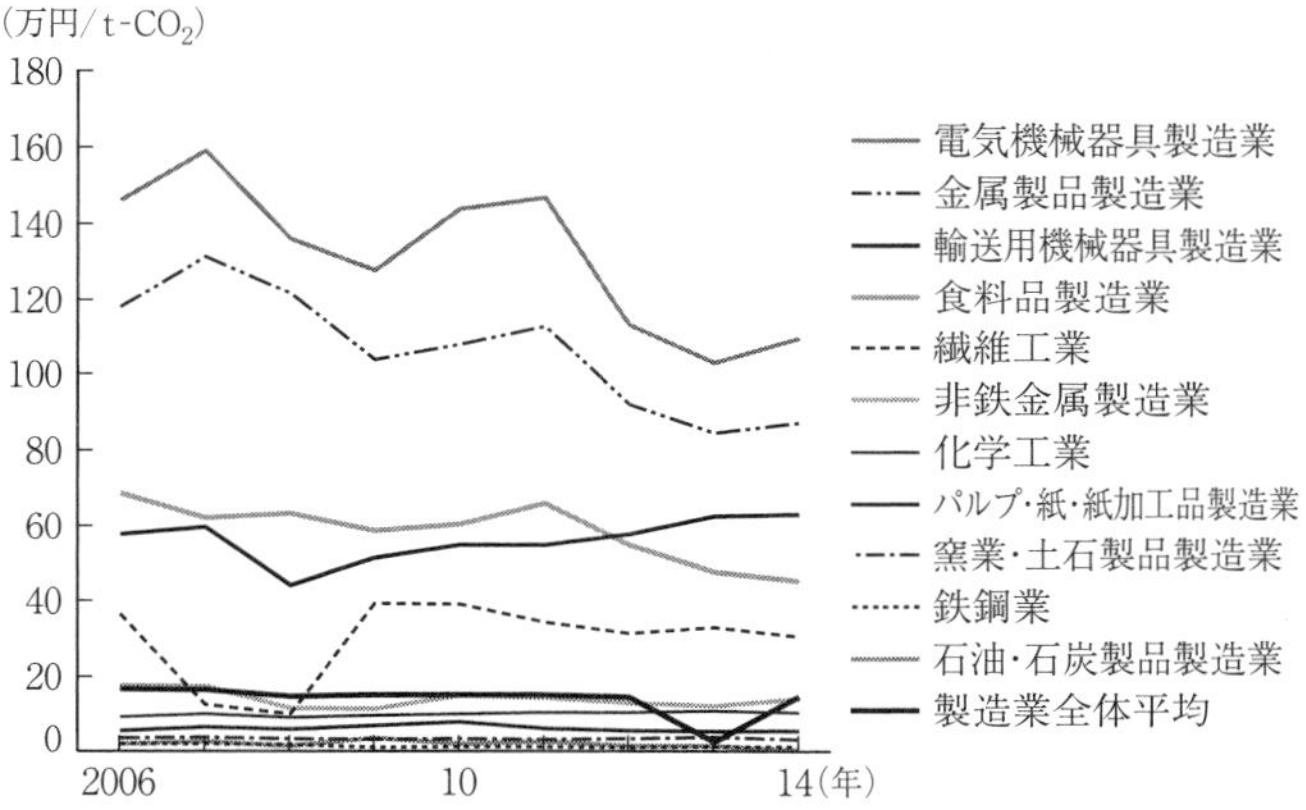

[注]ここでの CO_2 排出量は,「熱電力配分後(間接排出)」のデータに基づく.つまり,電力会社の発電事業による排出を,電力消費者の排出とみなし,各業種の電力消費量に各電力会社の排出係数(CO_2 排出量[t-CO_2]/発電量[kWh])を掛け合わせた値が,各業種の CO_2 排出量としてカウントされている点に留意.図3-9についても同様.

[出所]筆者作成.業種別 CO_2 排出量データについては,「温室効果ガス排出量算定・報告・公表制度」による各年度温室効果ガス排出量の集計結果資料に基づく.また,業種別付加価値データについては,法人企業統計年報各年度版の「業種別,規模別資産・負債・純資産及び損益表」に基づいている.

図3-8 CO_2 大量排出上位11業種における炭素生産性の推移

油・石炭製品製造業に至っては同〇〜四万円の価値しか生み出せておらず、図3−8でも地を這うように最下位を争う位置づけとなっている。もし私たちの産業構造を、鉄鋼業や石油・石炭製品製造業のような炭素集約型産業から電気機械器具製造業や金属製品製造業などの高付加価値産業にシフトさせれば、同じ付加価値を生み出しつつ、CO_2 排出の大幅な削減が可能になるだろう。

CO_2 排出削減のためには、鉄鋼業や石油・石炭製品製造業の消滅もやむなし、ということを言いたいのではない。国民にとって重要なのはGDP総体の規模とその成長であり、それをどのような産業構造で実現するかは、時代とともに変化していっ

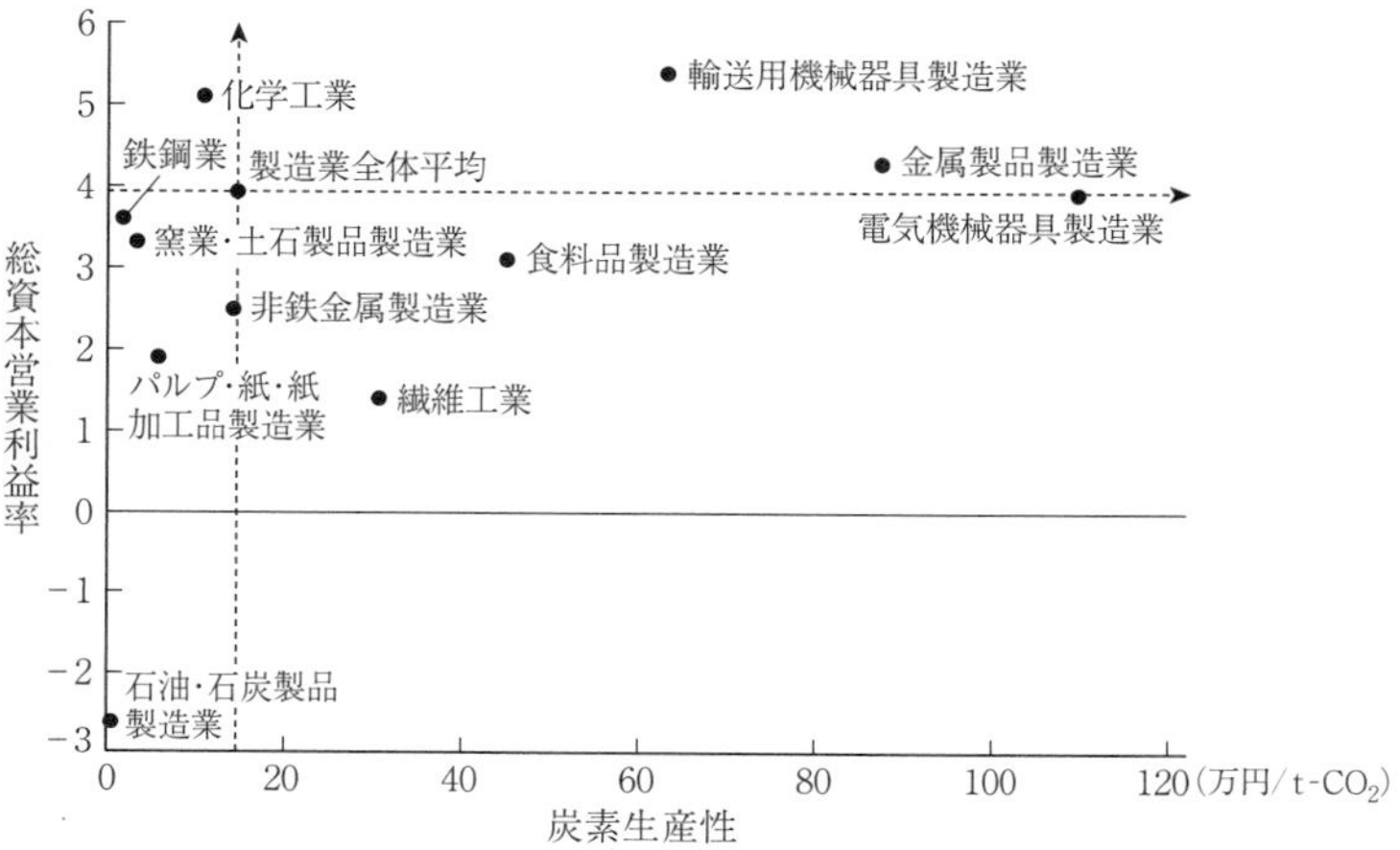

［出所］炭素生産性の元データについては，図 3-8 と同様．総資本営業利益率データについては，法人企業統計年報の各年度版「業種別財務営業比率表」に基づいて筆者作成．

図 3-9　CO_2 大量排出上位 11 業種における炭素生産性と総資本営業利益率(ROA)の関係(2014 年)

てよいはずである。「現在の産業構造を死守」することを金科玉条とする発想では、成長力を失った産業が温存され、国民経済の発展が犠牲となってしまい、政策として本末転倒である。脱炭素時代には、GDPの質が問われるようになる。GDPを維持・拡大しつつCO_2排出量を削減できるなら、柔軟に産業構造の転換を図るべきだという考え方が生まれてきて当然であろう[9]。

次に、「付加価値」という国民経済的な評価視点に加えて、「利益率」という投資家的な評価視点を導入することにしよう。後者の指標として、「総資産利益率(Return on Asset: ROA)」を用いることにしたい。これは、「本業で稼いだ利益(営業利益)」を「総資本(負債+純資産[株主資本])」で除した値である。銀行からの借入れであれ、株式発行であれ、調達した総資本を投下していかに効率的に利益を上げているかで、その業種や企業を評価する指標である。

図3-9は、炭素生産性指標を水平軸に、縦軸には利益率（ROA）をとり、各業種がその中でどこに位置するかを明らかにしたものである。各業種の位置づけを評価する際の基軸として、製造業全体の平均値を縦方向と横方向の点線の矢印で示している。この基軸を基準としてこの平面を、北東方向の第一象限、北西方向の第二象限、南西方向の第三象限、そして南東方向の第四象限に分割することができる。そのうえで、CO_2大量排出上位一一業種のデータをプロットしていくと、どの業種が、どのような性質をもっているかをよく理解できる。

図3-9から読み取れることの第一は、「製造業全体平均」よりも炭素生産性の低い業種は、「化学工業」を除いて、いずれも利益率がきわめて低いという点である。「窯業・土石製品製造業」「パルプ・紙・紙加工品製造業」「鉄鋼業」はいずれも、炭素生産性のみならず、利益率が製造業全体平均よりも低く、「石油・石炭製品製造業」に至っては利益率がマイナスの値にすらなっている。

第二は、第二象限に位置する「化学工業」は、炭素生産性で評価すれば製造業全体平均よりも低いが、利益率ではCO_2大量排出上位一一業種の中でもトップを占める例外的存在だという点である。

第三に、CO_2大量排出上位一一業種の中で、第一象限に位置する「輸送用機械器具製造業」と「金属製品製造業」は、利益率が製造業全体平均を上回り、なおかつ炭素生産性が非常に高い。

以上のように、同じCO_2大量排出業種といっても、それが生み出す付加価値や利益率に着目すれば、きわめて多様な性質をもっていることが分かる。第一象限の業種のように、炭素生産性と利益率の両方で好成績を収めている業種がある一方で、第三象限の業種のように両者ともに大きく見劣りする業種もある。今後、日本経済が脱炭素を図りつつ、経済成長を達成するには、第三象限から第一象限へと日本の産業全体を押し上げていくか、あるいは産業構造転換を促し、日本の産業の重点を図の北東方面にシフトさせていくことが必要となる。

もっとも図3-9は、あくまでも二〇一四年時点でのスナップショット(瞬間写真)であり、特に利益率は景気の状況その他によって大きく変動するため、各業種の図3-9でのポジションが時間とともに変化する可能性もある。そこで、各業種の収益率がどのように経年変化してきたのかを確認しておくことにしよう。それを示したのが、表3-2である。

この表には、CO_2大量排出上位一一業種の収益率(ROA)の推移(一九九〇~二〇一五年)が記されている。網掛けが行われている欄は、その業種のその年の収益率が、製造業全体平均の収益率を上回

率の推移(%)

繊維工業	金属製品製造業	電気機械器具製造業	製造業全体平均
1.5	5.7	5.9	5.2
1.5	5.5	3.6	4
1.3	3.3	1.4	2.8
0.1	1.9	1.5	2
0.2	2.4	2.5	2.5
0.3	3	3.8	3.1
2	3.7	3.6	3.9
1.7	3.2	3.8	3.7
0.8	1.3	1.6	2.5
0.3	1.5	2.8	3
0.9	2	4.6	3.9
0.3	2.2	−0.1	2.5
1.1	1.8	1.6	3.1
2	3.2	2.9	3.8
1.3	4.2	2.9	4.7
0.9	4.1	3.1	4.8
	3.5	4.1	4.9
	4.2	3.6	4.8
	3	−0.5	1.6
0	0.3	0.3	1.4
1.3	2	2.7	3.1
1.3	2.4	2.1	2.7
1.2	3.1	1.5	2.7
1.5	3.4	3	3.9
1.4	4.3	3.9	3.9
1.8	4.2	3	3.9

たことを示している.
比率表」に基づいて筆者作成.

表 3-2 CO_2 大量排出上位 11 業種の総資本営業利益

年	鉄鋼業	化学工業	窯業・土石製品製造業	石油・石炭製品製造業	パルプ・紙・紙加工品製造業	輸送用機械器具製造業	食料品製造業	非鉄金属製造業
1990	5.6	6.3	4.5	2.6	2.4	5.9	4.4	4.7
1991	4.1	4.8	3.2	2.8	1.6	4.4	4.5	3
1992	1.7	4.4	3.1	2.8	2.1	2.9	4.4	1.7
1993	−0.4	3.9	2	2.9	1.4	2	3.8	0.7
1994	−0.5	4.3	2.3	2.6	1.7	2.6	3.8	0.9
1995	1.1	5.1	1.9	1.8	2.6	3.7	3.2	1.9
1996	2.6	5.6	2.7	1.8	4		3.8	2.8
1997	3	5.7	2.5	1.2	3.4		3	3
1998	0.8	5.1	0.9	0.3	1.5		3.9	1.3
1999	1.6	6	1.3	1.6	2.4		4.9	1.9
2000	3	6.2	2.6	2.6	3.5		4.2	3.6
2001	1	5.3	2.1	1.8	2.1		3.6	1.2
2002	2.4	5.7	2.1	2.1	2.7		3.7	1.2
2003	4.5	6.1	1.8	2.1	3.4		4.1	2.1
2004	9.1	7.3	3	4.9	3.1	5	3.9	3.4
2005	10.7	6.6	3.9	4.8	2.7	5.8	3.4	4.3
2006	9.6	6.6	3.6	3.6	2	5.6	2.8	6.3
2007	8.7	6.7	4.3	2.4	2.3	5.7	2.8	5.5
2008	5.9	3.9	1.2	−2.2	1.8	−1.3	2.5	0.3
2009	−0.5	4.6	0.8	0	3.2	−0.1	4	0.2
2010	2.3	5.7	2.5	3.5	2.6	1.7	3.7	2.4
2011	1.1	5.5	2.3	5.7	2.7	1.1	4	1.8
2012	−0.1	5.2	2.2	1.6	3.2	3.7	3.2	1.6
2013	2.7	5.8	3.3	2.3	2.9	6.2	3.3	2.1
2014	3.6	5.1	3.3	−2.6	1.9	5.4	3.1	2.5
2015	1.9	5.6	3.3	−1.1	2.6	5	3.8	2.1

[注]網掛けを行っている欄は，その年に当該業種が，製造業全体平均以上の収益率を達成し
[出所]総資本営業利益率データについては，法人企業統計年報の各年度版「業種別財務営業

っていたことを意味する。ここから、図3-9の第三象限に位置する五業種（「窯業・土石製品製造業」、「パルプ・紙・紙加工品製造業」、「鉄鋼業」、「石油・石炭製品製造業」、「非鉄金属製造業」）の収益率は、ほとんどすべての期間にわたって製造業全体平均を下回っていたことが分かる。鉄鋼業の収益率も、バブル崩壊直後から製造業平均を下回るようになり、一時期（二〇〇三〜二〇〇八年）こそ、「爆食」とも称された中国需要の盛り上がりによって高収益率を記録したが、リーマン・ショック後は、再び低収益の状態に戻っている。上記五業種とは逆に化学工業は、全期間にわたって製造業全体平均を上回る収益率を達成している。

この表から、少なくともバブル崩壊以降の約三〇年間については、収益率の高低は「循環的」というよりも「構造的」な要因によって規定されているとみてよい。つまり図3-9は、二〇一四年に特有の状況を示しているのではなく、過去三〇年間における各業種のほぼ「定位置」を示しているとみて差し支えない。

6 産業政策上の政策手段としての「カーボンプライシング」

以上、CO_2大量排出上位一一業種を分析してみたところ、炭素生産性の低い業種は、同時に収益率も低い傾向が見いだされた。その対極には、両者とも製造業全体平均を上回る結果を出し続けている業種群が存在する。こうした事実から、産業政策／環境政策を通じて炭素生産性と収益率の両者を同時に引き上げる（図3-9の北東方面へのシフト）ような産業構造転換を行うことで、「日本経済の成長と脱炭素化の同時達成」を実現できる可能性が存在することが分かった。

スウェーデンをはじめ、経済成長とCO_2排出の「デカップリング」を達成した国々は、二〇世紀の産業構造と技術の延長線上にではなく、大胆に産業構造を転換したことで初めて、「グリーン成長」を可能にしたのだ。企業レベルでも事業構造を大胆に見直すことで、時間をかけてより付加価値が高く、よりCO_2排出の少ない、つまり両者が重なり合う事業領域へと進出することで高い収益率とCO_2排出削減の同時達成に成功している欧州企業が多い。日本ではこうした転換が進まなかったために、デカップリングにいまだ成功できていない。

では、どのようにしてそのような産業構造転換を促せばよいのか。その有力な鍵となるのが、前述の「カーボンプライシング」である。これは、環境税や排出量取引制度のように、CO_2の排出に対して価格づけを行う政策を指す。つまり、CO_2の排出を禁止こそしないものの、その排出が地球環境に与える負の影響(「外部不経済」)を反映した対価を排出者に負担させる仕組みである。デカップリングに成功した国々に共通しているのが、このカーボンプライシングの導入である。

カーボンプライシングは、環境政策上の政策手段と長らく位置づけられてきた(諸富 二〇〇〇)。この点はもちろん、いまも変わらない。しかし、北欧諸国が一九九〇年代初頭に炭素税を導入して以来、三〇年近くが経過する今日、その経験から得られたデータに基づいて、カーボンプライシングが少なくとも経済成長を阻害することはないことが判明した。それどころか、これはあくまでも仮説の段階だが、カーボンプライシングが産業構造転換を促し、結果としてそれを採用した国の経済成長を促進した可能性すら考えられる。つまりそれは「環境政策の手段」を超えて、「産業政策上の手段」や「経済成長促進政策」として機能した可能性がある。これは、カーボンプライシングが産業の国際競争力を阻害し、経済成長に負の影響を与えると考えてきた従来の観念を覆すものであり、その妥当性は、実証研究によって確かめられる必要がある。この点を留保しつつも、あえてこの仮説を、デカップリングに成功した欧州諸国を例にとって敷衍するならば、その論理は次のようになるであろう。

一九九〇年代に本格的な温暖化対策に着手した欧州諸国では、炭素税をはじめとするカーボンプライシングの導入が、世界に先駆けて始まった。同時に、一九七〇年代の石油ショックとインフレがもたらした高賃金や、日本、韓国、台湾をはじめとする東アジア諸国の台頭により、欧州の重厚長大産業は一九八〇年代までに競争力を失っていた。彼らは、生き残るためにも産業構造を転換せざるをえなくなった。その結果、より高度な製造業に移行すると同時に、「製造業のサービス産業化」を図ることで、より付加価値の高い事業領域に進出していく。これは、現在でいう「第四次産業革命」につながる途である。総体として、欧州の産業は無形資産投資の重視に転換し、「非物質化」の色彩を強めていった。

脱炭素化は、以上のような変化とほぼ同時並行的なプロセスとして進行した。重厚長大産業からより高度な製造業への進化や、製造業のサービス産業化は、高付加価値化の道であると同時に、CO_2排出量の削減へ向けた道でもあった。個別企業のレベルでも、グローバル化、情報化／デジタル化、高齢化／長寿命化などとならんで、脱炭素化が、経営戦略策定の際のメガトレンドとして、欧州企業の意思決定に反映されるようになっていく。つまり、企業の経営戦略上、高付加価値化へ向けたベクトルと脱炭素化へ向けたベクトルが、同じ方向を向くようになったのである。

脱炭素化は、格好の投資機会をもたらした。低成長時代に入って経済が成熟化してくると、投資機会が減少するが、脱炭素化のために新しい製品・サービスを開発・製造しなければならない。そのために、新しいインフラを整備しなければならない。さらには、エネルギー供給構造を脱炭素型に切り替えねばならない。これら一連の転換が、脱炭素化投資を喚起してくれるのだ。これらの投資が国内で行われれば、もちろんＧＤＰの拡大につながる。さらに、長期的にはこうした投資がエネルギー生産性を向上させ、生産設備の更新を通じてビンテージを引き下げ、生産性の向上につながる。

カーボンプライシングは、以上の変化を後押しする政策手段になったと思われる。それは価格体系を、脱炭素化に有利な方向に切り替えた。しかも、炭素税の税率はたいてい、いったん導入されると、段階的に引き上げられていく。脱炭素化に向けて対応しなければ、それがもたらすビジネス上のリスクは、時間とともに大きくなってしまう。脱炭素化が不可避で、いずれカーボンプライシングの水準が引き上げられていくならば、必要な事業構造の転換を遅らせるのは得策ではない。カーボンプライシングは、欧州企業の事業構造転換を後押しすることで、彼らをより高付加価値の事業領域へと押し出すのを促した。

こうして二〇世紀の産業構造の延長線上ではなく、それとは非連続的な形で二一世紀の新しい産業構造を生み出し、それを脱炭素化と重ね合わせることで初めて、欧州諸国は「デカップリング」に成功した。カーボンプライシングはいわば、こうした移行を促す産業政策上の補完的手段として機能した。次節では、そうした産業構造転換を可能にした中核的要素としての「製造業のサービス産業化」とはいったい何なのか、検討していくことにしよう。

3 「製造業のサービス産業化」と日本の製造業の将来展望

1 製造業のサービス産業化とは何か

以上、欧州が炭素生産性を継続的に引き上げ、経済成長と温室効果ガス排出のデカップリングに成功した背景を検討してきた。そこからは、脱炭素化と高付加価値化の重なり合う領域へ向けて、一国全体としても、そして個別企業としても事業／産業構造の転換を図ることで、成長と脱炭素化の同時達成を成し遂げてきた軌跡が浮かび上がってきた。「脱炭素かつ高付加価値／高収益」をもたらす事業構想、あるいは産業構造とはいったい、どのようにして実現可能なのか。この疑問を解く鍵は、「製造業のサービス産業化」にある。そしてこれこそが、二一世紀における「資本主義の新しい形」の重要な一側面を構成する。

近年、国際的に「製造業のサービス産業化(servicification, servitization)」が注目を浴び、学術的にも研究が進んでいる。「サービス化」そのものは、これまでも産業発展段階に応じて、第一次産業から第二次産業へ、そして第三次産業へと主軸産業が移行する「ペティ＝クラークの法則」として知られてきた。実際、図3-10が示すように、日本の産業構造もサービス化が進行し、第三次産業の全付加価値(GDP)に占める比率は、五六・三%(一九七〇年)から七二・九%(二〇一五年)へと過去四五年間で顕著に増大している。これに対して製造業の比率は、同期間に三八・六%から二六・一%への減少を記録している。

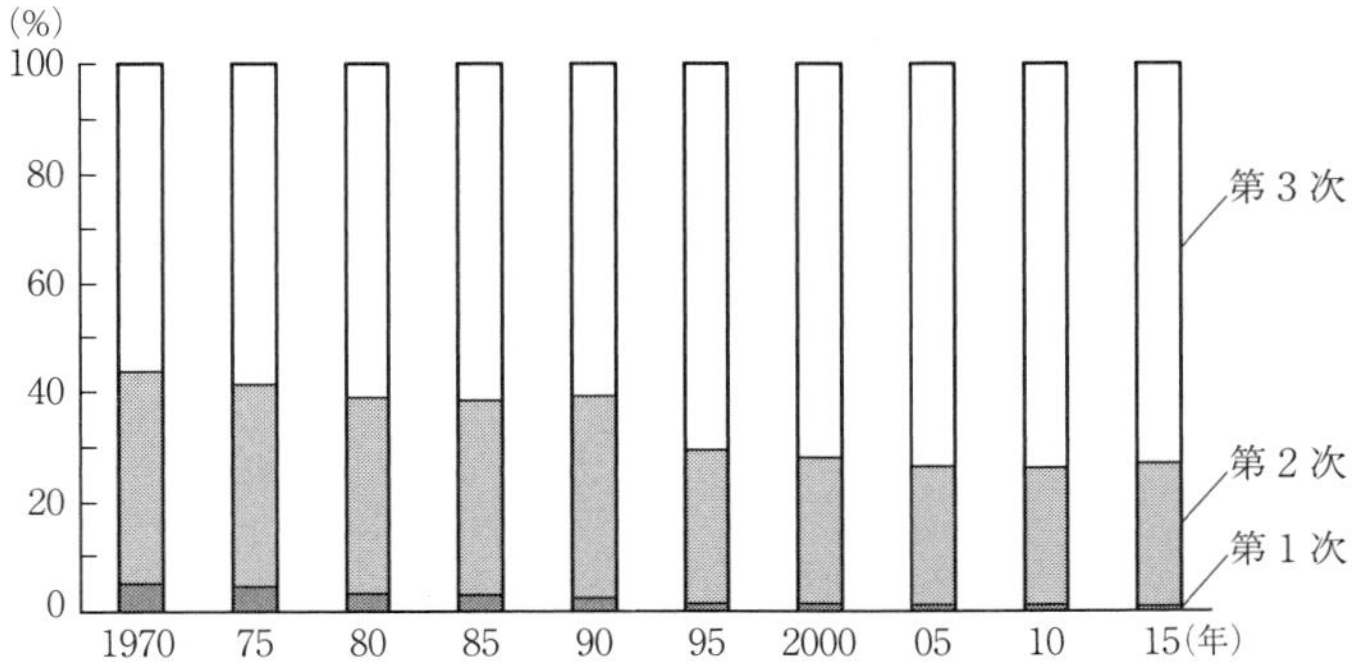

［出所］内閣府国民経済計算「経済活動別国内総生産(実質)」各年度版より筆者作成.

図 3-10　日本における産業構造の変化

「ペティ＝クラークの法則」は、日本だけでなく主要先進国すべてで観察されている。図3-11は、主要先進国の第二次産業比率が、かつては三五〜四〇%程度だったものが、現在では二〇〜三〇%程度に低下してきていることを示している。逆に図3-12は、サービス化を反映して、各国の第三次産業比率が六〇〜七〇%程度から七〇〜八〇%程度へと上昇していることを示している。もっとも、各国間での相違もある。アメリカ、イギリス、フランスは第二次産業の衰退が著しく、その比率が二〇%程度にまで落ち込んでいるのに対し、日本、カナダ、ドイツは第二次産業比が相対的に高く、依然として三〇%程度を維持している。近年はむしろ、比率がほぼ横ばいか上昇気味になっており、第二次産業の衰退に歯止めがかかっているようにすらみえる。

だが、いま"servitization"とか"servicification"といった概念の下に近年注目されているのは、こうした産業間の重点移行だけでなく、むしろ第二次産業たる製造業そのものがサービス産業としての色彩を強めているという現象である。つまり、製造業がサービス産業と融合することで、両者の明確な垣根が溶解していく劇的な変化が生じつつある点に、注目が集まっているのだ。現在、盛んな議論の的となっている「第四次産業革命」や「産業のデジタル化」は、「製造業のサービス産業化」のもっとも強力な駆動力として作用

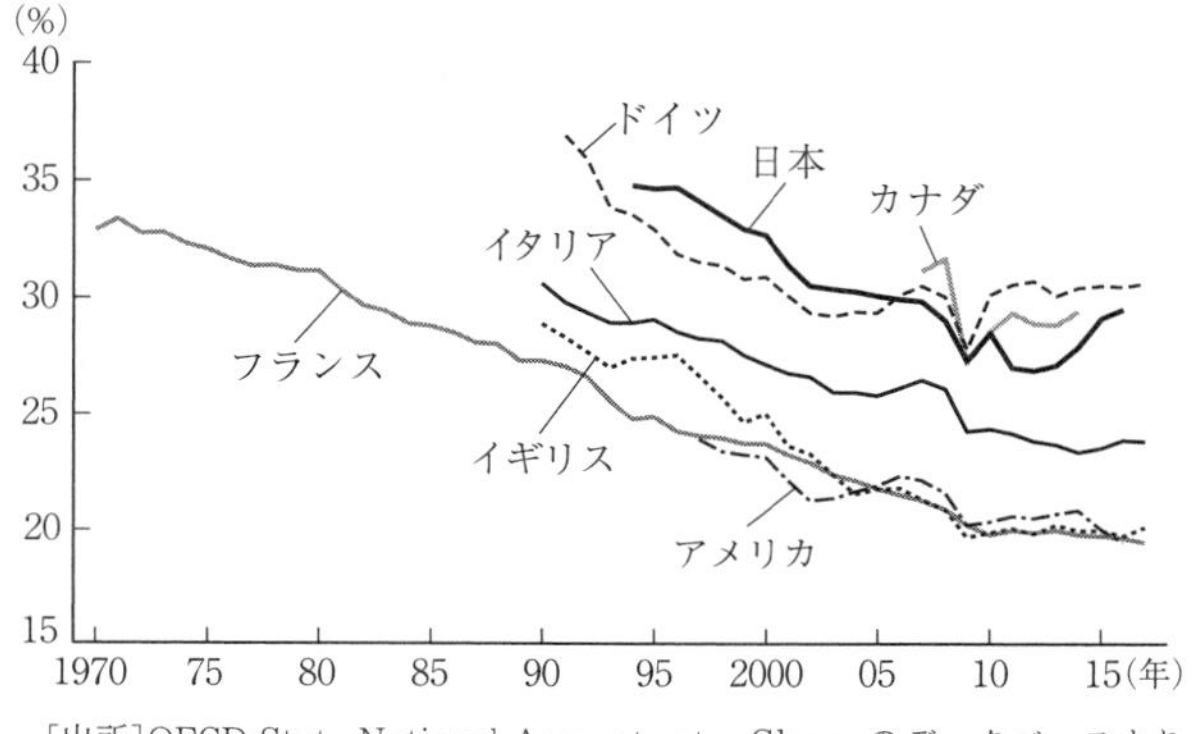

［出所］OECD Stat., National Accounts at a Glance のデータベースより筆者作成.

図 3-11　G7 諸国における第 2 次産業対 GDP 比推移

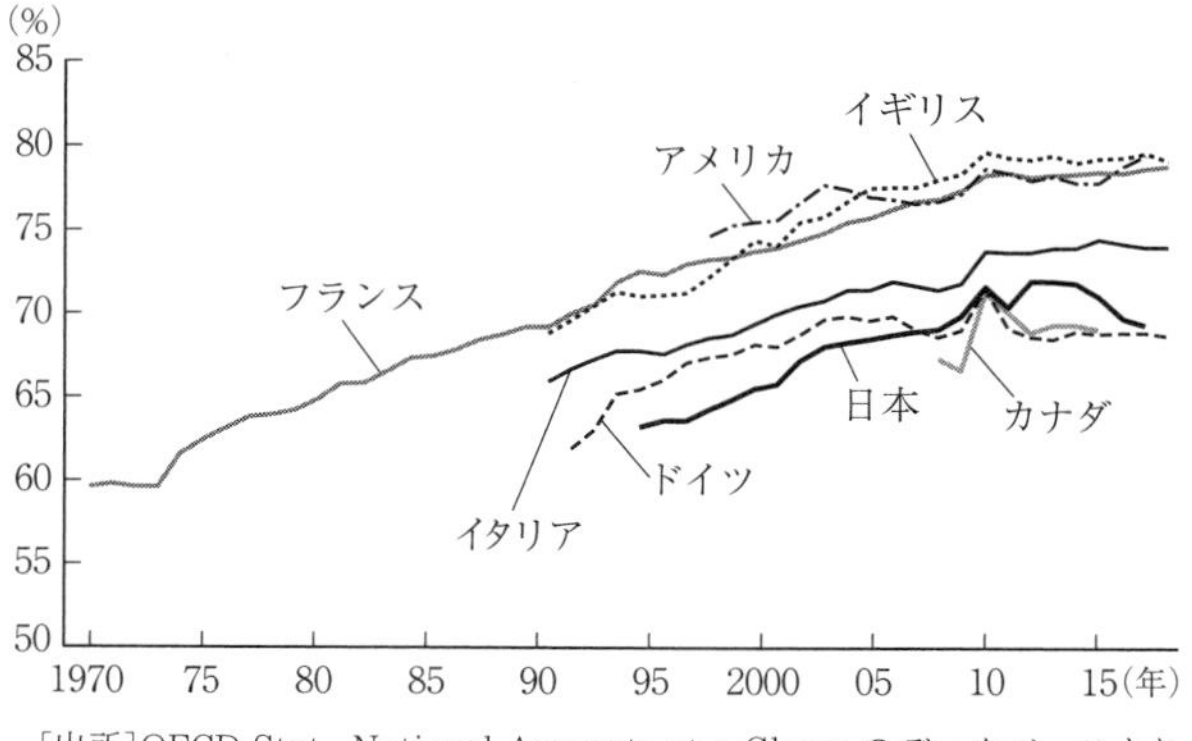

［出所］OECD Stat., National Accounts at a Glance のデータベースより筆者作成.

図 3-12　G7 諸国における第 3 次産業対 GDP 比推移

することになるだろう。

製造業はこれまで、物的生産を助ける目的でサービスを購入・生産・販売してきた。しかし、「製造業のサービス産業化」はそれを超えて、製造業がサービスから収益を上げることを目的としてサービスを購入・生産・販売し、収益の源泉をより強くサービス事業に依存する傾向を意味する。

例えば、アメリカ国民の自動車保有台数はかつて、一九五〇年の六〇〇〇万台から一九九〇年代の二億台へと著増した。これに対して、自動車の年間販売台数は年間一五〇〇万台だったので、年間新車販売台数(フロー)に対する保有台数(ストック)の比は、この間に四対一から一三対一へと劇的に変化した。つまり、消費者に車が行き渡ってしまって、新車販売の位置づけが低下したのだ。こうしたパターンは、他の多くの産業分野でも同様だった。

こうして消費者の手元にある保有台数が増えると新規需要が停滞し、新製品の販売からえられる収入が減少する。それを補うために、消費者が保有する自社製品のメンテナンス・価値向上に貢献することで、サービス収益を獲得しようとする動機づけが企業に働く。これが、製造業がサービス化に向かう根本原因である。アメリカの多くの製造業はすでに一九九〇年代に、サービスからえられる収入が、新製品販売収入の一〇〜三〇倍にも上っていたという。

ただし、サービス専業とサービス化した製造業が異なるのは、前者は物的生産を行わずにサービスのみを提供するのに対し、後者は物的生産を行い、それと密接に結び付いた形でサービスを提供する点にある。「物的生産と結合したサービス」が、製造業の提供するサービスの強みになっていくだろう。

カナダ、ドイツ、日本のように、第二次産業比率が高い国々は、この強みを最大限に生かすことができるだろう。いまのところ、GAFA(グーグル、アマゾン、フェイスブック、アップル)と正面から渡り合える可能性が出てきているのは、アリババ(電子商取引・決済ビジネス)、テンセント(SNSサービス)、滴滴出行(ディディチューシン：ライドシェア・サービス)、華為技術(ファーウェイ：通信機器／端末製造、ICTソリューションビジネス)など、約一四億人の市場を背景にもつ中国企業である。残念ながらカナダ、ドイツ、そして日本の企業ではない。日本がプラットフォーム・ビジネスで遅れをとりつつあるのは弱みだが、それを逆に強みに転じていく必要がある。どういうことかと言えば、単純に彼らの後を追うのではなく、日本企業が製造業として築いてきた研究開発能力、物的生産技術、流通・販売網(顧客への直接的なアクセス)を媒介とし、米中企業とは異なるやり方でサービス化を進める戦略をとるべきであろう。

歴史的に観察すれば、物的生産そのものが生み出す付加価値は低下する傾向にある。したがって製造業が、物的生産そのものから、より大きな付加価値を生み出すサービスに重点を移していくのは必然であろう。だがそれは、ものづくりの放棄を意味しない。製品の販売を通じて顧客と直接的な接点をもてる強みを生かす形でサービス化・デジタル化戦略を推進するのが望ましい。こうして、製造業において主客転倒が起こり、「物的生産が主でサービス提供が従」というビジネススタイルから、「サービス提供のために物的生産を行う」というビジネススタイルへの変化が起きる。これが、「製造業のサービス産業化」の過程にほかならない。

2 製造業のサービス産業化と第四次産業革命／産業のデジタル化

ここで、「製造業のサービス化」が、日本でも高い関心を呼んでいるドイツ発の「第四次産業革命」や、「デジタル化」という概念の下で語られている内容との異同を明らかにしておくべきだろう。まず、これらは相互に重なり合っており、共通要素をもっている点を確認しておかねばならない。その上で本書では、変化の本質は「製造業のサービス化」にあると考える。

第四次産業革命が目指しているのは、デジタル技術を用いて工業製品の製造過程の効率化を図り、生産性を向上させることである(United Nations Industrial Development Organization 2017: 14)。将来的には、デジタル化された生産過程が、同じくデジタル化された物流過程と結びつきつつ、工場で働く労働者、製造機械、部品、半製品などを、間断のない情報交換を媒介にして緊密に協働させることで、最適な生産・物流過程を築きあげることが目指されている。製造機械、部品、半製品にはデジタルID、センサー、駆動装置が付され、それらがお互い、情報を自動的にやり取りすることによって協調的に作動し、生産コストと生産時間を最小化するようプログラムが組まれる。何らかの問題が発生した場合にも、生産過程が十分「知的(smart)」になっているために、代替的な迂回ルートを見出して生産の最適化を図り、製造を中断しなくて済むようになる。こうして工場での生産の自律化と完全自動化による効率化、さらには物流過程とも協調した生産・ロジスティクス全体での効率化を図ることが、第四次産業革命の究極的な目標となる。

これは、デジタル技術を導入した効率性向上で、製造業が何をやれるかを徹底的に描き切った構想であり、同じく製造業に強みをもつ日本の企業関係者が強い関心を抱くのも無理はない。しかし第四次産業革命は、視点が生産過程に偏りすぎている。そこには、生産者が消費者(顧客)とどう向き合うべきか、消費者との接点をどのようにして拡げていくべきかという視点が弱い。

「産業のデジタル化」や「第四次産業革命」を推進するための技術であり、手段である。しかしデジタル化のサービス化」はそれ自体としては目的になりえない。デジタル化は、あくまでも「製造業技術の強みは、製造業に、生産過程の効率化だけでなく、消費者との接点を拡大する手段を提供してくれる点にある。製造業がものづくりをさらに洗練していくためにも、消費者と直接的につながる顧客接点を拡大し、彼らの嗜好の変化やニーズをより的確にとらえる必要性がいっそう増している。

日本の製造業がこの点で何をなすべきかは、前出の経営コンサルタントのフランシス・マキナニーの著書に語り尽くされている(マキナニー 二〇一四)。原書は二〇一三年に出版されているが、その内容はいささかも古びておらず、その指摘事項は、その後のデジタル経済の発展を正確に言い当てていることに驚かされる。

彼によれば、企業が行うべきことはただ一つ、競合他社より先に、顧客情報をキャッシュに変えることである。これは、二つの課題に分解できる。つまり、

(1)いかに多くの顧客情報を自社のオペレーションに組み込めるか

(2)その顧客情報をいかに素早くキャッシュ化できるか

という二点である。(1)を実行するには、顧客情報を吸収するためのもっとも広い「顧客接点(現場)」

をもたなければならない。⑵を実行するには、キャッシュ化プロセスを確立しなければならない。

「顧客接点の最大化」は、顧客情報をえるためにGAFAをはじめ、デジタル時代の最先端企業があらゆる努力を尽くして達成しようとしている目標だ。顧客との接点は、スマートフォンの普及によって爆発的に拡がった。以前ならば、営業部門を通じて対面サービスを行うか、ダイレクトメール(郵送)や電話などにより、膨大な時間と費用をかけて顧客接点を築かねばならなかった。それが、デジタル技術の普及によって、低コストで大量の顧客情報を入手することが可能になった。こうして得られる情報を分析した上で、製品・サービス開発に生かし、それらを、分析で明らかとなった個別消費者の嗜好やニーズに合わせて提供することで、収益を最大化するビジネススタイルが一般的になってきた。顧客情報やデータが、「資源」だといわれるゆえんである。

ゆえにマキナニーは、現代企業の競争力の源泉は、「ものづくり能力」から、「顧客情報の起点たる現場を支配し、顧客が製品・サービスの利用からえる体験を直接マネージできる能力」に移ったと説く。過去二〇年間、日本企業は生産者の論理で「よい製品をつくれば必ず売れる」と信じて行動し、そのたびに裏切られて市場シェアを急落させてきた。市場の向こうの需要側／消費者側をまったくマネージできていなかったのだ(海外顧客についてはなおさら)。そもそも日本企業は、水面下で起きている革命的変化に気づいていなかった。マキナニーがこうした変化に備える必要性を日本企業の幹部にいくら説いても、彼らから「それが、ものづくりとどういう関係があるのですか」と問われて閉口せざるをえなかったのも、今となっては頷ける。

だが、いまやこうした革命的変化もよく知られるようになってきた。私たちはデジタル技術に目を奪われてしまいがちだが、重要なのは、デジタル技術を用いて何をするかだ。製造業は、製品を消費者に購入してもらうことによって顧客接点をもつことができる。これは、サービス専業にはない強みだ。これまでは、製品を売り切って顧客との関係は終了していたケースが多かったが、今後はいかにして顧客と製品販売後も継続的な関係を保ち、適切なサービス提供を通じて顧客満足を高めることができるかが課題になる。つまり、製造業からサービス業に事業の重点を移していくことで、付加価値を高めていく必要がある。

3　製造業のサービス産業化はどのように進行したのか

「製造業のサービス産業化」現象は、製造業に強みをもつスウェーデンで早くから注目されてきた(National Board of Trade Sweden 2012, Lodefalk 2013)。一九九七年から二〇〇六年の一〇年間をとった、スウェーデン製造業を対象とした調査によれば、同期間に製造業の縮小とサービス産業の拡大という形で、産業構造転換が進行したことが明らかとなっている。同期間における製造業の雇用者数のスウェーデン経済全体に占める比率は三五・四%から二八・七%へ、付加価値比率は三六・三%から三二%へと減少した。サービス産業の雇用者数比率は逆に、同期間に六四・六%から七一・三%へ、付加価値比率は六三・七%から六八%に上昇した。他の主要先進国と同様に、スウェーデンにも「ペティ＝クラークの法則」が貫かれているのだ。

しかし、ここで興味深いのはやはり、製造業自身がサービス産業化しつつあるという点だ。上記調査は、個別企業レベルのデータだけでなく、企業グループのデータもとって、製造業がサービス部門を含めた全体でどう変化したかを跡づけようとしている。それによれば、製造業の縮小傾向は、企業レベルで捉えた場合よりも穏やかになるという。つまり、製造業の雇用者数比率は三二・九％（一九九七年）から二七・六％（二〇〇六年）へ、その対ＧＤＰ付加価値比率は三二・九％（一九九七年）から三二・〇％（二〇〇六年）へと減少はしているものの、その減少率は、個別企業データの場合と比べて温和なものになっている。これは、製造業グループにおけるサービス部門が、変化に対する「クッション」の役割を果たしたからである。

製造業がサービス産業化していった主要因としては、物的消費の飽和を挙げることができる。この点で、第一章で紹介したアメリカ経済史研究のゴードンの見方は正しい。つまり、生活の質を物的な意味で根本的に改善するようなインフラや製品・サービスがすでに行き渡ってしまい、製品への爆発的な需要が生まれなくなってしまったのだ。

ちなみに、典型的なプラットフォーム企業であるUber（ライドシェアサービス）や、Airbnb（民泊サービス）は、消費者の手元にある製品ストックを活用したビジネスだといえる。つまり、Uberの場合は利用者の手元にある自動車、Airbnbの場合は利用者が保有する住宅を活用し、これらを活用して収入をえたいと考えている所有者と、手頃な値段で移動サービスを利用したい人々や、手頃な値段で宿泊サービスを利用したい人々をウェブサイト上で結びつけ、成約させることで手数料を稼ぐビジネスである。彼らは自動車を製造しないし、ホテルを建設することもない。つまり彼らは、ウェブサイト上でのサービスのみに特化した企業だ。物的な製品が行き渡り、そのストックの厚みが十分に存在する成熟社会になったからこそ、可能になったビジネスだといえる。

ともかく、こうした変化に直面した製造業企業は、彼らの発想を一八〇度転換せざるをえなくなった。それまで企業は、対消費者サービスを、製品販売を促進する「やむをえざる手段」と考えていたが、むしろ製品販売の方を、将来のサービス収益を確保するための「窓口(あるいは手段)」として位置づける、というアイディアに傾いて行ったのである(Wise and Baumgartner 1999)。

製造業がサービス産業化していったもう一つの主要因は、サービス化を進める方が、収益性が高まるという事情にあった。五万社以上のフランス製造業の一九九七~二〇〇七年貸借対照表データを用いた分析によれば(Matthieu and Milet 2017)、同期間にフランスの製造業では、総売上に占めるサービス比率が顕著に上昇したという。こうしたことが生じたのは、製造業の中でサービス化を進めた企業の成長の方が、そうでない企業の成長率よりも高かったという点にある。実際、彼らの保守的な推計結果に基づいたとしても、物的財生産(「ものづくり」)にしか携わっていない製造業企業に比べ、サービス販売を始めた製造業企業は、利潤を八~八・五%上昇させ、雇用を〇・二~〇・四%増大させるとの結果がえられたという。

また、一九九〇~二〇〇六年におけるアメリカのソフトウェア製品開発産業を対象とした実証分析によれば(Suarez, Cusumano and Kahl 2013)、対象企業がサービス事業に踏み込んだ場合、最初の数年間こそ収益が悪化するものの、それで断念せずサービス提供を続けて行けば、ある時点から収益性が上向いていくことが明らかになったという。彼らによれば、サービスの総売上に占める比率が五六%を超える時点が、そうした収益性の転換点になっているという。

日本では、サービス化の台頭が明白になっていたにもかかわらず、それに抗うかのように一九九〇年代後半ごろからメディアで「ものづくり」という言葉が押し出され、やがて神聖化され、ものづくりを磨くことこそが、日本企業の国際競争力を高める途だという説き方が強調されていった。それ自体としては間違っていないし、製造業を鼓舞したい気持ちも分かるのだが、それが過度に生産者中心主義的な発想を強め、製造業が消費者起点・需要起点の発想に切り替えるのを妨げ、彼らによるICT投資・デジタル化の真の意義に関する理解を遠ざけてしまった側面はなかっただろうか。さらには、「ものづくり／サービス」の二分法の世界にどっぷり浸かり、両者の融合という潮流への認識が遅れてしまったことを併せて想起すると、「ものづくり神話」が喧伝されたことの弊害もあったと考えざるをえない。

4　「サービスで稼ぐ」製造業

以上みてきた「製造業とサービス業の融合」は、すでに各分野で胎動しつつある。その筆頭に挙げられるのは、もちろん自動車である。これまで自動車の価値のほぼすべては、ハードに裏づけられた自動車の性能から生み出されていた。しかし将来は、サービスこそが自動車の価値の大きな部分を占める時代が来ると予想されている。ちょうどいま、自動車産業では〝CASE〟がキーワードとなっている。これは、Connected(つながる)、Autonomous(自動運転)、Shared(共有)、Electric(電動)の頭文字をとった言葉である。中核となる技術は自動運転技術、情報通信技術、そして自動車の電化技術である。

自動運転(autonomous driving)は、現在の自動車単独では実現できない。交通ルールを組み込んだ三次元地図情報をクラウドから自動車に送り、自動車を制御する必要が出てくる。つまり、自動運転車はつねに外部と情報をやり取り(connected)することになる。こうした制御には、内燃機関を搭載したガソリン車よりも、電気信号でモーターをコントロールできる電気自動車(electric car)の方が相性がよいと言われている。

また、路上の障害物、他の車、人の移動などを、内蔵したセンサーで察知し、そうした情報を取り込んで最適な運転を行う必要がある。自動車が走行時に路上で取得した情報をクラウドに送れば、道路の混雑状況をリアルタイムで知らせることができる。こうして、クラウドと自動車間の情報のやり取りは、双方向になる。センサーから取り込まれた大量の情報は、蓄積され、分析されて最適経路の計算に使われるほか、将来的には精緻化された渋滞予測に用いられるという。

自動運転が実現すれば、運転手は「運転」という作業から解放される。手の空いた運転手は、車内で音楽配信を楽しむかもしれないし、映画を観るかもしれない。あるいは、パソコンで仕事に没頭するかもしれない。つまり、運転から解放された運転手に対するサービス提供が、一大ビジネスとなる可能性があるのだ。

さらに、運転しなくてもよくなった自動車は、純粋に移動のための手段となり、自家保有の価値を減じることになるだろう。すでにUberに代表されるライドシェア・サービスが台頭しているが、自動車に関して「自家所有」から「共有(shared)」への移行が生じると言われている。そうすると、新車販売台数は低下し、自動車会社は自動車という物的な製品を販売することで利潤を上げる製造業企業から、自動車というメディアを通じてサービス提供を行うことで収益を上げるサービス業企業としての色彩を強めることになる。

裾野の広い産業である自動車産業で、こうした移行が生じることの産業上のインパクトはきわめて大きい。二〇五〇年頃には、自動車会社はなお製造業としての相貌を留めているかもしれないが、その収益構造は大きく変化し、サービスで利益の大半を稼ぐ産業になっているのではないだろうか。

他の産業ではもっと早く、こうした動きが現実のものとなっている。例えば航空産業では、ボーイングが主力ビジネスの航空機製造・販売に加えて、サービス事業を新たに立ち上げ、航空機、防衛・宇宙事業に次ぐ第三の収益の柱に育てるという(日本経済新聞、二〇一八年四月八日朝刊)。ボーイングが立ち上げたのは、航空機関連サービスを手がける「ボーイング・グローバル・サービシズ(BGS)」である。部品、修理・保守、データ分析、航空人材訓練の四部門を手掛け、売上高を今後五〜一〇年で三倍超の五〇〇億ドル(約五兆三〇〇〇億円)に増やす計画で、市場シェア二割を取ることを目論んでいるという。

デジタル技術を活用したサービス事業創出の試みは、農業でも始まっている(「デジタル農業」)。ドイツの化学・製薬企業であるバイエルは、過去の農薬散布や肥料の投入状況に加えて、地中のセンサーが測った温度など土壌の状況に関するデータを収集し、それを衛星画像解析と農作物の生育診断に関する技術を用いて分析し、区画ごとに最適な農薬の投入量や投入時期に関する情報を農家に提供できるようにするという(日本経済新聞、二〇一六年九月二〇日朝刊)。これにより、より少ない農薬散布／肥料投下でより大きな収量が上げられるようになる。農家にとっては、コスト削減と作業効率化による人手不足対策という恩恵がもたらされる。

こうしたデジタル農業の推進は、その目的が達成されればされるほど、農薬・肥料の販売量が落ちることを意味し、一見、バイエルにとって自己矛盾的な行為にみえる。だがこれは、「物的生産による収益獲得モデル」から、「サービス販売による収益獲得モデル」へとバイエルが移行しようとしているのだと理解すれば、分かりやすい。すでに議論してきたように、製造業にとって製品販売は、顧客への貴重なアクセス機会となる。バイエルの場合、自社の農薬・肥料を購入してくれる農家との関係を、物販による一回限りの関係に終わらせず、それを契機に継続的な関係を築き、持続的なサービス提供から収益を獲得するビジネスモデルに転換しようとしているのだ。バイエルの農薬子会社社長はこれを、「(除草剤や殺虫剤の販売量拡大で成長する)インプットモデルから、(農家の課題を解決する)ソリューションを売るアウトプットモデルへの移行」と呼ぶ。バイエルは、こうした転換を他社よりも先に進めることで、「バイエル版農業経済圏」を構築する狙いをもっているという。

変化の大波は、エネルギー分野をも洗い始めている。欧州の重電最大手、ドイツのシーメンスは、二〇三〇年に自社に関わる事業でCO_2排出量が差引ゼロとなる「カーボンニュートラル」の達成を目指している。そのためには、電源の脱炭素化を推進する必要がある。その鍵となるのが、再生可能エネルギー事業とデジタル技術の融合だ(日本経済新聞電子版、二〇一六年一二月五日)。よく知られているように、ドイツは欧州諸国の中でも再エネの導入に熱心である。日本も二〇一二年に導入した「再エネ固定価格買取制度」により、ドイツは順調に再エネを伸ばし、現在では総電力消費量に占める再エネ比率が四割に迫る勢いだ。

だが、再エネを伸ばすには克服しなければならない課題がある。それは、再エネの変動性だ。一定の出力で発電し続けられる火力・原子力発電などと異なり、再エネの発電量は天候に左右される。そこで、再エネの出力が上がった時は出力を下げ、逆に再エネの出力が下がった時は出力を上げることで再エネの変動性を相殺し、つねに一定の電力需要を満たす役割を果たす「調整電源」の役割が重要になる。

シーメンスは、調整電源としてガス火力発電を活用する。たしかにガス火力発電は、石炭火力発電よりも高価になる。しかし、ガス火力発電はCO_2排出が少なく、石炭火力発電よりもクリーンだ。重要なのは、ガス火力発電が迅速な起動・停止能力に優れ、天候の急変にともなう再エネ発電の出力変動に対し、迅速に対応できる長所をもっている点だ。

シーメンスのビジネスモデルの特徴は、風力発電とガス火力発電を組み合わせ、センサーによって両者の発電状況をリアルタイムで把握、風力発電の変動に応じて自動的にガス火力発電の出力を調整し、安定した電力供給とCO_2の排出削減の両方を並び立たせる点にある。さらに、送電網の混雑状況をリアルタイムで把握し、もっとも効率的な電力供給を実現する手法も開発している。これに、最新の天候予測技術が加わる。電力は貯蔵できないために、電力需要に対して電力供給をつねに一致させるよう求められる。最新の天候予測技術を用いて再エネの出力変動をより精緻に予測し、調整電源と組み合わせて最適な電力供給を行うことが、最少費用で電力を安定供給することにつながる。

つまりシーメンスは、単純に発電機を販売して終わりというビジネスモデルから脱却し、効率的で安定した電力供給を達成しつつ、温室効果ガスの排出削減に貢献するためのサービスを提供することで、収益を上げる仕組みを整えたのだ。これは、電力自由化と再エネの大量導入が進む欧州で鍛え上げられたビジネスモデルだという。再エネは、劇的なコスト低下によって電源間競争の勝者になることがほぼ見えてきた。再エネが電力システムの中で中心的役割を果たすことを見越し、デジタル技術と組み合わせて最適な電力運用を事業化したシーメンスの判断は、きわめて理に適っている。日本では、再エネに変動性があることでもってその大量導入に消極的な意見があるが、シーメンスは逆にその変動性にこそ、新しい商機を見出しているのだ。

すでに電力事業の世界では、発電機売り切りのビジネスモデルが崩れつつある。ガス火力発電所向けのガスタービンは、世界的な再エネシフトにともなって需要が激減、アメリカのゼネラル・エレクトリック(GE)、シーメンス、日本の三菱日立パワーシステムズの収益を直撃している。米・独の二社は、ガスタービン事業の大規模なリストラを断行するとともに、すでに再エネに注力している。これに対して三菱重工はリストラを行わないばかりか、パリ協定後の世界であえて「逆張り」を地で行く石炭火力発電への注力方針を示す。

原子力発電でも、発電所を建設し、電力を物理的な意味で供給するだけのビジネスモデルは崩れつつある。前述のように、東芝、日立、三菱重工が手掛けた原発輸出のビジネスモデルはいずれも頓挫した。これに対してシーメンスは、二〇一一年にドイツのメルケル政権の脱原発方針決定に歩調を合わせ、フランスの原子力大手アレバとの合弁事業から撤退した。火力についても、パリ協定後の国際潮流は石炭からガスへのシフトだと見切って石炭火力発電とは一線を画す。

再エネが電源間競争の勝者になるということは、電力システムが二〇世紀型の集中型電力システムから、二一世紀型の再エネを中心とする分散型電力システムへ移行していくということだ。分散している電源をネットワーク化し、デジタル技術を用いて最適制御するビジネスを確立するのは、デジタル化、分散化、脱炭素化の流れに沿う。今後、国際的にも資金と人材は、こうした潮流に沿って集中投下され、イノベーションが活発化するだろう。日立、三菱重工といった日本企業は、こうした三つの潮流のすべてに背を向ける「逆張りビジネス」を展開していることになる。それなりの勝算があるのかもしれないが、日本の名門企業の行く末が心配である。

もっとも、日本企業でも「製造業のサービス産業化」を踏まえ、デジタル技術を積極的に活用して新しいビジネスモデルを確立しつつある企業がある。その代表例は、大手建設機械メーカーの小松製作所(「コマツ」)である。インタビューを受けて野路國夫会長(当時)は、建設・土木分野の「プラットフォーマー」を目指すと明確に語っている(日本経済新聞、二〇一八年一月二七日朝刊)。具体的には、一五〇〇キロ離れた集中制御室から豪州の資源採掘現場の無人ダンプを動かし、土木現場にはドローンを飛ばして三次元地図を作り、それを活用しつつ、その場でブルドーザーが整地する。こうして省力化・無人化を進め、現場に出入りするコマツ製でない車両を含めた全体の生産性向上まで果たしてしまうのが、「スマートコンストラクション」だという。

コマツが構築したプラットフォームに連なる企業群で形成される「コマツ経済圏」にはこのほか、建設土木会社、機械の販売、レンタル会社が入っている。コマツは、自社車両から得られるデータを有料で提供し、会員企業に新事業を開発してもらっている。それによりコマツの収益力が上がる一方、レンタル会社も機械の保守で上手に稼ぐ会社が出てきている。野路会長は、こうして現場の生産性が上がれば、その反面として機械販売が減少するとの懸念が社内にあったことも明かしている。しかし、みずからデジタル技術を駆使してプラットフォーマーにならなければ、他のＩＴ企業が入ってきて、コマツをその下請けにしてしまうだけだ、それを避けたいからプラットフォーマーを目指したのだ、とその動機を明快に説明している。「情報をどう事業にするかは、日本の製造業にとって最大の課題だ」という言葉で野路会長のインタビューは締めくくられているが、これはまさに本章の結論そのものである。日本の製造業の将来は、それをどう巧みにやり切れるかにかかっている。

第四章　資本主義・不平等・経済成長

1　現代資本主義と不平等・格差の拡大

1　「経済の非物質主義的転回」は何をもたらすのか

前章では、資本主義経済をダイナミックに動かしていくもっとも根本的な要因として、無形資産に着目した。そして、資本主義の非物質主義的転回が、「経済のデジタル化」や「製造業のサービス産業化」という形をとって私たちの眼前に立ち現れつつある様をみてきた。二一世紀に人類社会が生き残ることができるか否かを左右する気候変動問題は一見、資本主義の非物質主義的転回とは無関係のようでいて、実はその途を進むことこそが、「脱炭素化」を成功させる鍵になることも強調しておいた。資本主義経済にとって、有形資産が今後もその物質的基盤として重要性をもつことに変わりはないものの、経済的価値の源泉は、明らかに有形資産から無形資産へ大きくシフトしつつある。この点に、いま起きている経済構造変革の核心がある。そして、製造業はますますサービス化／情報化／デジタル化／脱炭素化していく。

このような「非物質主義的転回」をうまく成し遂げることのできる国家、産業、そして企業が、二一世紀には繁栄するであろう。前章での議論に基づけば、繁栄のための条件は、次のようにまとめることができる。

(1)科学的知識に基づくハード面での研究開発によりイノベーションを継続的に引き起こし、先端的な製品・サービスを生み出す力を保持できるか否かが、企業の存続とその競争力を決定づける。

(2)非製造業では、ソフト面での研究開発(ビジネスモデル、デザイン、組織革新など)により、産業やビジネスの存在領域や競争の土俵そのものを継続的に更新していく力量も、少なくとも(1)と同等か、それ以上に重要になっていく。

(3)新しい知識を生み出し、それを組織化して産業やビジネスに適用できる創造的な人材を育て、獲得することが一国の経済、産業、企業にとって最重要課題になる。人材だけが、無形資産に価値を付与できるからである。そのために、人的資本投資(「教育訓練投資」)が物的資産への投資よりも重要になり、経済的競争力の維持・向上にとって決定的要素となる時代が到来する。

(4)無形資産投資の成果を管理し、活用し、それを新たな製品・サービスにつなげるために優れた組織構築を行い、組織の機能向上に投資することが、上記(1)〜(3)で生み出される成果を形にするために必須となる。

上記の(1)〜(4)の成否は究極のところ、人的資本の質、つまり人間の知識、学習能力、創造性、柔軟性、コミュニケーション能力などに依存する。つまり、「資本主義の非物質主義的転回」が進む社会では、人的資本の重要性がかつてなく高まる。

かつて工業社会時代の労働者に求められたのは、正確性、規律、均一性、そして順応性だった。しかし資本主義の非物質化が進展する時代にもっとも重要になるのは、創造性になる。それ以外にも、臨機応変に事態の変化に対応する即応力、同僚とコミュニケーションをとりつつ協調して新しい価値を生み出す能力、何が問題か、そして組織が解決すべき課題は何か、を正しく見出し、その解決法を探り当てる能力、などがより強く求められるようになっていく(1)。

こうして労働者に求められる能力が変われば、新たな経済問題が浮上する可能性がある。新しい要求水準を満たす人々への労働需要は高まるが、そうでない人々への労働需要は縮小するからである。そうすると資本主義はますます、経済的格差を拡大させる方向に向かっていくのではないだろうか。また、こうした変化は「人工知能(artificial intelligence: AI)」の台頭によって、いっそう加速される恐れはないだろうか。本章ではこれら新しい経済問題について、いま世界的に問題となっている格差拡大をめぐる議論の中に位置づけつつ、考えてみたい。

2 不平等と格差の拡大

不平等と格差をめぐる近年の研究における金字塔が、ピケティの『二一世紀の資本』であることに大きな異論はないだろう(Piketty 2013)。本書は、一八世紀から二一世紀初頭までの膨大な各国データで歴史的実証分析を行い、そこから資本主義に内在する傾向法則を摑み出そうとした野心的著作である。それによれば、二〇世紀の二つの世界大戦による破壊と、平等化を目指す公共政策の導入で打撃を受けた民間資本の蓄積が、一九七〇年以降の主要先進国で本格的に復調し、それまで平等化傾向を示していたトレンドが反転、一九八〇年以降に格差拡大傾向が始まったことを実証的に明らかにして国際的に衝撃を与えた。

ピケティの大きな功績は、歴史上ほぼすべての時期で「資本収益率（r）」＞「経済成長率（g）」が成立していたことを統計的に明らかにした点にある。これは資本主義においてほぼ常に、資本の所有者に富を集中させるメカニズムが働いてきたということだ。二〇世紀の平等化傾向は実は、資本主義の歴史の中で例外的な事象だったかもしれない、というのがピケティの研究結果から得られる示唆である。つまり民主化と平等化によって、二〇世紀には例外的に経済成長率が資本収益率を上回っていたのだが、一九八〇年以降、再び「r＞g」関係が復活したのだ。

資本蓄積が高水準に達し、しかも低経済成長レジームに入った二一世紀では、新たに付け加えられる富よりも、すでに蓄積された富の影響力が相対的に強まる。これは、「r＞g」による格差拡大メカニズムをいっそう増幅させる。ピケティは一九八〇年以降、国民所得に占める相続と贈与の価値比率が増加に転じたことを確認し、相続による社会階層の固定化に警告を発している。

ＯＥＣＤもまた、ジニ係数(Immervoll and Richardson 2011)や「高所得者トップ一〇％の稼ぐ所得総額」の「低所得者ボトム一〇％が稼ぐ所得総額」に対する比率(OECD 2015)など、さまざまな指標によって一九八〇年以降の加盟国における格差拡大傾向を明らかにしている。

図4-1は、トップ一％所得が総所得に占めるシェアを指標にとった、アメリカをはじめとするア

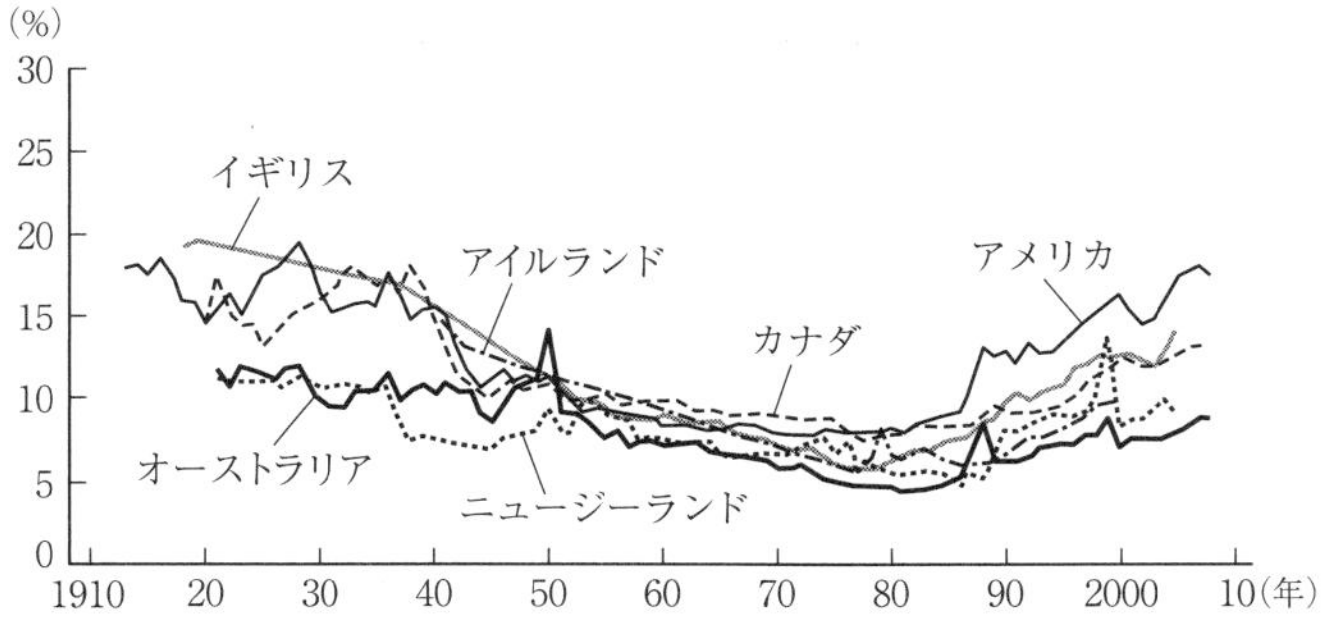

[出所]OECD(2011), p. 348, Figure 9. 1.

図 4–1　トップ 1% 所得の総所得に占めるシェア(1910–2008 年)

ングロ・サクソン諸国における経済格差の推移を示している(OECD 2011)。一九一〇〜二〇〇八年でトップ一%所得の比率が綺麗にU字カーブを描き、一九八〇年に始まった格差拡大が、その後も進行していることが容易にみてとれる。これは、ピケティが彼の著作の中で示したU字カーブに酷似している。

もっとも図4–2に示されているように、日本と中欧諸国、そして北欧諸国に目を転じると、平等化傾向が止まり、一九八〇年以降格差が拡大する傾向にあるものの、その程度は図4–1のアングロ・サクソン諸国に比べると、はるかに温和なものである点には留意が必要である。

興味深いのは近年、IMF(国際通貨基金)やOECDなどの国際機関が、現代資本主義における不平等と格差の拡大傾向に強い警告を発するようになっている点である。その要点は、(1)不平等の拡大は、経済成長の阻害要因となる可能性があること、(2)格差を縮小させる再分配政策は、成長率に負の影響を与えないばかりか、むしろ経済成長にとってプラス要因にすらなる可能性があること、以上二点である。

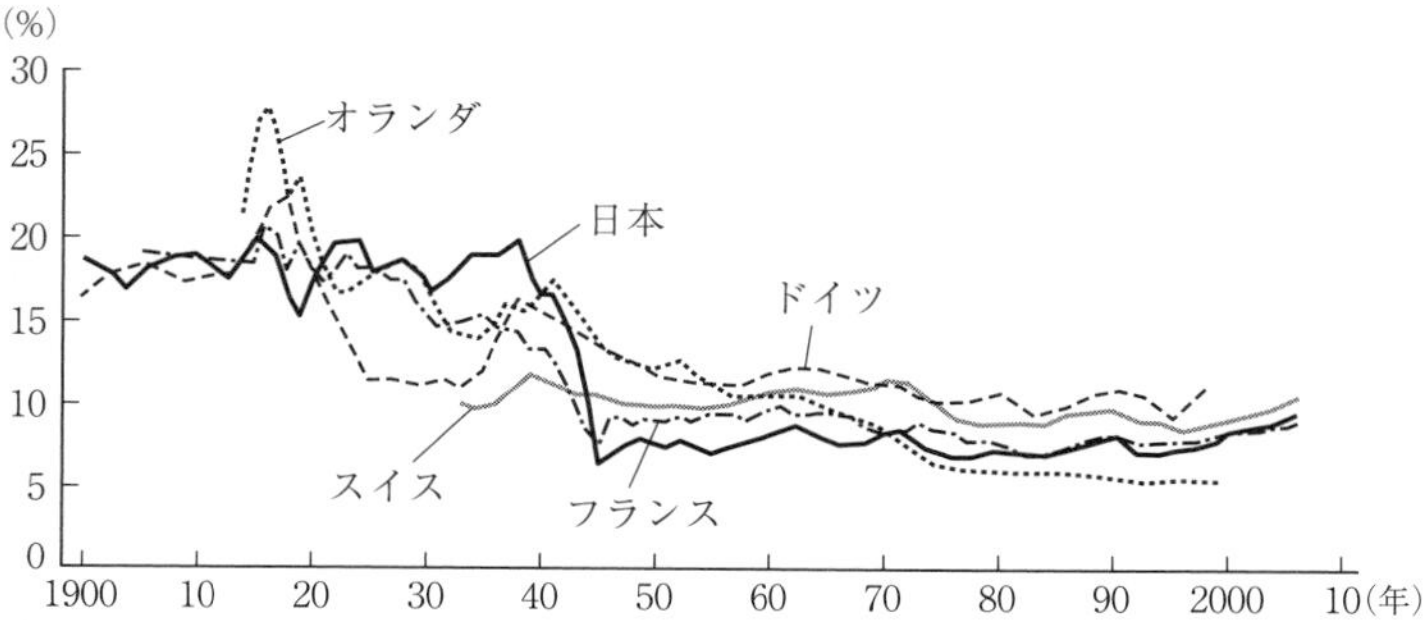

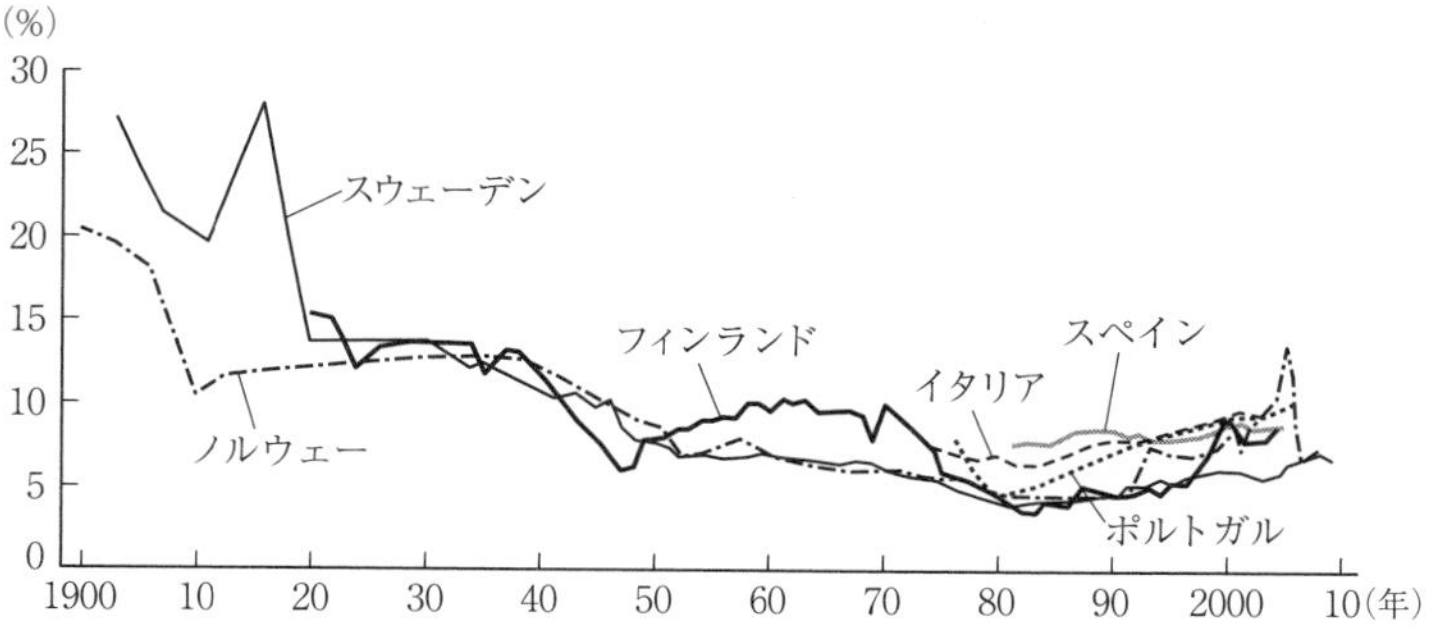

［出所］OECD(2011), p. 347, Figure 9. 2.

図 4–2　トップ 1% 所得の総所得に占めるシェア(1900–2009 年)

なぜ、不平等の拡大は経済成長の妨げとなるのだろうか。経済の供給面と需要面の両面から説明可能である。供給サイドでは格差拡大が、低所得者層において、質の高い教育へのアクセスを困難にする。この結果、教育機会の不平等が生じ、低所得者層において人的資本形成に負の影響が出る。人的資本の質低下は結局、経済成長を妨げることになる。経済の需要面では、所得と資産の格差拡大が、民間消費の縮小をもたらし、それが経済全体の需要を減少させるため、経済成長に負の影響を及ぼす。一般に、所得の増加分のうちどれだけを消費に回すかを示す「限界消費性向」は低所得者層で高く、高所得者層で低い傾向がある。所得と資産の不平等度が高まれば、限界消費性向の高い低所得者層で消費が抑制される結果、経済成長に押し下げ圧力が働くことになる。

ＩＭＦの研究はこの見方が妥当である証拠として、世界各国の実質ＧＤＰに関する時系列データ(Penn World Tables)と、世界各国の所得格差データ(Standardized World Income Inequality Database: SWIID)を用いた推計結果を示している(Ostry, Berg and Tsangarides 2014)。それによれば、不平等度(純所得で測ったジニ係数)と経済成長率は、負の相関関係にあることが示されている。つまり、不平等度が高まると経済成長率が低下することを意味する。より詳細には、ジニ係数を一ポイント上昇させる(不平等を拡大させる)と、経済成長の持続期間をその翌年に終わらせるリスクを六%ポイント高めることになるという。

ＯＥＣＤも、同じ趣旨の結論を出している(OECD 2015)。ＯＥＣＤ諸国を対象とした彼らの実証研究によれば、ジニ係数を一ポイント減少(格差を縮小)させれば、経済成長は年率〇・一五%高まるという。また、一九八五年から二〇〇五年の期間におけるＯＥＣＤ一九か国で、ジニ係数にして二ポイントに相当する所得不平等度の上昇が生じたために、一九九〇年から二〇一〇年の期間に、これらの国々の累積経済成長は、そうでない場合よりも四・七%低下したとの推計がなされている。言い換えれば、もし同期間に所得不平等度が悪化していなければ、当該ＯＥＣＤ諸国のＧＤＰは平均で約三三%も、現実のＧＤＰを上回っていたことになる。

最後に、ＩＭＦ、ＯＥＣＤの両研究とも、これまでの通説と異なって再分配の強化は、必ずしも経済成長を阻害しない(それどころかプラスになる可能性すらある)ことを、やはり過去のデータに基づいて確認し、所得再分配政策を後押しする議論を行っている点も重要である。こうして国際機関が二〇一〇年代に入って次々と格差拡大の趨勢に警告を発し、各国政府に再分配政策の強化に取り組むよう背中を押し始めた。この点は、新自由主義的な経済政策、自由な国際資本移動、そしてそれを可能にする制度改革が賞揚された二〇〇〇年代までの状況とは大きな様変わりである。

3　何が格差拡大を生み出しているのか

ところで、格差拡大へ向けて資本主義経済を突き動かしている根源的な要因は、いったい何なのだろうか。これまで、経済のグローバル化、規制緩和など新自由主義的な経済政策、所得再分配政策の縮小／後退といった様々な要因が指摘されてきた。本書では、資本主義経済の非物質化が、労働需要にどのような変化をもたらすのか、結果としてそれが、所得格差にどうつながるのかに深い関心をもっている。以下ではこうした観点から、資本主義経済発展の根本要因である技術進歩が不平等と格差に及ぼす影響に注目することにしたい。技術進歩のあり方は、資本主義経済発展のあり方を規定すると同時に、労働需要の質と量に大きな影響を与える。それが結果として、不平等と格差のあり方を左右することになる。

こうした視点で研究を先導してきたのが、マサチューセッツ工科大学(MIT)の経済学者デイヴィッド・オーターらである(Autor, Katz and Krueger 1998, Autor, Levy and Murnane 2003)。彼らは、アメリカで一九七〇年代以降、教育水準の違いによって生じる賃金格差が拡大していったことに注目する。オーターらによれば、一九四〇年から一九九六年までに産業高度化にともなって求められる技能が上昇したため、大卒の労働者に対する強く、そして継続的な労働需要の増加が観察された。このことが、大卒労働者の継続的な賃金上昇を引き起こし、非大卒と大卒の賃金格差を拡大させたという。

こうした変化の背後では、職場にコンピューターが浸透し、次の二つの事態が進行したという。第一は、明示化されたルールの下で成し遂げうる事務業務やマニュアル業務を遂行する労働者が、コンピューターによって置き換えられていった。第二に、逆に非ルーティン的／問題解決型で、複雑なコミュニケーションをともなう業務についてはコンピューターの支援を受けることで、そうした業務につく労働者の生産性をより一層高めた。これは今、まさにAIの発展が労働需要に与えるインパクトをめぐって行われている議論の論点を先取りしたものと言えよう。

以上の議論を包括する形でオーターは、過去三〇年以上にわたるアメリカ経済の発展が労働需要にどのような構造変化をもたらしたのか、そしてそれが、賃金水準にどう影響したかを、分かりやすく図示してくれている(Autor 2015)。

図4-3は、農業を除くアメリカの主要な一〇の職業グループに関して、一九七九〜二〇一二年の雇用変化率を示したものである。縦軸はログ対数で示した雇用変化率を一〇〇倍した指標が取られ、横軸には一〇の職業グループが示されている。この職業グループは、大きく三つのグループに分類することができる。

第一のグループは左から三つの職業を含む。つまり人的ケア、食事・清掃サービス、そして保守・安全サービスである。このグループの労働者の大部分は、中等教育以上の教育は受けておらず、平均

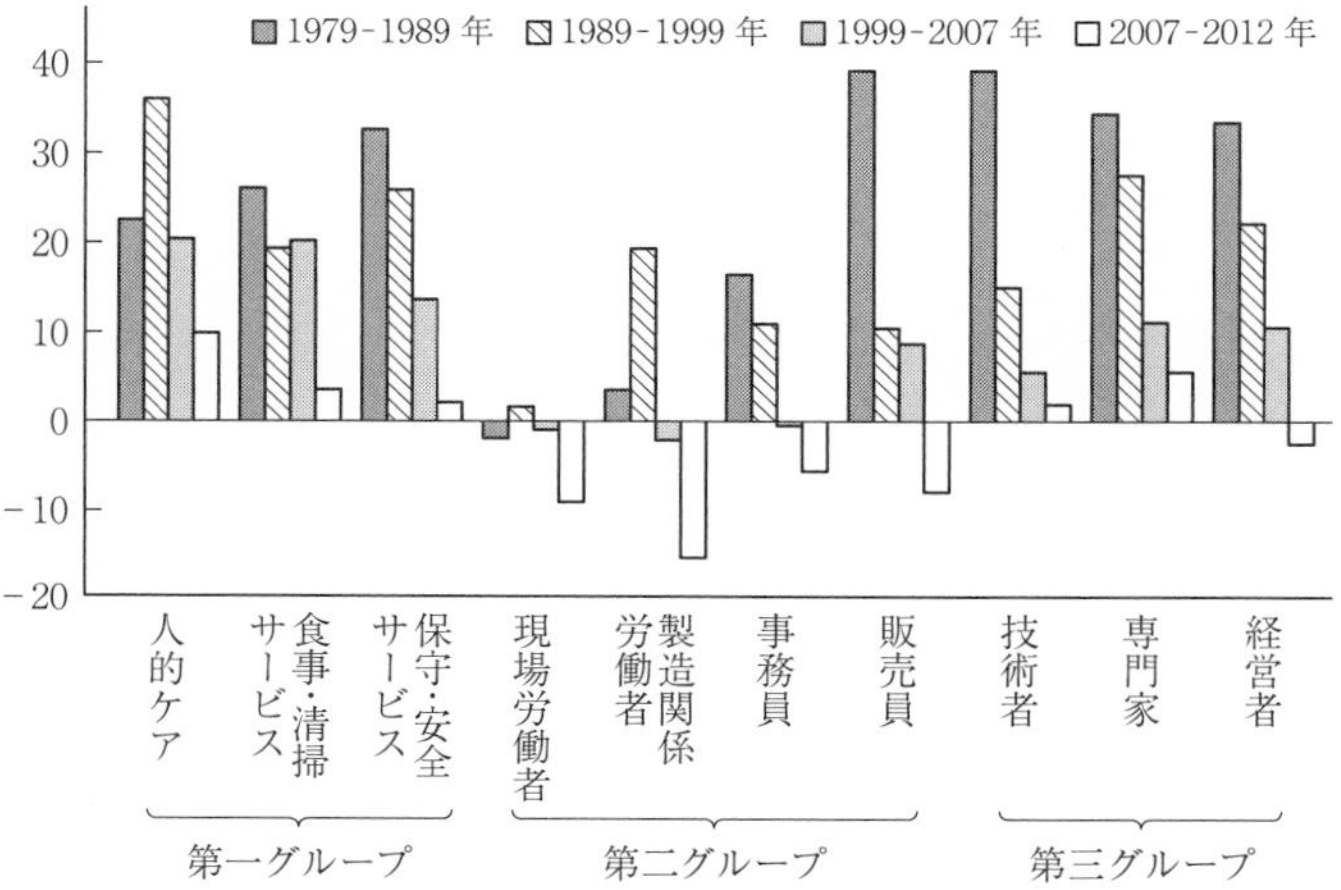

［注］変化率 ×100　縦軸はログ対数で示した雇用変化率 ×100
［出所］Autor(2015), p. 13, Figure 2.

図 4-3　主要職種ごとの雇用変化率(1979–2012 年)

時給は三つのグループの中でもっとも低い。次に第二のグループは、現場労働者、製造関係労働者、事務員、販売員という真ん中に位置する四つの職業を含む。最後に第三のグループは、右方に位置する技術者、専門家、そして経営者を含む。これらの職種についている労働者は高度な教育を受けており、平均時給も、もっとも高い。

図4-3が示すように、雇用が急速に増大しているのは、両端のグループである。真ん中の第二グループは、もともと増加率が低かったうえに、二〇〇七年以降は減少に転じている。この結果、第二グループが雇用全体に占める比率は、一九七九年の六〇%から二〇一二年の四六%へと大きく縮小した。こうした職業間での雇用両極化は、アメリカだけに固有の現象ではないという(他の多くの欧州諸国も同様の傾向を示していることがデータで示さ

れている)。
両端の労働需要が増える一方で、事務職など中間的な技能職の労働需要が減少する「両極化現象」は、賃金にどのような影響をもたらすのだろうか。「労働需要の増加に応じて両端の職種の賃金が上昇したのではないか」と読者は思われるかもしれない。しかし、実態は違っていた。

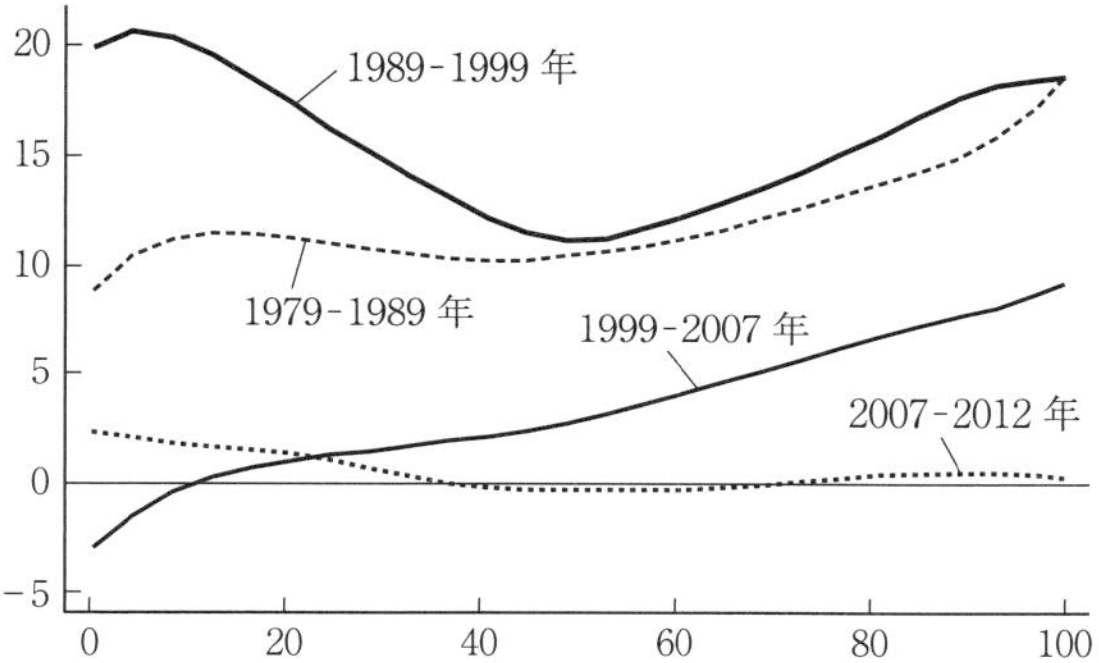

［注］縦軸は，職種ごとの平均賃金の対数変化率 ×100，横軸は 1979 年の職種ごとの対数変換した平均賃金でランク付けした各職種を，左から右へ賃金の低いものから並べている．
［出所］Autor(2015), p. 18, Figure 4.

図 4-4　アメリカの正規労働者における職業技能ごとの中位賃金水準の変化率(1979–2012 年)

図4-4の水平軸は、詳細職業分類に掲載された三一八の職種を、左方から右方にかけて低技能から高技能へと並べたものである。縦軸は、賃金の対数変化率を一〇〇倍した指標がとられている。図に描かれている曲線は、それぞれの期間の各職種の賃金変化率を示している。

この図から、次のことを読み取ることができる。右方の高技能職(図4-3の技術者、専門家、そして経営者に対応)は、一九七九〜二〇〇七年にかけて賃金が継続的に上昇していることが分かる。もっとも二〇〇七〜二〇一二年にかけては、リーマン・ショック後の世界金融危機の影響で、賃金上昇率はほとんどゼロとなっている。対照的に、中間の職種の賃金上昇率は、つねに高技能職よりも低く、一九七九〜一九九九年の二〇年間では、低技能職の賃金上昇率よりも低かった。左方の低技能職は、たしかに一九八九〜一九九九年には中間技能職よりも高い賃金上昇率を享受していた。しかし二〇〇〇年代に入ると低技能職は、高い労働需要にもかかわらずすべての職種の中で賃金上昇率がもっとも低くなってしまった。これは、雇用の減少した中間的技能の職種から労働者が低技能職種に参入したため需給バランスが崩れ、賃金上昇率の低下が引き起こされたためだとオーターは指摘する。つまり、賃金水準でみると高技能職の「独り勝ち」であったことが分かる。結果、低・中技能職と高技能職で賃金格差は拡大したのだ。

以上のように、過去三〇〜四〇年にわたる技術進歩は、一方で経済を成長させたが、他方で労働需要の構造を変化させ、中間技能職の労働需要を大きく落ち込ませた。同時にそれは、低技能職と高技能職への労働需要を引き上げる「両極化」現象を生んだ。これが「先進国中間層の没落」を引き起こし(Milanović 2016)、低技能職への需要を中技能職と低技能職で「奪い合う」状況をつくり出した。結果、高技能職のみが高い賃金上昇率を享受し、中低技能職は賃金の伸び悩みや下落圧力に直面することになった。いま先進各国で起きている移民排斥、ポピュリズム党派の台頭と既存政党の没落、そして米中貿易戦争のように自由主義的な国際貿易秩序を揺るがす事態が起きている背景には、こうした労働市場の構造変化と賃金格差の拡大がある。

賃金における高技能職のこうした「一人勝ち」現象は、いま大きな話題となっている人工知能の発展によって、いっそう加速されるのではないだろうか。これまでの議論では、「人工知能が雇用を奪い、大量失業が発生する社会が来る」という意味での、量的な雇用問題に注目が集まっていた。だが問題は、誰の雇用、どういう職種が、もっとも大きな影響を受けるのか、という点ではないだろうか。なぜなら、これらの要因こそが、人工知能の所得分配への影響を決定づけるからである。

4 人工知能(AI)は格差を拡大させるか

この問題で、世界的に大きな反響を巻き起こしたのが、オックスフォード大学のフレイとオズボーンによる研究である(Frey and Osborne 2013)。彼らは、アメリカの職業のうち四七%がAIによって置き換えられる可能性が高いと結論づけ、世界に衝撃を与えた。(2)

彼らの研究結果は図4-5に集約されている。彼らは、AI化による職業の代替可能性の程度に応じて、その職業の代替リスクを三段階(高、中、低)に区別した。その結果、アメリカの総雇用のうち、なんと四七%がAIによる代替可能性が高い(おそらく一〇～二〇年のうちに自動化されてしまう)と判定されたのである。現在の雇用の半分近くが、近い将来にAIによって置き換えられてしまうという、その量的側面に関心が集中したのもやむを得ないことである。(3)

だが、この点については、その後に公刊された複数の研究結果が、フレイとオズボーンの試算結果は過大だとの評価を下している。その代表的なものは、OECDによる研究であろう(Nedelkoska and Quintini 2018)。彼らは、フレイとオズボーンの分析手法について、次のように批判を加える。つまり、フレイとオズボーンはある職業タイトルについて、それが自動化されやすい職業的技能であるかどうかを専門家に評価させるという手続きを踏んだ。しかし、ある職業タイトルの下で同一の仕事のみが行われるわけではなく、その下で実際には多様な仕事がなされ、その中には、簡単には自動化さ

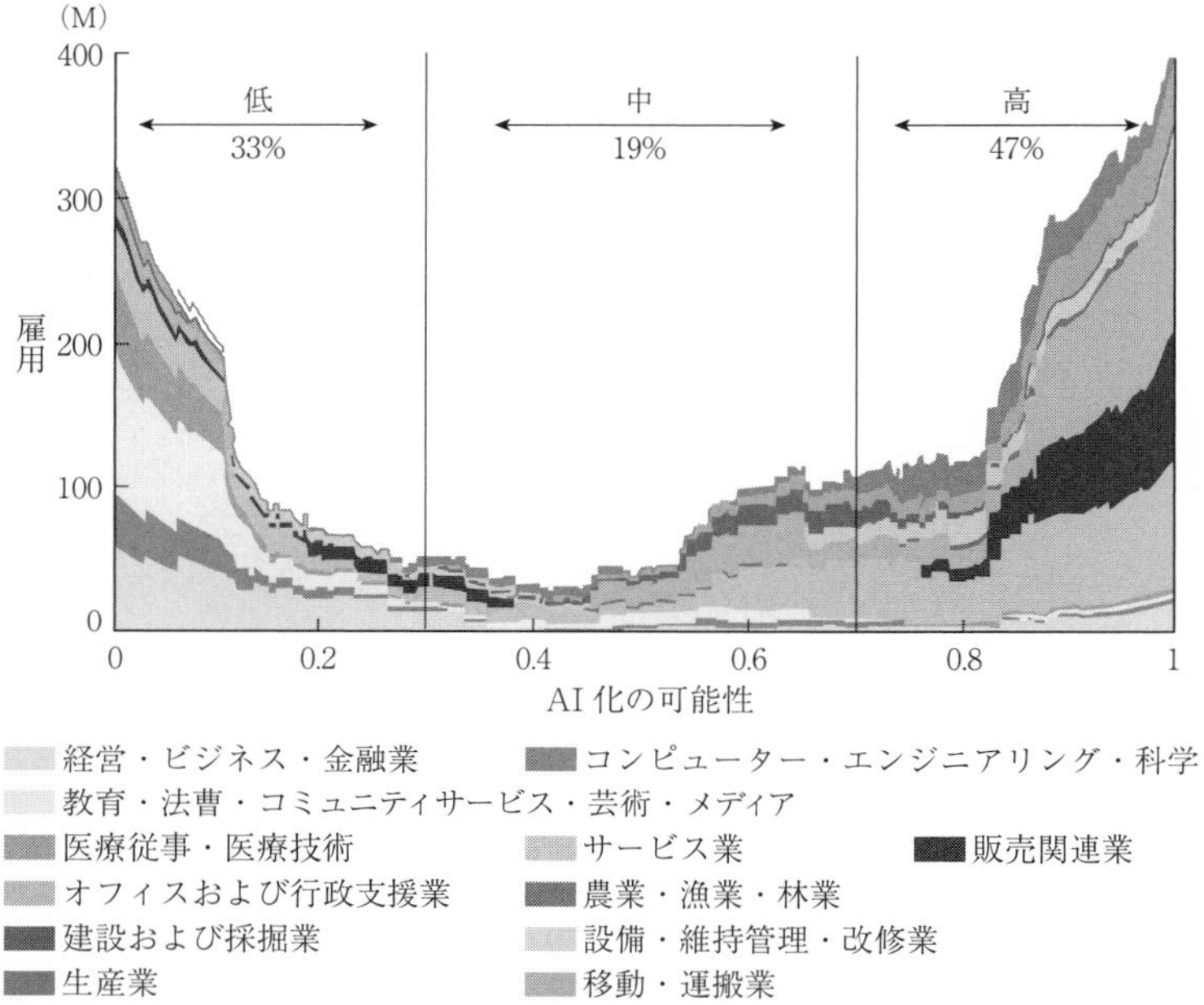

［出所］Frey and Osborne(2017), p. 267, Figure 3.

図 4-5 コンピューター化によって影響を受ける雇用

れにくいタイプの仕事も含まれている。したがって、ある職業タイトルの下での業務の多様性をどう評価するかが、自動化の雇用影響を見積もる場合に、かなり重要な要素になるというわけである。

ＯＥＣＤ研究は、フレイとオズボーンの手法を踏襲しつつも、ある職業タイトルの下での業務の多様性を考慮に入れて試算を行った結果、ＡＩによる代替可能性は大幅に低下するとの結論を引き出した。つまり、調査対象となったＯＥＣＤ諸国の職業のうち、約一四％が七〇％以上の確率で自動化される高リスクに直面しているのに対し、三二％の職業は五〇〜七〇％と中程度の自動化リスクにさらされると判定され、総体として自動化による労働の代替可能性は低くなった。

もっとも、本書はどちらの研究結果が正しいのかを判定する場ではない。本書が関心をもつのは、人工知能の発達でどのようなタイプの雇用が失われ、それが所得分配上どのような影響をもたらすのかという点にある。この点で両研究は実は、まったく同じ結論に至っている。それは、人工知能が低技能かつ低賃金の職種に対して、より大きな打撃を与えるというものである。もう一度、図4-5をみて頂きたい。図の右方に示された、「自動化される可能性の高い職種」をよく見ると、サービス業、販売関連業、オフィスおよび行政支援業、建設および採掘業、設備・維持管理・改修業、生産業、移動・運搬業が含まれている。これらとは対照的に、経営・ビジネス・金融業、コンピューター・エンジニアリング・科学、教育・法曹・コミュニティサービス・芸術・メディアなどの職種は、AIによって置き換えられる可能性が小さいという結果になっている。後者の職種は、高技能かつ高賃金である。

つまり、自動化の影響は主として技能が低く、そして低賃金の職種により強く現れるということだ。これは、オーターらによって強調されてきた「両極化」傾向を打ち破るものだ、とフレイとオズボーンは指摘している。OECD研究も、自動化によって主として影響を受ける職業は、私たちのイメージと異なって専門職などの比較的高度な職種ではなく、むしろ製造業や農業、そして広範なサービス業に多いと強調している。失われる可能性の高い職業は、その職業につくのに必要とする教育の程度が低いことも共通して指摘されている。反対に、自動化されにくい職業はいずれも、高度専門職の教育訓練か、第三次教育(大学、もしくは職業専門教育)が前提となる。

彼らの結論が正しいとすれば、AI化の進展は低技能職の雇用を減らし、格差を一層拡大させる方向に向かう可能性が高い。こうして、本章冒頭に立てた問いに対する解答がほぼ得られた。経済の非物質化は、労働需要に構造変化を引き起こす。無形資産の重要性が増すことから、創造性、柔軟性、コミュニケーション性を備えた労働者への需要が増す。他方で、AI化の進展によって低賃金・低技能の労働者への需要を減少させる圧力が働くだろう。上述のオーターらの研究を敷衍するならば、高技能職の賃金はこれからも上昇し続けるが、中・低技能職の賃金は良くて停滞、場合によってはさらなる下落圧力にさらされるだろう。このため、経済の非物質化の進展は残念ながら、不平等と格差を拡大させる方向に動きかねないとの結論になる。

これまで、AI化の進展でもっとも危惧されてきたのは、劇的な雇用削減が引き起こされるのではないかという点にあった。つまり、人間の肉体労働だけでなく知的労働をも置き換えることで、ブルーカラーだけでなくホワイトカラーを含む広範な人々の職が奪われるのではないかという恐れである。この点では、「AI恐慌」の可能性すら取り沙汰されている(新井 二〇一八:二七三―二七四)。だが資本主義の歴史は、つねに技術進歩によって既存の職業が消滅し、それにともなって失業が生み出されるものの、他方で新しい産業が勃興し、古い産業を置き換えつつ新しい雇用を生み出してきた歴史でもあった。おそらく、私たちがまだ知らない新しい職種や雇用は創り出されていくだろう。AIの登場後は、もはや新しい雇用は十分に生み出されない、という意味で「今回は違う("This Time is Different")」と言い切れるだけの十分な論拠は、まだどの専門家によっても提示されていない。

たしかに、フレイとオズボーンの研究は衝撃的だったが、彼らの研究は、現存する職業に就いている労働者のうち、四七%が高い確率で自動化されると述べているだけであって、これからどのような新産業が生まれ、新雇用がどれだけ生み出されるかについては何も推計していない。しかもOECDほか複数の研究が、フレイとオズボーンの推計は過大だと批判して、もっと温和な推計を出している。AI化で総雇用が劇的に縮小する可能性については、もっと冷静に考える方がよいかもしれない。

私たちがより強く懸念すべきなのは、総雇用の激減よりも、その影響が中・低技能職に強く現れることで、格差拡大が加速しかねない点ではないだろうか。早くからAIによって人間労働が代替される可能性が高まることを警告してきた新井紀子は、AIによって置き換えることのできない能力(新井二〇一八:一七一―一七二)を高めることができるような教育を施すことの必要性を強調し、自ら実践を行っている。私たちは、技術進歩とそれが引き起こす産業構造転換の影響を見極め、子どもたちに新しい時代にふさわしい教育を用意するとともに、現役労働者には教育訓練の機会を提供し、彼らの適応能力を高めるよう支援すべきではないだろうか。

5　ベーシックインカムより人的資本への投資を

AI化の進展によって大量の失業者が生み出される場合、ベーシックインカム(Basic Income: BI)を導入して失業者の生活を支える必要があるとの主張がなされることが多い(例えば、井上二〇一九:二二〇―二二三、三九九―四〇二)。ベーシックインカム(基礎的所得)とは、国民すべてに対し、就労の有無にかかわらず政府が一定の金額を一律に現金給付することで人々の生活を保障する政策を指す。まだどの国でも本格的に導入されていないこの政策は、本当にＡＩ化によって引き起こされる雇用問題に対し、解決策となるのだろうか。

ＢＩには、いくつかのメリットがある。ＢＩは勤労と生活保障を切り離し、就労の有無にかかわらず国家が基礎的所得を保障するので、勤労の呪縛から私たちは解放される。自分の時間をどのように使うべきか、どのような活動(労働)を行うべきか、決定権を自らに取り戻すことができる。それはすなわち、私たちが手にする自由の空間が拡がるということだ。

また、一律・普遍的な給付を行うＢＩは、生活保護の申請時のように複雑な手続きを行う必要はなく、したがって行政コストは大幅に削減される。さらに生活保護申請時に必須となる「資力調査(「ミーンズ・テスト」)」は、往々にして申請者に「スティグマ(自尊心の損傷)」を引き起こすとされる。しかしＢＩではそもそも資力調査が不要なので、こうした問題が生じないというメリットもある。

他方でＢＩに対しては、理念の面でも政策的・実務的実行可能性の面でも、さまざまな疑問と批判が提起されている。(4)

第一の疑問点は、理念や価値規範に関わるものである。勤労と所得を切り離すことは、本当に望ましいことなのだろうか。ＢＩ支持者は、勤労中心主義的な価値観からの脱却を主張するが、そうした新しい価値観で社会的合意を形成することは可能であろうか。就労の有無、あるいは就労時間の長短とは無関係に一定の所得が保障される制度が、私たちの公平観念や正義感覚と合致するといえるだろうか。

第二は、経済的インセンティブの問題である。ＢＩを実行するには、そのための原資(＝税収)が存在していなければならない。税収を生み出す基礎となるのは、一国の経済力である。もし就労の有無や、仕事におけるさまざまな努力や創意工夫とは無関係に所得が決定されるのであれば、人々はそれでも勤労への動機づけを維持できるだろうか。いわゆる「モラル・ハザード」や「フリーライド（ただ乗り）」が生じないと言い切れるだろうか。ＢＩが人々の勤労に向けたインセンティブ体系を崩してしまうならば、就労から離れる人々が現れたり、生産性が低下したりすることにより、税収は縮小し、結果としてＢＩの原資も縮小してしまうのではないだろうか。

第三は、財政的持続可能性の問題である。よく言及される月額七〜八万円のＢＩを二〇一九年時点での総人口約一億二六〇〇万人に対して一律に配るとすれば、年間の支出総額は単純計算で約一〇六〜一二〇兆円となる。これに対して、日本の二〇一九年度予算における税収総額は約六二兆円である。国債を発行して資金を確保している歳入総額が約一〇一兆円であることを考慮すると、ＢＩに必要な予算規模がどれほど巨大かが分かる。典型的なＢＩを実施しようとすれば、歳入総額すべてをＢＩに対してのみ割り当ててもまだ足りないのだ。

歳出総額のうち三分の一を占める社会保障経費は総額で約三五兆円、ＢＩは単独で、現在の社会保障経費総額の三倍以上の経費を必要とすることになる。もちろんＢＩ支持者がよく主張するように、現行の社会保障制度のすべて、あるいは少なくともその現金給付部分をＢＩで置き換えることができれば、ＢＩ導入による経費の純増分を抑えられるかもしれない。しかし、仮に社会保障制度を完全にＢＩで代替できたとしても、残り約七〇兆円以上を、増税か新たな国債発行で調達しなければならない。これは、財政的に持続可能であろうか。

第四は、ＢＩ実行にともなう行政コストである。もし典型的なＢＩ（一律、普遍的）を想定するなら、たしかに行政コストは最小限で済むだろう。しかし、もし所得制限を付けたり、所得比例部分を導入するなど、財政的にも社会的にも受け入れられやすいＢＩにすれば、その途端に執行のための行政コストはきわめて大きくなる。手続きは複雑化し、諸外国の給付付き税額控除のように不正受給問題が生じる可能性が高まる。そうなれば、制度そのものに対する不信感が高まり、バッシングや社会的分断が起きかねない。

以上の疑問点、問題点を考慮すると、巨額の予算を費やしてＢＩを実行すべきか、疑念がぬぐえない。より大きな問題は、ＢＩが事後的な所得再分配政策としては機能しえても、それがいま起きている資本主義の非物質化という大きな構造変化への積極的な対応策にはなりえないという点である。労働需要の構造変化によって中・低技能職の雇用が縮小した時に、失業者に現金給付を行うことだけが経済政策の役割なのだろうか。

政府がなすべきことは、上述のように彼らに教育訓練投資の機会を提供し、新しい経済構造の下で、新しい雇用機会を掴むことができるよう支援することではないだろうか。そして子どもたちには、新しい教育制度を通じて非物質化した経済構造の下で必要となる能力を身につけられるよう政府が基盤整備を行うべきではないだろうか。これはつまり、本書で何度も強調してきた「人的資本への投資」に他ならない。

もっとも、ＢＩと人的資本への投資では、政府の役割や責任に対する哲学がそもそも異なっている。ＢＩでは、政府の役割は人々に基本的所得を保障することを除いて、ミニマムとなる。政府がそれ以上に大きな責任をもつことは、かえって個人の自由の領域を侵すものとしてネガティブに捉えられる。これに対して人的資本への投資では、政府が個人の能力形成に責任をもち、少なくとも、競争条件を均等化させるという意味での「事前の公平性」を担保する役割を市民社会から課せられる。もちろん、事後的救済によって「事後の公平性」を達成することが不要になったというわけではない。しかし次節以降で詳述するように、人々の能力形成の領域で、政府がより大きな役割と責任を果たす必要がある。人々の適応能力を高め、労働市場への積極的な参加を促す条件を整備することが、結果として事後的救済の必要性を縮小させるからだ。

政府がこうした役割と責任を引き受け、十分な財政支出を行って人的資本に対して戦略的に投資する国家のことを、「社会的投資国家」と呼ぶ。本書の立場は、資本主義経済の非物質主義的転回に対応して、経済成長を促しつつ雇用を確保し、社会的公平性を保つには、人的資本投資を重視する「社会的投資国家」への転換が必要だというものである。次節では、この点をさらに詳細に展開することにしよう。

2 「公共投資国家」・「福祉国家」から「社会的投資国家」へ

1 社会的投資国家とは何か

「社会的投資国家」概念は、学術的にはまだ十分彫琢されていない概念である。しかし、この概念が提出された社会的文脈は明快である。その提唱者であり、ブレア労働党政権のブレーンでもあった社会学者のアンソニー・ギデンズ(現ロンドン・スクール・オブ・エコノミクス名誉教授)は、サッチャー政権以降の新自由主義的国家像に対抗しつつ、グローバル化時代に適合的な、従来の福祉国家とは異なる国家の役割を、左派・リベラルの観点から再定義しようとした。「社会的投資国家」概念は、そのような彼の模索の中から析出されてきたといえよう。彼は、一世を風靡した著作『第三の道』において、以下のように述べている。

指針とすべきなのは、生計費を直接支給するのではなく、できる限り人的資本(human capital)に投資することである。私たちは、福祉国家のかわりに、ポジティブ・ウェルフェア社会という文脈の中で機能する社会投資国家(social investment state)を構想しなければならない。(Giddens 1998, 邦訳版一九六―一九七頁)

もっともこの概念は、ギデンズによって新たに発明されたわけではない。実は、スウェーデンでは早くも一九四〇年代に、ミュルダール(一八九八～一九八七、一九七四年ノーベル経済学賞受賞)の人的資本論や、経済学者レーンとメイドナー(一六九頁を参照)による「積極的労働市場政策(Active Labor Market Policy: ALMP)」の理論化によって、事実上「社会的投資国家」概念が形成されていたといえる。(5) そして実際に、スウェーデン社会民主党政権は一九五〇年代終わりから、「積極的労働市場政策」の名の下に人的資本への戦略的投資を実行に移したのである。こうしたスウェーデンの政策が、一九八〇年代のグローバル化以降の時代に、新自由主義とは異なる国家像を探し求めていた理論家や政策担当者によって「再発見」され、新しい国家理論として再構成されたとみるべきだろう。

この概念に立脚する主張を端的に要約するならば、グローバル化時代の国家は、税制や財政支出による「分配国家／福祉国家」から、人に投資を行うことで長期的に社会の発展を促す「社会的投資国家」に転換しなければならない、ということになる。同時にそれは、一九二九年の世界大恐慌以来一九六〇年代まで長きにわたって国家の経済機能における主流を占めてきた、ケインズ主義的な経済政策からの訣別をも意味していた。なぜなら、短期的視点に立ち、景気に対する反循環的な財政政策の実施を推奨するケインズ的経済政策と異なり、「社会的投資国家」概念は、経済の供給側を重視し、社会に必要な財政支出を「投資」として長期的観点から持続的に実施することを推奨する点で好対照をなすからである。また、ケインズ的経済政策では、需要と供給を均衡させるための財政支出の規模に焦点が当てられ、その中身は問われない。ところが「社会的投資国家」では、財政支出の中身、つまり何に投資すべきかが決定的に重要になる。

他方で、供給側の重視という点で「社会的投資国家」は一見、一九八〇年代以降、先進国で社会的影響力を増してきた「サプライサイド経済学」と共通性があるようにみえる。しかし両者は、その国家観でまったく異なっている。投資減税や規制緩和などの方策で経済の供給側強化を提唱するサプライサイド経済学は、政府機能とその財政支出規模の縮小を通じて「小さな政府」実現を志向している。公共部門に流れていた資金を民間部門に誘導し、社会における資金配分の決定権を、国家の手から民間投資家の手に委ねることが、サプライサイド経済学の眼目だといえよう。これに対して「社会的投資国家」では、あくまでも公共目的に資する資金配分の決定権を国家が握り、市場に任せていては資金が供給されない人的資本、自然資本、そして社会関係資本の蓄積に投じることを意図している点が、大きく異なっている(6)。つまり、国家の役割を縮小するのではなく、グローバル化と知識経済化という、二一世紀に入ってより顕著になってきた経済構造の変動に適応すべく国家の役割を再定義し、その機能強化を図ろうとしている点に特徴がみられる。そういう意味でいま起きている事態は、「国家の黄昏」というよりも「国家の再定義」と捉える方がよいだろう。

とはいえ、「社会的投資国家」概念がサプライサイド経済学と同様に、成長論的色彩を帯びている点は否めない。それは、経済のグローバル化で経済的な意味での国境が崩れ、資本の国際的な移動が激しさを増す中で、どの国民経済も自国経済の競争力強化を第一義的に掲げなければならない事情によって刻印されているからである。しかし、「社会的投資国家」概念をサプライサイド経済学と分かつのは、それが究極的には公正な社会の構築に目標を置いている点であろう。この目標は、これまでの福祉国家のように国家の財政支出に基づく給付によってではなく、人々に教育や職業訓練の形で「人的資本」投資を行うことで、所得を得る機会を均等に保障することで担保されるはずである。そして、この人的資本投資は、経済構造の知識経済化への対応という点からも正当化しうる。

以上の社会的投資国家理解に対しては当然のことながら、批判もある(Palme and Cronert 2015)(7)。第一は、社会的投資国家で念頭に置かれている投資先(つまり財政支出対象)は結局、労働や収益と結びついた成長論的色彩が強く、「福祉国家」から「社会的投資国家」への移行を進めることは、これまで維持されてきた国家財政の再分配機能を弱めてしまうことにつながりかねない、という批判である(8)。

第二は、ギデンズによる社会的投資国家理解は、狭すぎるというものである。ギデンズは、人的資本への投資が、その人材の稼ぐ能力を高め、一国の経済成長を高める可能性を強調した。逆に言えば、人的資本の蓄積に直接つながらない、事後的で補償的な現金給付の役割は、彼の理論では評価されないことになる。これに対して「福祉国家レジーム論」で著名なエスピン＝アンデルセンは、直接的に人的資本の蓄積に寄与する公的支出のみならず、例えば失業給付など現金給付も、ある職業から別の職業へ円滑に移るためのいわばクッションの役割を果たす点で、「生産的」だとみなす。つまり、エスピン＝アンデルセンは「何が生産的か」という論点をめぐって、ギデンズより広義の理解を示しているのだ。

エスピン＝アンデルセンはさらに、子どもと女性への投資が社会的投資としてきわめて重要だと強調する(Esping-Andersen ed. 2002: 9–10)。彼は、子ども中心(child oriented)の政策こそが、社会的投資とみなされる必要があると述べている。学習への能力と動機づけは、子ども時代の経済的社会的条件に依存するところが大きい。したがって、子どもの福祉を守る目的をもつ政策は、それ自体として投資とみなされるべきだ、というわけである。実際、子どものときに優れた認知能力を身につけておくことは、人生の後半で大きな報酬が返ってくる前提条件となる。その報酬は当人だけに限定されるのではなく、社会の生産性向上を通じて社会全体がその恩恵に与ることになる(9)。

この投資の論理は、ジェンダーの平等にも適用されるべきだ、と彼は説く。第一に、いまや女性は男性よりも教育水準が高くなっており、その人的資本の質は男性と同等かそれを上回る。彼女たちを生涯にわたって雇用できないということは、人的資本を捨てているのと同じことであり、きわめて大きな社会的損失なのだと彼は述べている。逆に言えば、女性への投資は、きわめて大きな収益率でも

表 4-1　社会的投資支出項目の分類

事後的補償政策(「バッファ」)	個人の能力の促進(「ストック」)			機会の拡張(「フロー」)	
	労働市場参加者		潜在的労働市場参加者	公共部門による雇用	民間部門による雇用
	失業者	就業者			
−老齢年金 −遺族年金 −長期障害給付 −早期退職給付 −失業給付 −社会扶助	−労働市場統合 −積極的労働市場政策	−失業保険 −出産休暇 −育児休暇 −有給休暇 −就労困難者の再統合 −積極的労働市場政策	−保育サービス −就学前教育 −初等教育 −中等教育 −高等教育 −積極的労働市場政策	−保育サービス −高齢者ケア −積極的労働市場政策	−賃金補助
	−住宅手当 −医療給付 −家族手当 −長期失業保険 −長期出産休暇 −疾病給付				

［出所］De Deken(2017), p. 191, Table 16. 1.

って社会に配当をもたらすということだ。また、女性が生涯にわたって勤労し続けることのできる社会的条件を整え、同時に女性が男性と協力して家庭責任を果たすことができるようになれば、それが「子どもの貧困」を防止するもっとも効果的な防波堤になる。この側面からも、女性への投資は大きな社会的配当をもたらす可能性が高い、とエスピン＝アンデルセンは強調する。

以上の議論をまとめる形で、社会的投資の全体像を示したのが、表4-1である。社会的投資は、直接的に人的資本の蓄積を促す投資(「個人の能力の促進(ストック)」)、人的資本そのものの蓄積ではないが、その活用によって人的資本の維持を図る投資(「機会の拡張(フロー)」)、さらには人的資本が適切に蓄積され、活用することを下支えする諸制度への投資(「事後的補償政策(バッファ）」）に分類されている。したがってこの表では、社会的投資がきわめて広義に捉えられている。この中で中核的な要素は、複数のカテゴリーに現れている「積極的労働市場政策」である。これは後述するが、労働者に対する教育訓練投資を政府が後押しする政策である。政府が人的資本の蓄積に直接的に寄与する政策であり、この積極的労働市場政策と教育投資が、ギデンズの意味での狭義の社会的投資にほぼ重なっているといえよう。

グローバル化と新自由主義が支配的となる中で、社会的投資論は「成長か再分配か」という二項対立的な論争に絡めとられることなく、「投資」論理を戦略的に用いて、福祉国家の正当化論理を再構築したといえよう。そして、それに新たな意味づけを与え、社会保障への財政支出を根拠づける新たな理論的フレームワークを提供することに、一定の成功を収めたという意義がある。

だが、社会的投資論の意義は、単に福祉国家を理論的に防御する機能にとどまらない。それは人的資本投資に対する国家の役割と責任を明確にし、人的資本投資が成長促進機能という積極面をもつことを明らかにした。それまで、人への財政支出は「消費」とされていたが、社会的投資論の出現以降は、人への財政支出が、将来に社会的収益を生み出す「投資」とみなされるようになってきた。

資本主義が非物質主義的転回を遂げつつある現代に、社会的投資は、二重の意味でその重要性を高めていくことになる。第一に、これまで述べてきたように、それが人的資本投資を通じて経済成長を促す点で、まさに「投資」として重要な役割を果たす。とりわけ、本書が強調してきた無形資産投資の重要性が高まってきたために、それに価値を付与できる人的資本への投資の重要性がより高まっている。さらに、第二章第2節でみた経済学における「非物質主義的転回」、つまりアローを出発点としてローマーによって開花させられた内生的成長論の系譜が強調しているように、経済学でも経済成長に資する人的資本の重要性が認識され、理論的に位置づけられるようになってきた。これはもちろん、社会的投資論を直接的に擁護するものではないが、それでも、社会的投資国家が目指す人的資本投資が、経済成長を促す上で重要な役割を果たしうることを経済学的に根拠づけたものと解釈してよいだろう。

第二に、社会的投資は分配的な側面、そしてリスクへの備えの側面をもっている。これまで論じてきたように、資本主義の非物質主義的転回は、ＡＩ化によって加速されつつ、格差をさらに拡大していく可能性が高い。産業の形が変わり、労働者に求められる能力も変わる。その移行過程では、失業者が生まれる可能性がある。しかも、こうした影響は中・低技能労働者に特に強く現れると予測される。社会的投資はこうしたリスクに対処し、彼らが新しい経済社会で新しい職に就けるよう支援する役割をもっている。また、中・低技能労働者の雇用可能性を高めることで、格差が拡大することを未然防止することは結局、国家による事後的救済の必要性を縮小することにつながる。これは、社会的投資の重要な使命である。

こうして社会的投資は、人への投資がもはや「成長を犠牲にして行うやむをえぬ分配」ではなく、むしろ、人への投資こそが成長を生み出す原動力であることを明らかにした。資本主義の非物質主義的転回の時代に、その有効性、そして妥当性はますます高まるであろう。次には、以上の議論を受けて人的資本投資の中身についてより詳細な議論を展開することにしたい。そして、人的資本投資をどのようにして新たな経済発展につなげていくのか、そのための政府の役割は何か、といった論点について順次、論じていくことにしたい。

2　経済成長戦略としての人的資本投資政策

社会的投資概念を生み出したスウェーデンは、福祉国家の典型国として知られている。福祉は充実しているが、その代わりに政府規模は大きく、一般政府支出の対GDP比を取ると、日本は三九・四%(二〇一五年)なのに対し、スウェーデンは四九・五%(二〇一六年)と、一〇%ポイントもスウェーデンの方が大きい。付加価値税率(消費税率)は、スウェーデンでは二五%なのに対し日本は一〇%と、日本の二・五倍の水準である。

かつて、福祉国家は経済成長を阻害すると喧伝されたことがあった。大きな政府となり、しかも財政資源の多くを福祉に割く国は、(1)資源配分の効率性が低下すること、(2)貯蓄率が低下して投資が停滞すること、さらには、(3)重税のために勤労インセンティブが阻害されること、などの理由のために経済に対して打撃を与え、成長が妨げられるというわけである。福祉を選べば成長は阻害され、逆に成長を選べば福祉に資源を割く余裕はない、つまり、福祉と成長はトレードオフ関係にあるとされたのだ。

しかし、現実はどうであろうか。二〇一八年の一人あたりGDPは、日本が三万八四八一USドルなのに対し、スウェーデンは四万五七四〇USドルと、スウェーデンは日本をはるかに上回る。図4-6は同じく一九九〇年にバブル崩壊を経験した日本とスウェーデンのその後約三〇年間の経済成長率の歩みを比較したものである。ここから、スウェーデンがバブル崩壊の事後処理とその後遺症に

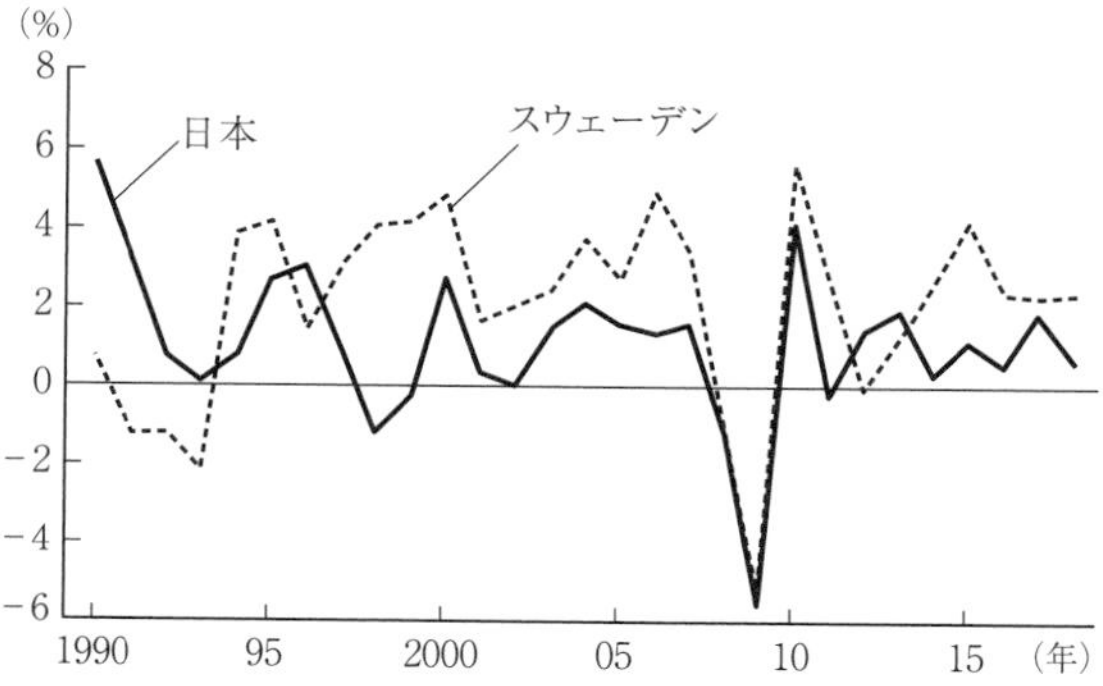

［出所］OECD Data, “Real GDP Forcast” より筆者作成.

図 4–6　日本とスウェーデンの実質経済成長率の推移（1990–2018 年）

苦しんだ一九九〇年代前半と、欧州債務危機の影響をスウェーデンが受けた二〇一二〜二〇一三年を除き、つねに日本の成長率を一〜三%ポイント上回ってきたことが分かる。こうして福祉と成長はトレードオフ関係にあるという命題は、現実によって反証されてしまったのだ。

　ここから逆に、なぜスウェーデンは福祉国家にもかかわらず先進国として比較的高い成長率を達成できるのか、その秘密はどこにあるのかという点に、研究者の関心が移っていった（湯元・佐藤 二〇一〇、翁他 二〇一二）。彼らが明らかにしたように、スウェーデンの人的資本投資は、単に社会保障政策としてだけでなく、経済成長戦略を実現する政策手段体系の一環として位置づけられている点に特徴がある。しかも、私たちの直観とは異なってスウェーデン社会は、就労することに対してきわめて高い価値を置く。年金は、給付が就労時の所得に比例する社会保険方式が基本となっており、勤労インセンティブを効かせる仕組みとなっている。こうした就労を重視する考え方は、「アルベツリーニエン（arbetslinjen）：就労原則」と呼ばれている。これは、職業訓練や人的資本投資を通じて、勤労が可能な人々にはなるべく多く労働市場に参加することを促し、納税を通じて手厚い社会保障の支え手になってもらおうとの考え方に反映されている。

スウェーデンの産業政策で興味深いのは、スウェーデン政府がかたくなに「労働者は守るけれども、企業は守らない」という原則を堅持している点である。どういうことかというと、競争力を失った企業は救済しないけれども、その企業が倒産して発生する失業者は政府が責任をもって守り、競争力のある別の企業に移るまでの間、失業中は手厚い失業給付を行って生活を支えるとともに、職業訓練で労働者のスキルアップを支援し、転職を後押しするということである。

例えば、スウェーデンを代表する自動車メーカーのボルボ・カーズは、二〇一〇年に中国の吉利汽車の親会社である浙江吉利控股集団に売却された。これがフランスや日本ならば、自国の自動車産業の危機として大騒ぎになっただろう。当時フォードの傘下にあったボルボは深刻な経営難に直面し、親会社フォードはスウェーデン政府による救済を求めた。しかしスウェーデン政府は何と、ボルボ株をフォードから引き受けることを拒否したのだ。当時、同様に破綻危機にあった自動車メーカーのサーブもスウェーデン政府に救済されず、見放されて破綻した。スウェーデン政府の姿勢は、この点で揺るぎなく一貫している。スウェーデン政府は、産業の救済は競争に敗れた低生産性企業を温存することにつながり、結局は産業の新陳代謝を妨げることで、スウェーデン経済を弱体化させると見切っているのだ。スウェーデン政府による産業構造転換を通じたその高度化、そして生産性向上への断固たる姿勢こそが、図4-6に示されるスウェーデン経済の高い成長率の一因となっている。

日本の経済産業省の方針はこれとは対照的で、「産業技術を日本に残す」という美名で何とか低生産性企業を生き残らせるべく、巨額の公的資金を支えに「日の丸連合」を形成することに注力してきた。例えば鳴り物入りで設立された液晶の「ジャパンディスプレイ（ＪＤＩ）」、半導体の「ルネサスエレクトロニクス」は、今どうなっているのか。両者ともに業績が低迷し、特に前者は金融支援の枠組みが定まらず、存続の危機に立たされている。個別企業の倒産と産業構造の転換を恐れないスウェーデン政府、それを恐れる日本政府。きわめて好対照である。だが、どちらが成功しているのか、ほぼ結果が出ているのではないだろうか。

日本企業の経営者、および経済産業省の産業政策にみられる非常に大きな特徴は、変化を恐れる点にある。日本企業の事業構造の入れ替えや業態転換のスピードが、海外の同業他社に比べてきわめて遅く、変化への対応能力と柔軟性に欠くために、利益率で低迷している点は、日々メディアでも指摘されている通りである。かつては従業員を解雇せず、祖業を末永く守り抜くことが経営上の美徳とされた。だが、産業の構造変化が迅速かつ大規模に起きる時代にこうした対応能力では、結果を出せないのも当然だ。経済産業省も、これまで成功してきた産業を守ろうとするあまり、日本の産業の現状固定化に手を貸してしまっていないか。とくに技術流出を恐れすぎて、中国など海外資本が日本企業の経営権を握ることに、異常に神経過敏になっている。気候変動への対応についても、もはや脱炭素化へ向けた取り組みは不可避なのに、経団連、鉄鋼連盟、電事連などの経済団体は、いつまでも百の理由を並べ立てて、カーボンプライシング導入に抵抗している。だが、産業を現状維持していくだけで、その延長線上に明るい未来は開けるのか。結局、これまでにもデジタル化や再生可能エネルギーなどで繰り返されてきたように、脱炭素化に向けた熾烈な産業競争に日本企業が遅れをとり、敗北の憂き目にあうのを近い将来、再び見たくないものである。

3 スウェーデンの良好な経済パフォーマンスの秘密

スウェーデンの経済政策・産業政策は、絶えざる産業構造転換、企業の事業構造転換が行われるメカニズムが、政策の中に内蔵されている点に特徴がある。宮本太郎によって早くから紹介されてきたこの経済政策・産業政策体系は、「レーン＝メイドナー・モデル」と呼ばれる(宮本 一九九四、宮本 一九九九)。これは、スウェーデン全国労働組合連盟(LO)の調査部に所属していた経済学者イエスタ・レーンとルドルフ・メイドナーによって立案・提唱されたためである(Rehn 1952, Swedish Confederation of Trade Unions 1953)。その主要な構成要素は、(1)産業界と労働組合の交渉で中央決定される連帯賃金(同一労働・同一賃金)の仕組み、(2)企業・産業の再編にともなって一時的に職を失う労働者に対する手厚い失業給付、そして(3)労働者による企業間・産業間の円滑な移動を支援する積極的労働市場政策[10]、の三点である。以下、順次説明していこう。

スウェーデンの現代的な労使関係の確立は、一九三八年の「サルトシェーバーデン(Saltsjöbaden)協定」に遡る。これはSAF(The Swedish Employers' Confederation: スウェーデン経営者連盟)とLO(The Confederation of Trade Unions: スウェーデン全国労働組合連盟)の間で締結された中央集権的な協定で、その後の様々な労使関係の基礎となってきた。

この協定に基づいて、毎年の賃金水準を労使が中央決定する仕組みが出来上がった。その賃金体系は、「同一労働・同一賃金」であり、産業部門の違い、地域の違い、性差を超えて、同一の労働に対しては同一の賃金の適用を求めるものであった。日本では「同一労働・同一賃金」が、正規労働者・

非正規労働者の区別にかかわらず、同一労働に対して同一賃金の適用を求める文脈で導入されたため、正規・非正規間の賃金格差を解消するための指導原理として理解される傾向がある。しかし、スウェーデンの「同一労働・同一賃金」は、鉄鋼産業であろうと、セメント産業であろうと、あるいは自動車産業であろうと、産業部門の違いを超えて同じ一時間の労働に対しては同一賃金が支払われるべきことを意味する。同様に、東京都であろうと、宮城県であろうと、あるいは鹿児島県であろうと、地域が異なっても同一労働に対しては同一賃金が支払われるべきこと、あるいは男性であろうと女性であろうと、やはり同一労働に対しては同一賃金が支払われるべきことを意味する。もっともこれはあくまでも指導原理であって、実際には技能の違いなどに基づく正当なプレミアムに相当する賃金格差は許容されていた。それでも、同一労働・同一賃金のおかげで、スウェーデンの給与所得格差が縮小し、特に低賃金セクターの女性労働者の賃金引き上げに成果があったという。

ところでなぜ、こうした同一労働・同一賃金が生産性向上と産業構造転換を絶えず促すメカニズムとして機能するのだろうか。図4-7は、この点を説明するためのものである。図の縦軸には企業の収益率、および賃金率がとられている。図の横軸には収益率の低い企業から高い企業まで、左から右へと企業が並べられている。

通常、賃金は生産性の高い(したがって収益率の高い)企業ほど高く設定され、そうでない企業は低く設定されるだろう。図4-7では、そうした賃金体系は□ABCDで示される。ところが同一労働・同一賃金が採用されると、賃金は産業の違い、企業の違い、収益率の違いにかかわらず同一水準に設定される。新しい賃金体系は、図4-7の□abCDで表される。

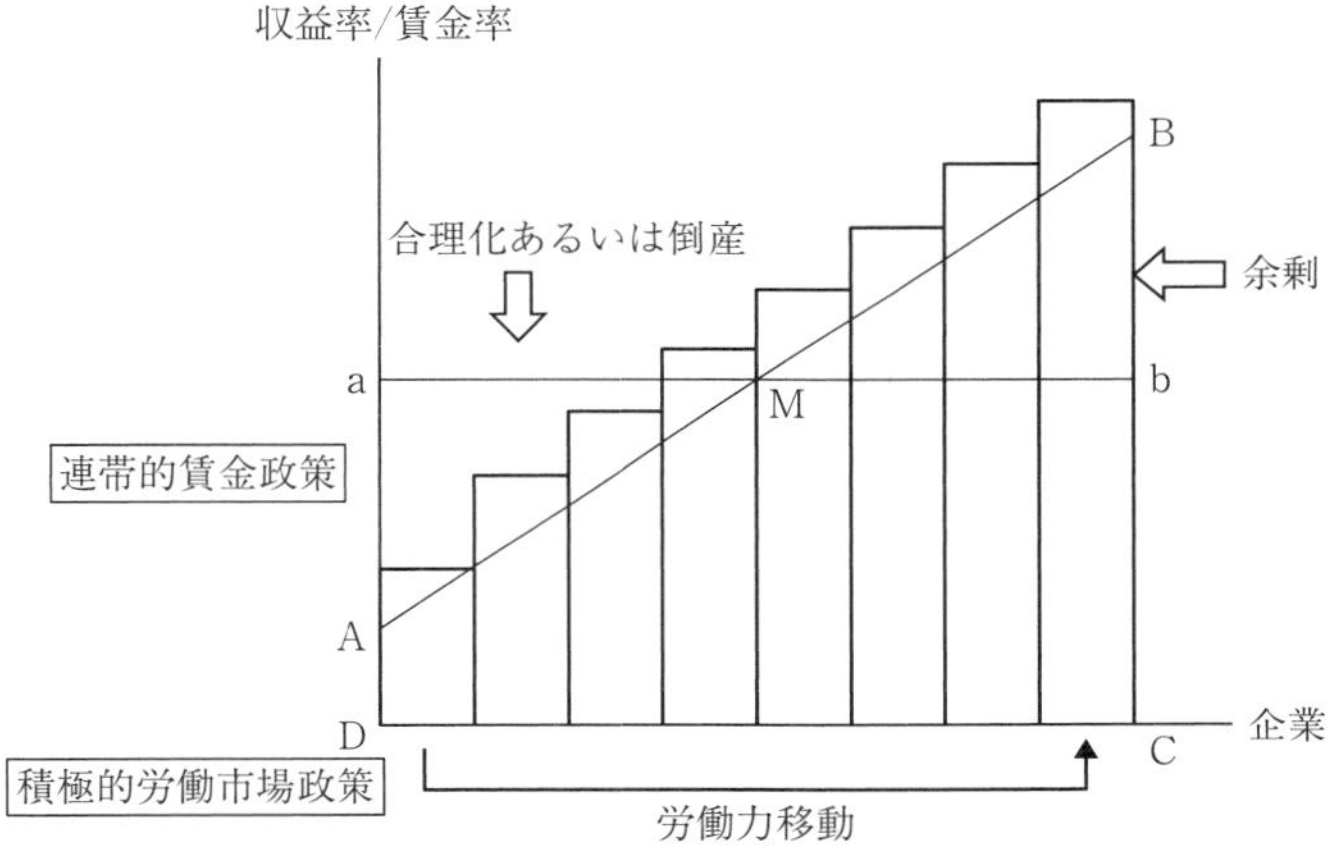

［出所］宮本(1999)，124 頁，図 3-2 を修正.

図 4-7　同一労働・同一賃金(「連帯賃金政策」)がもたらす生産性上昇／産業構造転換

こうした賃金体系の下では、図4-7の左方に位置する収益率の低い企業は、同一労働・同一賃金下の賃金を負担すると損失が発生する(「収益率」＜「賃金率」)。これに対して、同図の右方に位置する高収益企業は、賃金を負担してなお余剰(「利潤」)が生まれる(「収益率」＞「賃金率」)。余剰の大きさは、その企業の生産性(収益性)が高ければ高いほど、大きくなる。これに対して、左方の低収益企業は事業を継続することが困難となり、合理化を行うか、もしくは事業からの撤退(「他企業との統合」や「倒産」)を迫られる。

この場合、スウェーデン政府は低収益企業で解雇される労働者を手厚く保護すると同時に、積極的労働市場政策の下で教育訓練投資を行い、彼らが右方の高収益企業へ転職できるよう支援する。こうして同一労働・同一賃金制度は、つねに低収益企業に対して収益向上への圧力を加え続けることになる。これが、同一労働・同一賃金が生産性向上を促す仕組みを内蔵している理由である。また、低収益企業は市場からの退出を迫られ、高収益企業は余剰を元手に事業を拡大できるため、労働力が前者から後者へ移動することで、産業構造がつねに変化し、高度化していくメカニズムが働く。

4　経済安定化政策としての積極的労働市場政策

以上のようなメカニズムで、レーン＝メイドナー・モデルは生産性向上と産業構造の転換／高度化を成し遂げることで、高い経済成長を達成し、同時に賃金格差を縮小することに成功した。その意義は、高く評価されるべきであろう。

だが、レーン＝メイドナー・モデルの成功も未来永劫ではなかった。むしろその成功ゆえに、モデルの有効性を掘り崩す新しい問題が生じた。それは、高収益産業における雇用吸収力の低下である。技術進歩と脱物質化の進展によって、全体として省力化が進むと、次第に高収益産業における雇用吸収力が弱まる。モデルが意図してきた低収益企業から高収益企業への労働力移動が円滑に進まなくなり、失業率が高止まりする。出口が狭まってしまうと、本来は一時的な活用で就労復帰を後押しする手段である職業訓練プログラム、疾病手当、公的扶助などに人々が滞留し、これらに依拠して生活する人々が増大してしまう。つまり、レーン＝メイドナー・モデルが機能不全の事態に陥ったのである（宮本 二〇〇九）。

たしかに、レーン＝メイドナー・モデルは、スウェーデンでバブルが崩壊した一九九〇年代初頭に大きな試練に直面した。それまでは図4‐8が示すように、景気循環で波はあるものの失業率は全般的に一～四％前後の低位に抑えられていた。景気が悪化して失業率が上昇すれば、それに合わせて積極的労働市場政策（図の積極的労働市場政策参加率）の拡大が図られ、やがて景気が回復すると失業率が下がり、積極的労働市場政策も縮小するという変動を繰り返していた。両者の乖離幅はそれほど大きくなく、失業者の多くは積極的労働市場政策で吸収されていたとみることができる。

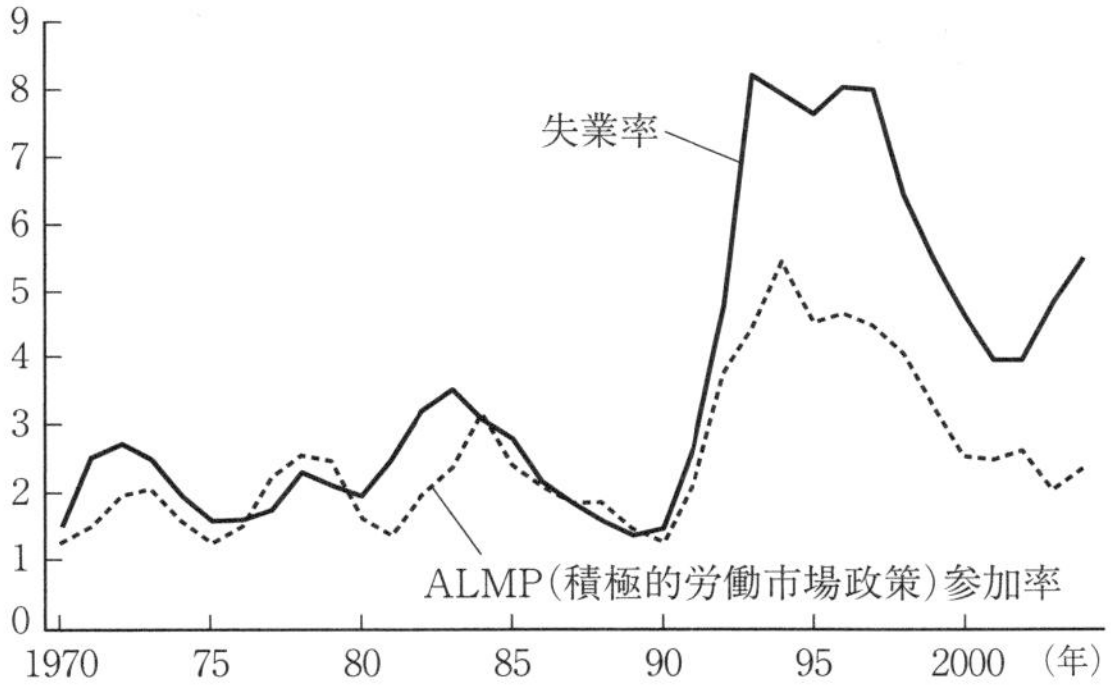

［出所］Anxo and Niklasson(2006), p. 358, Figure 5.

図 4-8　失業率と積極的労働市場政策への参加率（対総労働者数比，1970–2004 年）

　ところが一九九〇年代初頭のバブル崩壊で、スウェーデンの失業率は、一九三〇年代以来の最高水準となる八・二％（一九九三年）を記録した。これに対してスウェーデン政府は段階的に積極的労働市場政策を拡大することによって対処し、一九九四年には労働可能人口の約六％が積極的労働市場政策でカバーされることになった。しかし図4‐8が示すように失業率とALMP参加率の乖離幅はかなり大きくなり、その後は両者の乖離幅も、そして失業率も、一九九〇年以前の水準に戻ることはできていないままでいる。一九九〇年初頭の経済危機をきっかけに、スウェーデン経済に大きな構造変化が起きたとみるべきであろう。

他方、こうした経済危機下で積極的労働市場政策が果たした役割を積極的に評価すべきだとする議論もある(Anxo and Niklasson 2006)。その第一の論拠は、積極的労働市場政策が上述のように、単に人的資本投資としての役割だけでなく事実上、景気に対する反循環政策、あるいは景気安定化政策の手段として重要な役割を担っていることを評価し、経済政策上、正当に位置づけなければならないというものである。

景気が下降し、失業者が街にあふれている時に、積極的労働市場政策の拡大が図られて、彼らに失業手当の給付と職業訓練の機会が与えられることで所得の下支えが行われ、景気回復時の就労復帰に向けて準備を行えるのは重要である。こうしたメカニズムがなかったならば、民間消費はさらに落ち込み、景気悪化はいっそう激しいものとなっただろう。

リーマン・ショックによる二〇〇八〜二〇〇九年の世界金融危機においても、スウェーデン政府は積極的に、経済回復のための反循環政策として積極的労働市場政策を活用した(Anxo 2017)。積極的労働市場政策プログラムへの参加者は、二〇〇八年の一七万一〇〇〇人から二〇一四年には三一万四〇〇〇人へと一挙に倍増した。教育訓練政策と連動させて、中等教育修了者の職業訓練、大学や職業専門学校での成人職業教育の機会が増やされた。スウェーデン経済は危機後、急速に回復を遂げ、二〇一〇年には六・六%が、翌二〇一一年には二・六%の経済成長率を記録した。雇用も二〇一〇年には二万五〇〇〇人の増加だったのが、二〇一一年には約一〇万人の増加となった。スウェーデン政府は景気が十分に回復し、人々が雇用されていくのを確認して再び、積極的労働市場政策を段階的に縮小していった。

積極的労働市場政策の主目的は、あくまでも人的資本への投資だが、経済危機を経るたびに、景気の波に対する反循環政策／景気安定化政策としての積極的労働市場政策の性格が、鮮明に浮かび上がるようになってきた。そして実際、積極的労働市場政策はマクロ経済政策上の「経済安定化」政策の手段として、十分にその機能を果たしうることを繰り返し立証してきたのである。

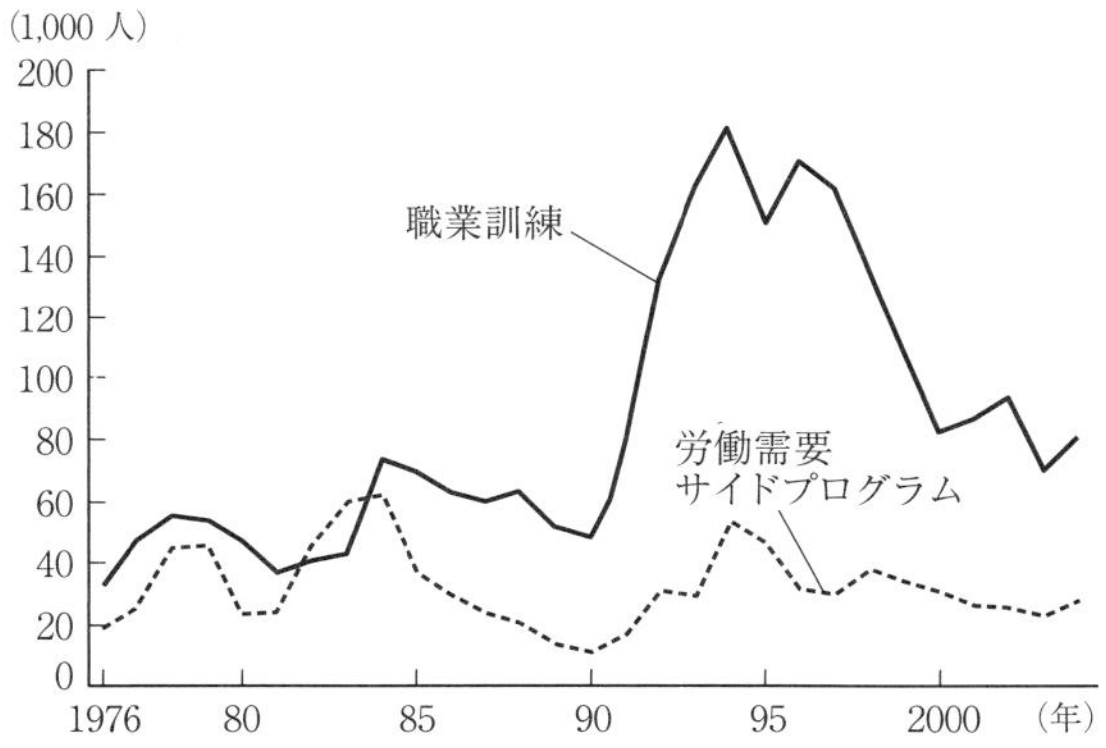

［出所］Anxo and Niklasson(2006), p. 359, Figure 6.

図 4-9　積極的労働市場政策における職業訓練，および労働需要サイドプログラムの参加者数

積極的労働市場政策を再評価すべき第二の論拠は、それが経済安定化という「量的側面」だけでなく、やはり労働の「質的向上」にも同時に資することのできる貴重な政策手段だという点にある。もし積極的労働市場政策がなければ、労働者は失業手当をもらうだけで、スキルアップの機会は与えられないままであっただろう。スウェーデン政府は、経済危機下にあってもなお、職業訓練を通じて労働力の質向上に注力した。それは、経済危機後の産業構造転換への備えでもあった。たしかに、一九八〇年代までのような低失業率の状態の再現は望めないが、それでも積極的労働市場政策によるこうした下支え効果がなければ、現実には状況がもっと悪化していた可能性がある。

一九九〇年代初頭の経済危機に際して、もっとも打撃を受けたのは、低技能労働者だった。一九九三〜二〇〇三年の一〇年間で約六〇万人分の低技能・低賃金の雇用が失われたという。これに対してスウェーデン政府は、積極的労働市場政策のうち、労働の需要側の刺激策(臨時政府雇用スキーム、救済事業、起業への雇用助成金など)よりも、職業訓練を重視することで対処した。図4-9が示すように、職業訓練プログラムへの参加者数が一九九〇年以降、素早く上昇していった一方で、伝統的な労働の需要側に働きかける政策の活用は、以前と同等の水準にとどまったのである。

終章　社会的投資国家への転換をどのように進めるべきか

1　資本主義新時代の経済政策

結論部となる本章では、これまでの議論全体を受けて経済政策上の含意を引き出すとともに、日本はこれからどうしていくべきかを論じることにしよう。本書が扱ってきた日本経済の課題は、以下三点に集約できる。

［1］資本主義の非物質主義的転回にどのように対応すべきか
［2］労働生産性と炭素生産性の低迷をどう改善すべきか
［3］不平等・格差の拡大をどう防ぐか

現在、資本主義は大きな構造変革を遂げつつある。［1］の課題とは、知識化であり、デジタル化であり、サービス化、さらには脱炭素化にどう向き合うかということである。新しい資本主義にとって、ものづくりは依然として重要であるものの、価値の源泉は有形資産から無形資産に移りつつある。G

ＡＦＡはこうした変化をビジネスモデルとして体現する一方、日本企業は、この構造変化に完全に乗り遅れた。

ものづくりで中国、韓国、台湾などの製造業に敗れた日本企業は、事業構造を入れ替え、人的資本と無形資産への投資を通じてより高い付加価値を生み出すビジネス領域に進出、高収益企業に変身しなければならなかった。だが、資本主義の新しい地平が見えていなかった経営者は、ひたすらコスト削減で対処しようとした。中国への工場移転、賃下げ、リストラ、労働者の非正規化である。だがその結果は、生産現場の疲弊と技能・士気の低下をもたらし、既存のビジネスモデルの延命には寄与したかも知れないが、日本企業の再飛躍には決してつながらなかった。驚くほど多くの名門企業に拡っていた検査不正をはじめとする一連の不正行為は、その反映である。

こうした状況は、［2］の課題とも密接に結びついている。その物質主義的偏向のために、日本企業は「製造業のサービス産業化」においても各所で緒戦に敗れ、海外企業の後塵を拝している。たしかに、グーグルやフェイスブックのようなまったく新しいタイプのビジネスを確立するのは、日本企業にとってハードルが高い。それでもなお製造業の強みを生かしながら、ハードな製品供給を通じて顧客接点を確保し、製品を媒介とした高質なサービス提供を行うことなら、日本企業の得意とするところではないか。製品は、情報収集の尖兵となるのだ。世界中から資源たるデータをどれだけ集め、解析し、高質なサービス提供につなげていけるか。ここが勝負所である。これをうまくやっている日本企業の代表例として、第三章(一三五―一三六頁)でも触れたコマツの試みには注目すべきである[1]。ゲームメーカーのカプコンも同様に、優れたデジタル化戦略をもっている[2]。

残念ながら今のところ、こうしたわずかな例外を除き、優れたデジタル戦略で成功し、世界の先頭を走る日本企業はほとんど見当たらない。そのため新しい付加価値の創出に失敗し、生産性が低迷する。追い込まれてますますコスト削減に走り、人的資本を毀損して悪循環が止まらなくなる。労働生産性の低迷だけでなく、炭素生産性の低迷も、原因はまったく同じところにある。従来のものづくりの延長線上でのビジネスモデルにこだわるあまり、既存の事業から戦略的に撤退したり、新しい発想の事業を創出したりして事業構造の転換を図ることができず、付加価値を伸ばせない。こうしてズルズルと地盤沈下していく。コスト削減ではなく、付加価値をどう伸ばして労働／炭素生産性を引き上げるか。これが、日本経済の一大課題である。

しかし、問題はそう単純ではない。[1]や[2]の課題を解決していくことが、[3]の課題である不平等・格差の拡大を増幅させかねないからである。不平等や格差を縮小させながら、経済発展を図るにはどうすればよいか。この二律背反ともいうべき課題を解くことこそが、日本経済にとっての真の課題である。それを可能にするには、平等化を図る社会政策と経済成長を促す成長戦略を一体的に実行する経済発展戦略を打ち立て、実行に移す必要がある。さらに言えば、社会政策の追求こそが、経済成長を促すような経済発展戦略が求められる。そのヒントは、すでに第四章までの議論の中に含まれている。

以下、資本主義の非物質主義的転回に対応した経済政策の骨格を示し、各要素がどのような意味で社会政策的要素と成長戦略的要素の融合となりうるのか、順次論じていくことにしたい。さらに言えば、それは「脱炭素化」を推進するものでなければならない。そうした経済政策の体系は以下[A]〜

［D］のようになる。

［A］人的資本投資（「積極的労働市場政策」）の拡充～「社会的投資国家」へ
［B］同一労働・同一賃金の導入
［C］失業／家族／住宅手当の充実
［D］脱炭素化へ向けた産業構造転換とカーボンプライシング導入

以上は、いずれも社会（環境）政策の政策手段であるとともに、その実施が生産性を向上させ、経済成長率を高める効果をもつ点で、成長戦略としての要素を併せ持っている点に特徴がある。

2　人的資本投資の拡充

1　少なすぎる民間企業の人的資本投資

［A］の「人的資本投資（「積極的労働市場政策」）」の必要性については、すでに本書の各所で強調してきたので、繰り返す必要はないだろう。人的資本投資は、資本主義の非物質主義的転回につれて、確実にその重要性が高まっていく。企業でも政府でも、人的資本への投資を節約するところに、発展はない。ところが日本の最大の問題は、企業でも政府でも、人的資本投資があまりにも過少な点にある。

図終-1は、企業の能力開発費の対GDP比の国際比較を示したものである。この図から、日本企

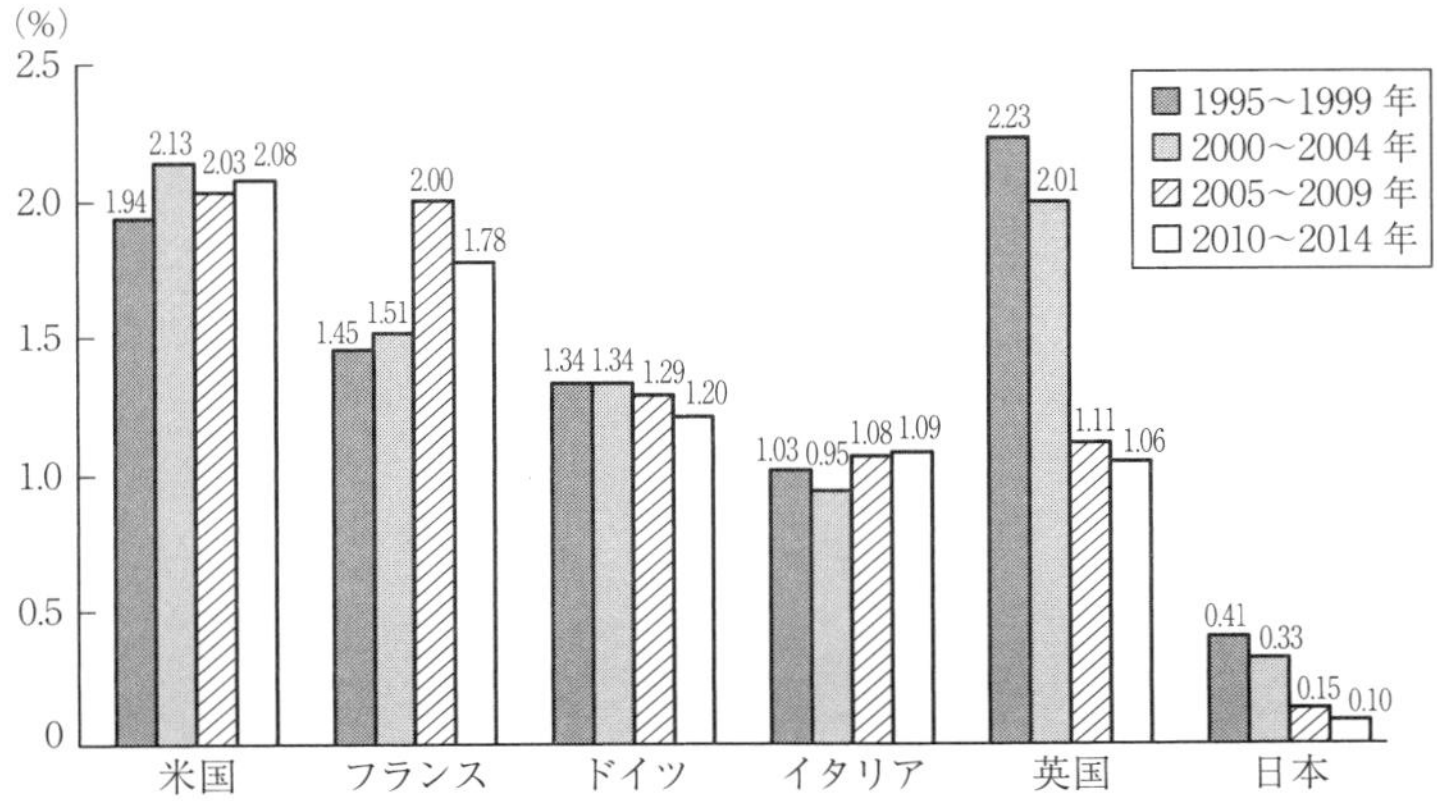

［出所］厚生労働省(2018)，89 頁，第 2-(1)-13 図.

図終-1　企業の能力開発費の対 GDP 比国際比較

業の能力開発費は他の主要先進国と比較してもともと低い水準にあっただけでなく、それが時間の経過とともにさらに低下していることが分かる。二〇一〇～二〇一四年の米国企業の能力開発費は、同時期の日本企業の能力開発費のなんと約二〇倍である。これでは、日本企業の労働者の生産性向上は期待できず、米国企業に太刀打ちできないはずである。

さらに、原ひろみが明らかにしているように職業教育訓練において、正社員と非正社員の間には明確な格差がある（原 二〇一四）。彼女の研究によれば、もともと一九七〇年代から二〇〇〇年代前半にかけて非正社員は正社員よりも訓練機会が少なかったが、二〇〇〇年代以降、その傾向がより強くなったという。非正規雇用者は、自己啓発でも実施確率が低い。このため、職業能力開発全般にわたって、非正社員は正社員よりも不利な立場に置かれている。原の研究はさらに、女性社員が男性に比べて同様に不利な立場に置かれていることを明らかにしている。

たしかに非正社員は、長期雇用を前提にしていないので、企業としては彼らに職業教育訓練投資を行っても投資回収できないとの判断があるのかもしれない。仮に投資したとしても、能力を高めて他社に転職されてしまえば、投資を行った企業にとって投資回収が困難になる。だが原が指摘するように、非正規雇用者や女性労働者は相対的に収入が低いため、自らの費用負担で職業能力開発を行うのは困難である。民間企業に訓練機会を与えられず、かといって自己努力も経済的に困難だとすれば、キャリアアップの展望は開けないことになる。

こうした状況は、労働者個人にとってだけでなく、日本経済全体にとって損失である。厚生労働省の『労働力調査(詳細集計) 平成三〇年(二〇一八年)平均(速報)』(二〇一九年二月一五日)によれば、非正規雇用者はリーマン・ショック後も一貫して増え続け、その雇用者総数に占める比率は二〇一八年三七・九%にまで上昇、全体の四割近くにも上っている。これだけ多くの人々に職業能力開発の機会が与えられず、人的資本の蓄積が過少な状態が生じれば、日本経済全体の生産性の底上げを図るのは難しくなる。

これは、個別企業にとって合理的な水準の教育訓練投資と、社会にとって望ましい教育訓練投資の水準が乖離していることを意味する。教育訓練投資によって高められた能力は、その企業に特殊な技能でない限り、他社でも活用可能である。教育訓練投資を行う企業にとっては、費用を負担して職業教育訓練投資を行った社員が他社へ移ってしまう可能性を念頭に置かざるをえない。そうなれば、同社の投資による果実は、社員の移動先企業が獲得することになってしまう。経済学ではこれを、「外部性」と呼ぶ。この場合、投資企業は投資費用を回収できないため、望ましい水準まで人的資本投資

表終-1　社会支出の対GDP比国際比較(2015年度)　(%)

国名	日本(2017)	日本	アメリカ	イギリス	ドイツ	フランス	スウェーデン
対GDP比	22.69	22.66	24.50	22.47	27.04	32.16	26.74

［出所］国立社会保障・人口問題研究所(2019)，8頁.

を行うインセンティブが働かない。

こうして、私的企業にとって望ましい教育訓練投資の水準と、社会的に望ましい教育訓練投資の水準が乖離するのである。この場合、私的企業に任せていても社会的に望ましい投資水準は達成できないため、政府が公共介入する必要が生じる(黒沢二〇〇一)。介入の方法としては、政府が自ら職業教育訓練を行う「公共職業訓練」という形をとるか、水準を満たした民間職業教育訓練事業者を認証したうえで、彼らに職業訓練を委ねるという形をとることのいずれかが考えられる。

2　日本政府の過少な人的資本投資

ところが問題は、民間企業のみならず、日本政府による人的資本投資に関連した公的支出が国際的にみてあまりにも少ない点にある。このことを確かめるために、国立社会保障・人口問題研究所(二〇一九)に記載された国際比較可能なOECDの「社会支出」統計[3]に基づいて、日本の社会保障関係支出の規模、その特徴をみてみよう。

表終-1は、主要先進国の社会支出を対GDP比で示した国際比較を示したものである。日本の社会支出は、イギリスよりもわずかに高い対GDP比二二・六六%に達しているが、その他の主要国と比べると相対的に低い水準であることが分かる。

図終-2は、社会支出における各政策分野別の配分額も示している。ここから読

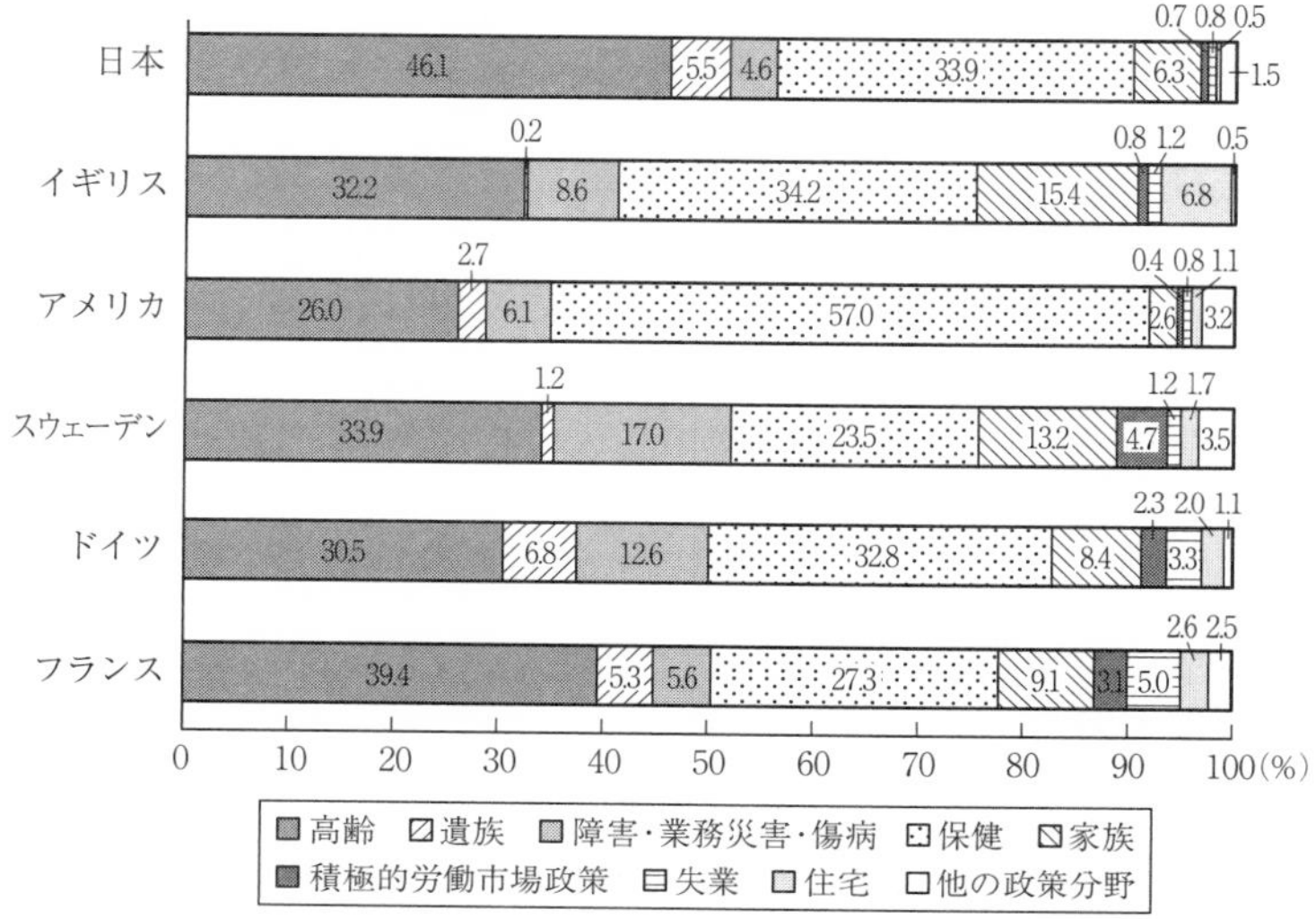

［出所］国立社会保障・人口問題研究所(2019)，9 頁.

図終-2　政策分野別社会支出の構成割合の国際比較(2015 年度)

み取れる日本の特徴は、「高齢（年金と介護）」（社会支出総額の四六・一％）と「保健（医療）」（同三三・九％）の二領域で、社会支出の大半（約八割）を説明できる点にある。これは年金、医療、介護で社会支出の大半が占められていることを意味しており、社会保険原理で組み立てられている政策領域が、日本では社会支出の中心をなしていることを示す。これに対して欧州諸国は、「障害・業務災害・傷病」「家族」「積極的労働市場政策」「失業」、そして「住宅」など、主として租税財源で賄われる社会支出に対しても、それなりの規模の財政支出が行われていることが分かる。

ここで注目したいのは、「積極的労働市場政策」への財政支出が、社会支出総額に占める比率である。スウェーデンで

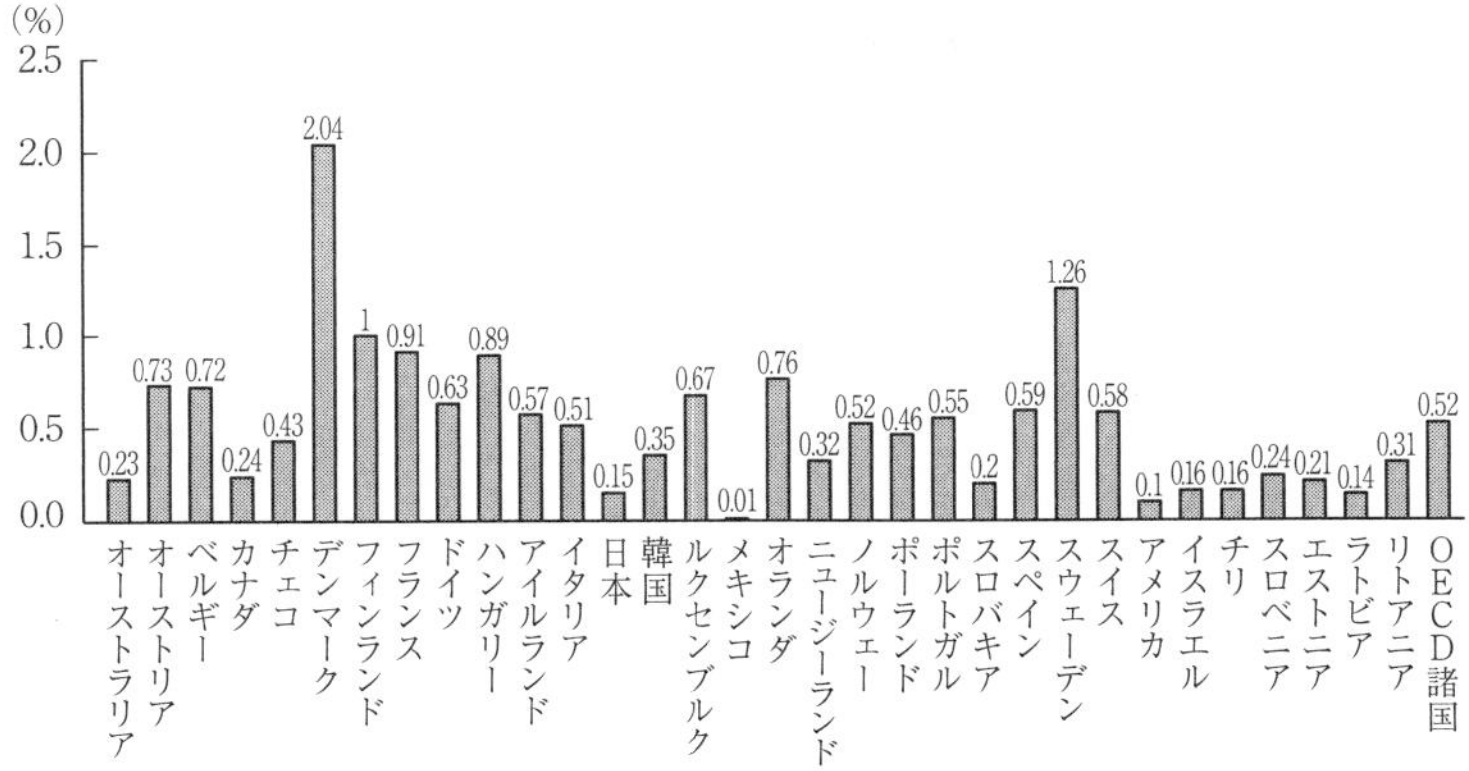

［出所］OECD Stat., Public Expenditure and Participant Stocks on LMP より筆者作成.

図終‒3　積極的労働市場政策への財政支出の対 GDP 比（%，2015 年）

は同比率が四・七%、ドイツで二・三%、フランスで三・一%を占めるのに対し、日本は〇・七%、〇・八%のイギリス、〇・四%のアメリカとともに非常に低い水準となっている。

ＯＥＣＤのデータベースから、二〇一五年における積極的労働市場政策への財政支出の対ＧＤＰ比データを取り出してみると、図終‒3のようになる。ここから分かるように、日本の同比率〇・一五%は、アメリカ(〇・一%)、スロバキア(〇・二%)、ラトビア(〇・一四%)に次ぐ低い比率であり、ＯＥＣＤ平均(〇・五二%)すらはるかに及ばない水準となっている。

以上のデータが示すように、日本は民間企業だけでなく、政府の人的資本投資に対する財政支出でみても、国際的に大きく見劣りする状況である。積極的労働市場政策はすでに世界各国で展開されており、その効果に関する実証研究も大量に公刊されている(例えば、Bown and Freund 2019, Card, Kluve and Weber 2010, Escudero 2018, Godec and Benčina 2018, Vooren et al. 2019)。

これらの研究は、積極的労働市場政策の効果を自ら、大量のデータに基づく分析で計測しているか、あるいはこの分野ですでに発表済みの大量の分析結果を統合分析したメタ分析論文となっている。これらは積極的労働市場政策の効果を、それがどれだけ賃金を引き上げることに成功したか、あるいはそれがどれだけ雇用率(あるいは失業率)を引き上げることに(あるいは引き下げることに)成功したかで、その効果を測定している。

これらの研究のほぼすべてで、積極的労働市場政策は少なくとも長期的には職業教育訓練を受けた労働者の雇用率を引き上げ、その所得を引き上げるという意味において、正の効果を発揮していることが認められている。これは、積極的労働市場政策が理論と実証の両面から経済学的に正当化され、生産性の向上をもたらす可能性の高い政策であることを示している。人的資本投資がますます重要な投資としての位置づけを与えられる時代に、積極的労働市場政策にOECD諸国でも最低水準の財政資源しか配分されない日本では、人的資本の蓄積が進まず、今後の経済成長に暗い影を落とす。今後の日本が、積極的労働市場政策に対して財政支出を増やす余地は大きいし、抑制的だったこれまでの財政支出方針を今こそ、転換するべきであろう。

3 「日本版積極的労働市場政策」としての雇用保険制度

もっとも日本の場合、積極的労働市場政策への財政支出規模だけで、日本政府の人的資本投資政策を評価するのはフェアではない。日本の積極的労働市場政策は実は、「雇用保険制度」の一環として実施されていると解釈できるからである。(4)

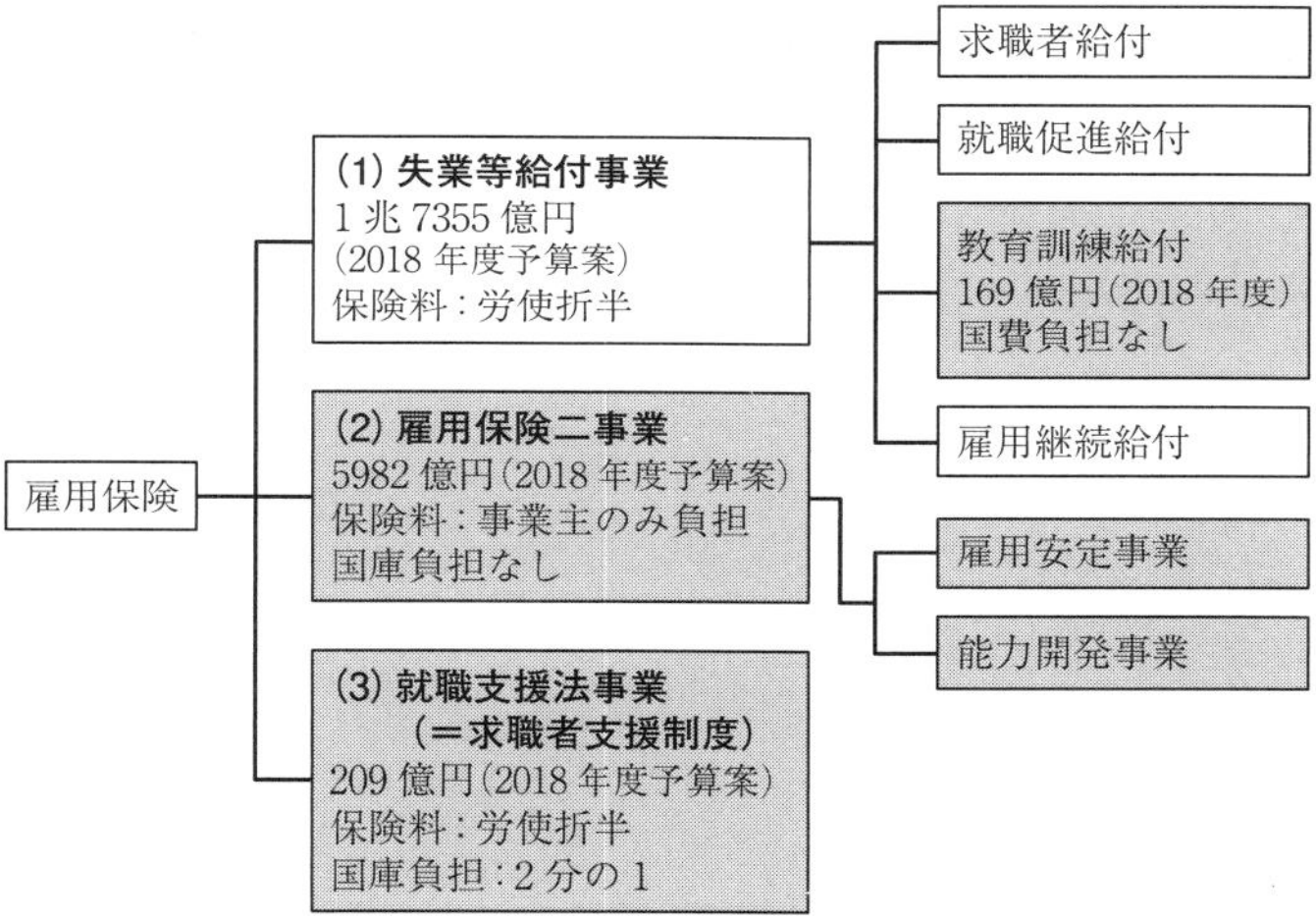

[注]網掛けした箇所が「日本版積極的労働市場政策」に関連する事業.
[出所]厚生労働省「失業等給付関係収支状況」,「雇用保険二事業関係収支状況」，および「雇用保険事業年報」(平成30年度【速報】)より筆者作成.

図終-4　雇用保険制度と「日本版積極的労働市場政策」

日本の雇用保険制度の前身は、失業保険制度である。これは労働者が失業した際に、事後的に失業手当という形で所得保障を行うための制度であった。しかし一九七四年にこれに代わって雇用保険制度が成立したのは、失業保険による事後的な所得補償機能だけでなく、失業の予防、雇用状態の是正、雇用機会の増大、さらには労働者の能力開発に至るまで、より積極的な機能をこの制度に持たせるためであった。

図終-4は、雇用保険制度の全体像を示している。ここに示されているように、この制度は三つの事業からなっている。第一は、失業した場合に給付される「求職者給付」など、労働者に対して金銭的給付を行う「(1)失業等給付事業」である。これは図終-4に示されているように、予算規模でみて最大の事業であり、いまなお、失業などの際に労働者に給付を行う事業が金額的には雇用保険制度のメインストリームであることを示している。

第二は、雇用安定と労働者の能力開発に向けて、積極的な働きかけを行う目的をもった「⑵雇用保険二事業」である。この事業は失業等給付事業の三分の一程度の予算規模となっている。二事業とは、「雇用安定事業」と「能力開発事業」を意味する。前者は主として、①雇用安定化に貢献する事業主への助成金、②中高年齢者等再就職の緊要度が高い求職者に対する再就職支援、③若者や子育て女性に対する就労支援からなっている。後者は、①在職者や離職者に対する訓練、②事業主が行う教育訓練への支援、③職業能力評価制度の整備、そして④ジョブ・カード制度の構築が含まれる。これまで日本の公共職業訓練を担ってきた国や都道府県の公共職業能力開発、彼らが専修学校など民間教育機関に委託して行う公共職業訓練は、後者の能力開発事業に含まれる。

第三は「⑶就職支援法事業(=「求職者支援制度」)」で、雇用保険を受給できない求職者が、職業訓練を通じてスキルアップし、早期の就職につなげることを支援する制度である。

以上の雇用保険制度三要素のうち、労働者の職業教育訓練に関連する積極的労働市場政策としての中身を備えている事業を、図終-4で網掛けしておいた。これらの事業を総称してここでは、「日本版積極的労働市場政策」と呼ぶことにしよう。予算的に他を圧しているのが雇用保険二事業であり、これが日本版積極的労働市場政策における主力事業となっている。

興味深いのは、本来は事後的金銭給付事業の色彩の濃かった「⑴失業等給付事業」の一環として、職業教育訓練を促進する「教育訓練給付」が一九九八年に創設され、さらに二〇一四年に拡充された点である。これは、労働者のキャリアアップを支援するために、厚生労働省が認証する教育訓練機関で教育訓練を受けた場合、その受講費用の一定割合を支給する制度である。これとは別に、二〇一四年には「教育訓練支援給付金」が創設され、四五歳未満の離職者が教育訓練を受講する場合、求職者給付の基本手当の八〇%相当額を支給することで、再就職の促進を図るようになった。

画期的なのは、「⑶就職支援法事業(=「求職者支援制度」)」の創設である。これは、雇用保険を受給できない求職者が、その期間中の所得補償を受けながら職業訓練を通じてスキルアップを図り、就職を目指す制度である。この制度が創設される契機となったのは、二〇〇八年のリーマン・ショックに端を発する世界金融危機であった。「派遣切り」など雇用情勢の急速な悪化に対して政府は緊急雇用対策を発表したが、応急処置的な色彩が濃かった。そこで、二〇〇九年七月に政府が三年間の暫定措置として発足させた「緊急人材育成支援事業」を恒久化することで創設されたのが、「求職者支援制度」である。これは、以下三つの要素からなっている。

[1]雇用保険を受給できない求職者が無料で職業訓練を受講できる「求職者支援訓練」
[2]訓練期間中の生活支援のための「職業訓練受講給付金」
[3]生活費を貸し付ける「求職者支援資金融資」

この制度が創設される以前は、求職者はたしかに公共職業訓練を通じて無料で職業教育訓練を受講できた。だが訓練期間中は職を離れるので、収入を失ってしまう。しかも、雇用保険の受給資格のない求職者に対する経済的支援策は存在しなかったので、自営業やフリーランスの人々にはハードルが高く、彼らはなかなかスキルアップの機会を摑めなかった。求職者支援制度はこの点、雇用保険制度の枠外に置かれていた人々に職業教育訓練の道を開いた点で画期的だった。しかも、求職者が教育訓練を無償で受講できるほか、所得・資産など一定の条件を満たせば上記[2]によって受講期間中の生活支援のための給付を公的資金で受けることができ、それでも不足する場合は、さらに上記[3]によって融資を受けることも可能になった点に大きな意義がある。

求職者支援制度は、その財源面でも他の日本版積極的労働市場政策と異なっている。公的資金(租税財源)が投入されているからである。例えば、「(1)失業等給付」事業下にある教育訓練給付は、労使折半の保険料のみが財源で、国費負担はない。「(2)雇用保険二事業」も事業者のみが負担する保険料でもっぱら賄われており、国費負担はない。これに対して求職者支援制度は総費用の二分の一が国費負担、残り二分の一が労使折半の保険料負担となっている。これは、この事業による支援対象者が雇用保険の受給資格がないか、あるいはその受給を終了した人々であるために、保険料だけで賄うのは受益と費用の整合性が取れないと判断されたためであろう。逆にいえば、雇用保険制度の枠外にいる人々への職業教育訓練に国が責任をもつことを初めて明確にした点に、この制度の財源調達上の新機軸がある。

公共職業訓練ですら、図終-4の「(2)雇用保険二事業」の一環として実施されているため、保険料を財源として運営されており、国庫負担は行われていない。このため、基本的には雇用保険の受給資格のある人々が対象である。これに対して求職者支援制度はもっぱら雇用保険の受給資格がない人々を対象としており、保険の組合員か否かを問わない点で、より普遍的な公共サービスとしての性質をもっているといえよう。

以上のように、雇用保険制度は一九九八年以降、積極的労働市場政策としての側面をより強めながら推移してきたといえよう。だが問題は、教育訓練給付や求職者支援制度で、厚生労働省が認証する民間の職業教育訓練機関がはたして、どれほど質の高い教育訓練サービスを提供できているのかという点にある。日本版積極的労働市場政策ではこれまで、民間教育訓練機関への委託による訓練の拡大が進められてきた。その反面、公共職業訓練は縮小され、「独立行政法人雇用・能力開発機構(能開機構)」は二〇一一年に廃止、その業務の一部は「高齢・障害・求職者雇用支援機構」に移管された。

しかしこうした公共職業教育訓練の縮小は、職業教育訓練の質を低下させることにつながるのではないかとの問題意識をもって、黒澤昌子と佛石圭介は二〇〇七年度と二〇〇八年度に実施された離職者訓練の全国データを用いて、能開施設で行う公共職業訓練と民間委託による職業訓練の効果を定量的に比較研究している(黒澤・佛石 二〇一二)。

その結果は、次の通りである。第一に、民間委託による訓練は、能開施設で行う訓練よりも効果が低い。第二に、施設内訓練に関しては、県の実施する訓練の方が能開機構の実施する訓練よりも効果が低い。第三に、企業実習を組み込んだ訓練は、企業実習を組み込まない訓練と比べても効果に差はない。

こうした結果が出た背景として彼らは、訓練カリキュラムから指導方法、そして就職支援等に至るまで、能開機構のもつ様々なノウハウの高さが、民間委託を上回る効果を公共職業訓練が発揮しうる要因だと指摘している。能開機構が高い訓練ノウハウをもつ背景には、組織内に職業能力開発総合大学校を擁し、技術の進歩や産業構造の変革にともなう求人ニーズの変化に合わせて訓練カリキュラムの開発・改廃を主体的に進め、それを各能開施設にフィードバックしてきたことが大きいと黒澤・佛石は指摘する。

彼らの研究は、国の公共職業訓練機関および職業能力開発総合大学校が、技術進歩や産業構造の変化を踏まえた人材ニーズの変化を調査・研究し、それに対応した教育訓練プログラムを策定してきたことを明らかにした。それだけでなく、職業教育訓練の実践からえられた教訓をフィードバックし、理論と実践の両面から職業教育訓練のノウハウ蓄積に努めてきたことも明らかにされた。こうした職業教育訓練上の知見の蓄積は、その質向上を図る上できわめて重要である。資本主義の非物質主義的転回にともなって産業構造のさらなる転換が見込まれ、人材ニーズの変化はさらに激しくなることを考慮すれば、こうした公的機関の果たす役割は依然として重要である。

他方、将来的に拡充されるだろう職業教育訓練のすべてを公共職業訓練機関で受け入れることが量的に困難な以上、民間事業者の協力なしに日本版積極的労働市場政策を拡充して展開していくことは想像しがたい。職業教育訓練の質を官民問わず継続的に維持・向上していくためには能開機構の後継組織である高齢・障害・求職者雇用支援機構が、調査・研究を含め職業教育訓練上のセンター的機能を今後も継承・発展させ、その知見・ノウハウを民間事業者に継続的に移転して質向上を図る仕組みを構築する必要がある。

4　権利としての職業教育訓練

以上が、雇用保険制度の枠内で実施されている日本版積極的労働市場政策の概要である。この政策がこれまで日本の職業訓練を担ってきた意義は大きい。今後、日本版積極的労働市場政策の拡充を構想する場合には、この仕組みが基礎となるだろう。官民ともに、日本の人的資本投資が過少な状況を反転させるには、スウェーデン並みにとまで言わなくとも、積極的労働市場政策への財政資源の配分を増加させる必要がある。それは次の理由による。

第一に、上述のように民間企業には労働者の教育訓練に資金を投じるインセンティブが働かないために、人的資本投資を強化するには、公共的枠組み(「積極的労働市場政策」)の構築が必要である。第二に、資本主義の非物質主義的転回にふさわしい経済政策体系に転換するには、専門家がその必要性を指摘しているように(木村 二〇一一、田中 二〇一四)、もはや「恩恵としての職業教育訓練」ではなく、「権利としての職業教育訓練」という哲学を確立し、その基礎に立って政策展開する必要がある。

田中萬年も指摘しているように、日本の労働運動は、労働者の権利としての職業教育訓練を強く主張しないという特色があった。「失業しない権利」とは、不当に解雇されないという意味だけでなく、技術進歩などにより自らの技能が陳腐化して失業してしまわないよう、新しい技能を学ぶ「在職者訓練」の権利が保障されるべきだという意味を含む、と田中は強調している。

労働組合が「権利としての職業教育訓練」を主張しなくてもよかったのは、大企業正社員を中心として、大部分の労働者の職業人生が一企業内で完結していたからであろう。したがって、企業内のオン・ザ・ジョブ・トレーニング(on the job training: OJT)に焦点を当てていればよかった。

労働政策も、濱口桂一郎が指摘するように、企業にできるかぎり労働者を抱え込んでもらうことに主眼が置かれていた(濱口 二〇一二)。一九七五年創設の「雇用調整給付金(のちの雇用調整助成金)」がその象徴であり、これは景気変動その他の要因により企業が事業を縮小せざるをえない場合であっても雇用を維持した場合に給付される資金であった。その後の労働政策は、濱口が左記で説明する通り、基本的にこの方向性を強化するものであった。

法律の文言としては、一九七七年の特定不況業種離職者臨時措置法において事業主の責務として「失業の予防に努めること」が明記された。この転換は瞬く間に他のすべての労働行政に拡大した。一九七八年の改正職業訓練法は、それまでの社会的通用性ある公共職業訓練から企業特殊的技能を身につけるための企業内教育訓練への財政支援に舵を切り、一九八五年の職業能力開発促進法はオン・ザ・ジョブ・トレーニングを明確に位置づけた。また七〇年代から八〇年代にかけての高齢者雇用対策は、もっぱら在職者の定年延長や継続雇用に集約されていき、外部労働市場への考慮は希薄になった。(濱口 二〇一二:三〇)

つまり労働政策の使命は、もっぱら企業にできるかぎり雇用を維持してもらい、企業内部で職業教育訓練を施してもらうよう、彼らに支援を行うことに収斂されていった。そこでは、労働者が企業間・産業間を渡り歩くことは想定されていない。一企業内で長期安定雇用が保障されたバブル崩壊前までの日本経済ならば、こうしたやり方に一定の合理性があったのかもしれない。しかしいまやそうした労使関係は過去のものとなり、非正規雇用が総労働者の約四割をも占める状況となった。彼らに対する企業の人的資本投資が、正社員に比べてわずかでしかないことは既にみた通りである。

日本企業の国際競争力が低下し、人口減少で国内市場が縮小する中で、いずれの名門企業も大規模なリストラを行うようになっている。さらに、より最近の傾向として、日本の代表的な企業が中途採用を大幅に増やし始めた。トヨタは二〇一九年度に総合職の採用に占める中途採用の割合を二〇一八年度の一割から三割に引き上げ、中長期的には五割にするという。ホンダは二〇一九年度に採用全体の約四割を中途採用に充てるという(日本経済新聞、二〇一九年一〇月三日朝刊)。背景には、自社に手薄なＩＣＴやＡＩなどの専門人材の採用を急ぎたいといった事情や、人手不足といった事情がある。給与も、年功ではなく能力や実績に応じて支払うという。

こうした大変化は、労働政策がこれまで依拠してきた終身雇用、年功序列といった日本的雇用の前提が掘り崩されつつあることを示している。つまり、企業にとって人的資本投資の投資回収可能性がますます小さくなっているのだ。こうした状況で民間企業の人的資本投資を後押しするだけの政策では、ますます日本全体における人的資本投資総額は縮小する一方になる。

こうした状況変化に加え、次節で述べるように同一労働・同一賃金を導入し、日本の生産性を引き上げつつ産業構造の転換を政策的に推進していく政策を採用するならば、職業教育訓練は、これまでと次元の異なる意味で、きわめて優先度の高い政策に引き上げられねばならない。生産性の低い企業・産業から生産性の高い企業・産業へと労働者が移っていくからである。こうして労働者の企業間・産業間移動が常態化すれば、労働者に対してそれを支援する職業教育訓練の機会を提供することが、政府の義務となる。

労働者にとっては、それまで自分が在籍していた企業だけにしか通用しない技能では、他の企業に移る可能性は小さくなってしまうから、もっと普遍的な技能を獲得し、その優劣が客観的な基準で評価されることを望むようになるだろう。こうした状況下では、労働者にとって企業特殊技能を訓練するオン・ザ・ジョブ・トレーニングの価値は相対的に低下し、積極的労働市場政策が提供する、より普遍的な内容をもつ教育訓練の価値が上昇する。積極的労働市場政策の責任は、重大である。

しかも、労働者は低生産性の企業・産業から高生産性の企業・産業へと移っていくので、積極的労働市場政策は、つねに産業構造転換の行く末を見極め、高収益企業・産業でどのような労働ニーズが生まれてきているのか、調査研究を通じて正確に把握し、それを教育訓練内容に反映させていく継続的な努力が求められるようになる。労働者に単に教育訓練を施せばよいのではなく、彼らに高収益企業・産業に移動してもらうのに必要な教育訓練を施す必要があるのだ。

最後に、積極的労働市場政策への財政資源の配分を増加させていくべき第四の理由として、積極的労働市場政策が平等化作用をもっている点を挙げておかねばならない。人的資本投資は、それ自体としてはどちらかといえば成長戦略と親和性をもっている。しかし人的資本は、実は「最強の所得分配政策」だともいえる。というのは、積極的労働市場政策は、多くの経済学研究によって、それが労働者の就職を後押しし、しかも彼らの稼得能力を高める効果をもっていることが実証されている。もしこうした政策がなければ、当該労働者は無職の状態が長く続いたかもしれないし、稼得能力が引き上げられることもなかったかもしれない。

成長戦略と所得再分配を峻別し、そのために別々の政策手段を割り当てる発想法に経済学者は慣れている。だが、本書の立場は両者を峻別するのではなく、社会政策と成長戦略を一体化した経済発展戦略を追求すべきだというものである。生じてしまった格差に対して、事後的補償として失業者・低所得者に生活維持のための給付を行う(「事後的分配」)よりも、まず人的資本投資によって労働者の就業率を高め、稼得能力を高めていく方が、結果として生じる格差は小さくなるはずである。もちろん、それでもなお残る格差に対して事後的分配を行うことは必要だが、それに要する費用は、成長戦略と所得再分配政策を分離する場合よりも、はるかに小さくて済むはずである。

3 「同一労働・同一賃金」、賃金上昇、マクロ経済政策

1 本来の「同一労働・同一賃金」とは何か

資本主義の非物質主義的転回に向けた経済政策の中核的要素のうち、第二、第三の要素が、［B］「同一労働・同一賃金」の導入と、［C］「失業/家族/住宅手当」(「バッファ」)の充実である。

同一労働・同一賃金なら聞いたことがある、と思われる読者も多いであろう。だが、日本で同一労働・同一賃金は、正規労働者と非正規労働者の賃金格差を是正する概念として導入された点で、その定義がきわめて狭く限定されている。例えば厚生労働省はそのホームページで、同一労働・同一賃金を次のように解説している。

同一労働・同一賃金の導入は、同一企業・団体におけるいわゆる正規雇用労働者（無期雇用フルタイム労働者）と非正規雇用労働者（有期雇用労働者、パートタイム労働者、派遣労働者）の間の不合理な待遇差の解消を目指すものです。

しかし本来、同一労働・同一賃金とは正規／非正規の別のみならず、企業の別、産業の別、地域の別、性別などを超えて、同一労働に対して同一賃金が支払われるべきだという普遍的理念を示しているはずである。スウェーデンでは「連帯賃金」と呼ばれるように、こうした賃金体系を敷くことで、できる限り労働者間の所得格差を縮小させようという意図も込められている。実際、連帯賃金はスウェーデンで所得の平等化作用を発揮したといわれている。

興味深いのは、同一労働・同一賃金がスウェーデンにおいて、賃金格差を縮小させるための方策であると同時に、企業・産業の生産性を引き上げ、産業構造転換を積極的に促して経済成長を導く政策手段としても用いられてきた点にある。ここで念頭にあるのは、図4−7（一七一頁）に示されたレーン＝メイドナー・モデルである。そのメカニズムを再説すると、次のようになる。まず通常の賃金体系ならば、賃金水準はそれぞれの企業の収益率に合わせて右上がりの直線ＡＢのように設定されているはずだ。しかし同一労働・同一賃金が導入されると、企業の収益率とは無関係に、賃金水準はこの図の水平線ａｂで示される水準で設定される。

こうした賃金体系の下では、図4−7の左方に位置する収益率の低い企業は、同一労働・同一賃金下の賃金を負担すると損失が発生する（「収益率」＜「賃金率」）。これに対して、同図の右方に位置する高収益企業は、賃金を負担してなお余剰が生まれる(「収益率」>「賃金率」)。余剰の大きさは、その企業の生産性(収益性)が高ければ高いほど、大きくなる。これに対して、左方の低収益企業は事業を継続することが困難となり、合理化を行うか、もしくは事業からの撤退(「他企業との統合」や、最悪の場合は「倒産」)を迫られる。

政府は、低収益企業で解雇される労働者を失業手当の給付などで手厚く保護すると同時に、積極的労働市場政策を通じて彼らに教育訓練投資を行い、右方の高収益企業へ転職できるよう支援する。こうして同一労働・同一賃金制度は、つねに低収益企業に対して収益向上への圧力を加え続けることになる。これが、同一労働・同一賃金が生産性向上を促す仕組みを内蔵している理由である。また、それでも損失の続く低収益企業は市場からの退出を迫られ、他方で高収益企業は余剰を元手に事業を拡大できるため、労働力が前者から後者へ移動することで産業の新陳代謝が図られ、生産性を向上させるメカニズムが働く。これが、スウェーデンがほぼつねに経済成長率で日本を上回ってきた理由の一つであり、この国から新しい成長企業が次々と出現してくる理由でもある。

2 「労働者は守るが、企業は守らない」

同一労働・同一賃金の導入により生産性向上を目指すには、いくつかの前提条件を満たす必要がある。第一は、政府がこれまでの産業政策を転換し、低生産性企業・産業の生産性向上を迫るけれども、それが難しい企業・産業については、淘汰を許容することである。もちろん国家安全保障上、どうしても特定の企業・産業を保護しなければならない場合があるかもしれない。だが、これまでの経済産業省による「日の丸連合」形成で目立った成功事例がないことを考えると、産業保護がどれほど有効なのか、慎重に再検討してみるべきであろう。むしろ日本政府には今後、厳格に「労働者は守るが、企業は守らない」という原則の徹底を望みたい。生産性が落ち、国際競争力を失った企業に手を差し伸べる政策から手を切る必要がある。こうした保護政策が、日本の産業の生産性をかえって低下させ、競争力をさらに低下させる一助となってしまっているからだ。

他方で、同一労働・同一賃金を導入する上で、必ず併せて実行しなければならないのが、［C］「失業／家族／住宅手当」（「バッファ」）の充実である。同一労働・同一賃金を導入すれば、現在よりも雇用は流動化することになる。労働者をしっかり保護する政策とセットでなければ、同一労働・同一賃金の導入は、雇用を不安定化させるのみで労働者にはほとんどメリットがなく、彼らの合意をえるのは非常に難しくなる。低生産性企業・産業で働いていた労働者が高生産性企業・産業に自発的に移ろうとする場合、あるいは、やむを得ず失業して移らざるをえなくなった場合には、次の職につくまでの間、労働者本人には失業手当を、その家族には家族の状況に応じて家族手当を、そして居住の権利を保障するための住宅手当を、十分な水準で給付すべきである。こうした「バッファ」の存在がなければ、労働者は思い切って転職に踏み切ることはできないだろう。

もう一度、図終-2（政策分野別社会支出の構成割合の国際比較、一八四頁）に戻って確認して頂きたい。日本は社会支出の構成割合の特徴がアメリカと非常に似通っているのだが、欧州諸国は家族手当や住宅手当にかなりの予算を割いて労働者とその家族の生活を支えていることが分かる。日本はアメリカと同様に、この部分が非常に弱い。

同一労働・同一賃金の導入は、労働組合にも大きな変革を迫ることになる。もっとも大きな論点は、労働組合が雇用流動化を受け入れられるか、という点にある。しかし、この仕組みの下では労働者が低生産性企業・産業から高生産性企業・産業に移っていくにつれて、平均賃金の水準が上昇していくというメリットがある。しかしそのためには一旦、いまの職場を去り、別の職場に移るというリスクを労働者が冒さねばならない。その不安定な移行期間を支えるのが「バッファ」である。したがって労働組合は、同一労働・同一賃金の導入を受け入れる場合には、日本版積極的労働市場政策の拡充とともに、バッファの整備を国に対して要求しなければならない。これらはたしかに国の役割分担であり、責任である。しかし、これまで企業別に組織された労働組合を特徴としてきた日本の労働組合にとっても、同一労働・同一賃金は自己矛盾をはらむ内容を含んでいる。一企業完結型の雇用・賃金体系を崩し、企業・産業の壁を越えた「連帯」を要求することになるからだ。ゆえに、労働組合のこれまでの発想と行動に別れを告げる必要があり、彼らにも変革を迫るものとなる。

同一労働・同一賃金の導入は、労働組合のナショナル・センターとしての「連合」の役割をより強化するものとなる。同一労働・同一賃金は、その性質からいって中央決定される必要があるからだ。かつてスウェーデンで一九三八年に「サルトシェーバーデン(Saltsjöbaden)協定」がSAF(スウェーデン経営者連盟)とLO(スウェーデン全国労働組合連盟)との間で結ばれ、両者の交渉によって毎年の同一労働・同一賃金の水準が決定されたように、日本では経団連と連合がその任にあたる必要がある。この政策は、日本版積極的労働市場政策の拡充、バッファの整備など政府によって実行される政策を含むから、政府、経団連、連合の三者によって、政策パッケージ全体とそれぞれの役割分担に関する協

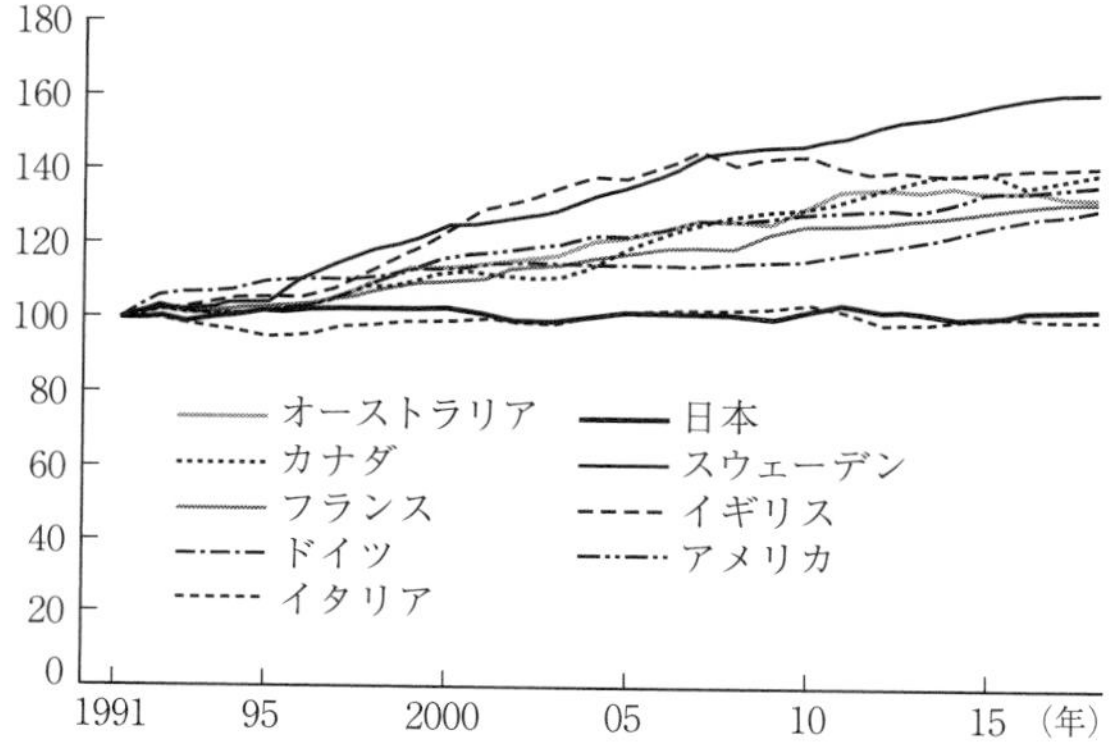

［出所］OECD Stat., Average Annual Wages 各年度版より筆者作成.

図終-5　OECD 主要国平均賃金の推移

定を締結し、それに基づいて政策を実行していくのがよいだろう。

　これまで「春闘」という形で労働運動として行われていた賃上げ要求だが、新政策の導入後は、経団連と連合による交渉で毎年の賃金水準が中央決定される方式へと移行する。その決定内容は全産業・全国に影響を及ぼす。当然のことながら、それは日本の所得水準や物価水準にも大きな影響を及ぼすので、賃金水準の決定はもはや単なる社会政策ではなく、マクロ経済政策上の重要要素になる。したがってこれは、経済財政諮問会議で議論すべき議題になる。連合の代表は、経済財政諮問会議に議員として議席をもち、労働者代表として生産性向上、賃金水準(労働分配率)、マクロ経済政策、積極的労働市場政策やバッファのあり方について、積極的に発言していくべきだろう。(5)

　経団連と連合による中央決定の場では毎年、生産性上昇の推移を確認しながら徐々に、しかし継続的に賃金水準を引き上げていくことになる。特に日本はバブル崩壊以降、賃金抑制が効きすぎて、他の先進国の賃金上昇に完全に取り残された形となっている。図終-5は、一九九一年の賃金水準を一〇〇とした場合の、それ以降の主要ＯＥＣＤ諸国の平均賃金推移を示したものである。驚くべきことに、イタリアを除く他国はみな右肩上がりで平均賃金が上昇し続けているのに対し、日本は過去三〇年間、ほぼ横ばいで賃金上昇をまったくといっていいほど経験していない。日本とその他の国々の賃金水準格差は開く一方である。ここでも、スウェーデンのパフォーマンスは卓越している。スウェーデンを除く他の賃金上昇国における賃金上昇の伸びがリーマン・ショック以降鈍化したのに対し、スウェーデンの賃金上昇だけは、リーマン・ショック後もほぼ同じペースを保って継続しているからだ。その背景には、これまで論じてきたように同一労働・同一賃金によってつねに生産性向上と経済成長を図り、産業の新陳代謝を積極的に促してきた同国の経済政策がある(6)。

3　マクロ経済政策でどう合意形成するか

もっとも、同一労働・同一賃金とそれにともなう賃金中央決定方式の導入は、現在の日本の経済政策や意思決定の仕組みと大きく隔たっており、そう簡単に導入できるものではないかもしれない。特にこの政策体系が、低収益企業・産業の淘汰を許容し、労働者の高収益企業・産業への移動を促す点は、多くの企業・労働者にとって過激にみえるかもしれないし、反発や抵抗を感じる部分であろう。だからこそ、移行過程を「バッファ」で支えるわけだが、それでもこの政策で合意形成するには、政治的に多くの障害を乗り越えていく必要がある。

スウェーデンの労使が、早くも一九五〇年代前半にレーン＝メイドナー・モデルの導入で合意していたのは驚くべきことである。その背景には、ケインズ経済政策への批判があった。つまり、財政金融政策により総需要を拡大するだけの政策では、インフレを加速させてしまう。マイルドなインフレなら経済に生産拡大への適度な刺激を与えてくれるが、高率インフレ下では物価上昇に名目賃金の上昇が追い付かず、実質賃金が切り下げられる効果をもつので、労働者にとって望ましくない。インフレ抑制が、労働組合にとっては優先度の高い政策目標だったのだ。

高率インフレの抑制は、経営側にとっても喫緊の課題であった。高率インフレ下では労働組合が実質賃金の切り下げを嫌って、物価上昇を上回る名目賃金の引き上げを強く要求してくる。企業間・産業間で賃金引き上げ競争が起き、「名目賃金引き上げ↓物価上昇↓さらなる名目賃金引き上げ↓さらなる物価上昇」という悪循環に陥ってしまう。しかも、スウェーデン物価の急速な上昇は、スウェーデン産業の国際競争力を削いでしまう。同一労働・同一賃金はしたがって、賃金水準の中央決定によって、高率インフレが生じないよう賃金水準を低めに抑制する役割を担っていたのだ。

こうして労使ともに、高率インフレの抑制という点で利害が一致したことが、レーン＝メイドナー・モデル導入にとって大きな要因になったといえる。このモデルでは、低収益企業・産業の労働者のみが一方的に失業リスクを負うようにみえる。だが、同一労働・同一賃金は、高収益企業・産業の賃金水準を抑える機能をもっている点も忘れてはならない。再度、図4-7(一七一頁)をご覧いただきたい。通常ならば、賃金水準は図の直線ABのように企業の収益率の高さに応じて右肩上がりに上昇していくはずである。ところが同一労働・同一賃金の下では、直線abの水準で賃金が決定されるため、直線ABと直線abの差だけ、高収益企業・産業の労働者は賃金水準を抑制されることになる。それでも彼らが賃金抑制を甘受するのは、中長期的には生産性上昇によって賃金水準全体の上昇が見込まれるからだ。実際にそれが機能していることは、図終-5に示されたスウェーデンの賃金上昇をみれば明らかだ。

もっとも日本はデフレ基調の経済環境下にあるので、インフレ抑制が優先目標とはならないという事情の違いはある。日本の課題はむしろ、どのようにしてマイルドなインフレ環境(物価上昇年率二%)に持っていけるかという点にある。これを安倍政権は、日本銀行による量的・質的緩和政策によって実現しようとしたのだが、それが不首尾に終わったことは日銀自身も認めている。いくら量的緩和を行っても賃金上昇が起きず、人々の購買力が高まらないので、物価上昇も起きようがなかったのだ。量的緩和政策の問題は、きわめて間接的な方法で物価に働きかけようとした点にあり、しかも、人々の期待というきわめて不確実な対象に働きかけて物価上昇を引き起こそうとした点にあった。

ところが日本の政策的文脈では、必要とあらば、レーン＝メイドナー・モデルをインフレ抑制のためではなく、インフレ誘導のために用いることができるのではないだろうか。スウェーデンでは、「名目賃金引き上げ→物価上昇→さらなる名目賃金引き上げ→さらなる物価上昇」の悪循環を断ち切るために、中央決定に基づく同一労働・同一賃金が導入された。日本ではこの論理を反転させ、逆に賃金上昇を起点とする緩やかな物価上昇を政策的に誘導するために、同一労働・同一賃金を導入するのだ。中央決定により賃金水準を徐々に引き上げていくことで、人々の購買力を引き上げ、民間消費を拡大させることを通じて総需要を引き上げ、物価上昇を誘導することができるだろう。量的緩和に比べ、こちらの方がはるかに物価に対して直接的に働きかけることができる。

以上のように、中長期的な賃金上昇とそれを支える経済成長、生産性上昇、産業構造転換のメリットに関する認識を共有し、それを実現する政策体系(「日本版レーン＝メイドナー・モデル」)に焦点を合わせて政府、経団連、連合が合意できれば、それがベストである。だが、それが簡単でなければ、次善の策としてはデービッド・アトキンソンが主張するように、最低賃金の継続的な引き上げを実行することが望ましい。彼はベストセラーとなった著書『日本人の勝算』において、イギリスや韓国などの実例、そして最低賃金をめぐる経済学の実証研究の結果に基づいて、最低賃金を段階的に、しかし継続的に引き上げることが、経済の生産性向上に寄与しうることを説得的に説いている(アトキンソン二〇一九)。

この書物の意義は、賃金上昇こそが経済成長をもたらす、という逆説的な理論を明確に唱えた点にある。これまで賃金は分配の一環と捉えられ、分配を行うためにはまず経済成長を図らねばならず、晴れて成長が実現した暁には、その恩恵として賃金上昇が許されるという「トリクルダウン(富が上から下へ滴り落ちてくる)理論」が唱えられてきた。しかし、日本をはじめとする先進諸国では、成長が実現しても「トリクルダウン」は起きず、格差は広がる一方であった。

アトキンソンはこの論理を転倒させ、まず先に最低賃金上昇を図り、それによって生産性上昇(経済成長)を引き起こすべきだ、と唱えたのである。経済学者は、賃金決定は(労働)市場による労使の決定に任せるべきで、最低賃金制度のように政府介入は望ましくないと考えがちだ。だがアトキンソンは、こうした経済学的常識を覆す政策の豊富な実例と実証研究の成果があることを示し、最低賃金引き上げに向けた説得的な議論を展開した。

筆者も、彼の議論に多くの点で共感するが、唯一、疑問点を挙げるとすれば、最低賃金引き上げは本当に、経済全体の生産性を引き上げる効果をもつのか、という点だ。日本の最低賃金引き上げにともなって、多くの低生産性企業の賃金水準が、最低賃金付近に張り付くようになったことが知られている。これは、最低賃金が低生産性企業の賃金水準の引き上げに効果を発揮している可能性を示す。しかし、それ以上の生産性をもつ企業・産業に対してまで、最低賃金は生産性上昇をもたらすのだろうか。アトキンソンが主張するように、最低賃金引き上げにともなって、より高い生産性をもつ企業の賃金水準も順次引き上げられていく(「トリクルアップ」)のであれば、たしかに経済全体の生産性も上昇していく可能性がある。だが、本当にそのような波及効果をもっているのだろうか。低生産性企業・産業ではなく、経済全体を対象として生産性を引き上げたいのであれば、最低賃金ではなく、平均賃金の引き上げを目指すべきではないか、というのが本書の立場である。

4 産業構造転換の促進手段としての同一労働・同一賃金

「北欧モデル」とも呼ばれるように、他の北欧諸国もスウェーデンと類似した経済政策体系を擁している。だが、スウェーデンと他の北欧諸国との最大の違いは、産業構造を高度化し、労働力を生産性の高い部門へ誘導していくことを強く意図しているか否か、という点にある(宮本 二〇〇九：九八)。筆者がレーン＝メイドナー・モデルに強く惹かれるのも、それが産業構造転換を積極的に促進する経済政策体系であり、実際、それに成功して格差を縮小させつつ経済成長を達成してきた点にある。

本書を通じて論じてきたように、資本主義は今、その非物質主義的転回を通じて産業構造を大きく変化させる歴史的転換点に差し掛かっている。これは、日本もまた避けて通れない道である。政府、産業界、学界の共通認識と今やなりつつあることだが、一部の企業を除いて日本は残念ながら、この構造転換に乗り遅れてしまった。どうすれば、非物質主義的転回を踏まえた産業構造転換を達成できるのか、私たちは真剣に考えなければならない。もちろん、無形資産を基軸とした新しいビジネスモデルを構築する役割は、民間企業の役割である。しかし政府は、環境整備を行うことで民間企業を後押しできる。

レーン＝メイドナー・モデルは、新しいビジネスモデルを創出したり、事業構造転換を行ったりして非物質主義的転回を成し遂げ、生産性を高める企業により大きな報酬を付与する仕組みだと解釈することもできる。再度、図4-7（一七一頁）をご覧いただきたい。図の右方の高収益企業は、同一労働・同一賃金の下で賃金水準が直線ａｂに抑えられているからこそ、より大きな余剰を獲得できる。これが通常の賃金体系ＡＢの下では、高収益企業も低収益企業も、余剰の大きさに違いはない。これが同一労働・同一賃金の下では、賃金水準は一定なので、生産性を高めるということは、事業を通じてより大きな付加価値を創出することを意味する。生産性向上に成功すれば、より大きな余剰を獲得できるのだ。これが、企業にとっては構造変化を受け入れ、より大きな付加価値の獲得に向けて動くインセンティブになる。

第二章第3節の「無形資産投資の経済成長・産業構造転換へのインパクト」（七一―七四頁）で論じたように、無形資産投資や無形資産集約的な産業の存在感がますます高まっている。アメリカ、韓国、ドイツを対象とした実証分析の結果から、これらの国々で、有形資産集約産業よりも無形資産集約産業がより高い成長率を示していることが明らかとなった。その背景には、無形資産投資の伸びが、物的投資の伸びを上回るようになってきており、両者の格差は年々拡大しているという事情がある。そして、無形資産投資が、有形資産投資よりも生産性上昇に対する寄与度が大きいのだ。こうした要因のために、時間を追うごとに無形資産投資を事業の核とする産業が拡大を遂げ、産業構造転換を通じて経済全体の成長が促されることも分かってきた。つまり、有形資産よりも無形資産への投資が成長という果実をもたらす。

日本についても、日本経済研究センター「情報通信技術が変える経済社会研究会」による試算結果がある（実積・高地 二〇一六）。この試算は資本を、(1)設備投資などの一般資本とハードウェア（ICT投資のうち機器などハードウェア部分）をまとめた「実物資本」と、(2)「ソフトウェア資本」（ICT投資のうち基本ソフト（OS）やアプリケーションソフトなどソフトウェア部分）に分け、それに(3)「労働」を加えた三要素がGDPを説明するモデルによって行われた。投資増加分の八割をソフトウェアに傾斜投資する「ICT投資加速シナリオ」では、標準シナリオに比べ二〇三〇年にGDPを約七〇兆円押し上げる効果が実現する可能性があるという。全資本に占めるソフトウェアの比率は、二〇一四年度に三・九％だったものが、二〇三〇年度には一一・四％に増加するという。

レーン＝メイドナー・モデルの下では、有形資産投資から無形資産投資への転換、あるいは有形資産集約産業から無形資産集約産業への転換を図ることで、生産性を高めることができた企業は、その分だけより大きな余剰を獲得できる。これがインセンティブとなって企業が積極的に事業構造を入れ替え、より付加価値の高いビジネス領域に進出していくことができれば、その企業にとってだけでなく、日本経済全体にとっても望ましい結果をもたらす。人口が増えて国内市場が拡大し、経済成長率も高かった時代ならば、どの産業も現行のビジネスモデルを前提に、それを拡大する構造を描いていればよかった。だが国内市場が縮小し、産業のあり方が根本的に変わりつつある時代には、変化すること自体が価値になる。

これはまさに、第二章第2節で取り扱ったアギオンとハウイットによる、シュンペーターの「創造的破壊」をともなう内生的成長モデルが描くプロセスそのものである。彼らのモデルでは、新しい技術開発に成功した新興企業の生産性が既存企業を上回り、やがて既存企業を押しのけて産業の支配的地位につく。これが産業の新陳代謝を引き起こし、やがて新興企業の開発した新しい技術が普遍技術となる。こうした「創造的破壊」が進行することで産業構造の転換が進み、経済が成長していく。

レーン＝メイドナー・モデルは、たしかに現状に安閑とすることを許さない経済政策であり、冷酷で厳しい側面をもつ。それはいわば「創造的破壊」を常態化させる政策だからである。他方それは、これまでの日本の経済政策にはなかった視点を提供してくれるという側面もある。日本でこれまで、体系的かつ継続的に生産性向上、労働力の移動、そして産業構造の転換を狙いとする経済政策があっただろうか。私たちはいまや、「産業構造の転換」それ自体を政策目標として掲げ、生産性の向上と経済成長を導くべき時代に入ったのではないだろうか。

4　脱炭素化へ向けた産業構造転換

1　「非物質化」と「脱炭素化」の同時達成を

脱炭素化もまた、資本主義の非物質主義的転回を構成する重要な要素である。二〇世紀は素材産業の世紀といってよい。鉄鋼、アルミ、セメント、化学産業などが隆盛をきわめ、物質文明の豊かさを支えると同時に経済成長を牽引してきた。だが素材産業は他方で、石炭、鉄鉱石、石灰その他の資源を大量に使用し、製品の製造過程で温室効果ガスや大気汚染物質を大量に排出してきた。

とはいえ、同様に温室効果ガス大量排出業種である電力産業では、再生可能エネルギーが様々な課題を克服し、化石燃料にとって代わる展望が国際的に見えてきた(諸富編 二〇一九)。素材産業についても、温室効果ガス排出を大幅に削減する革新的な製造技術の導入を急ぐ必要がある。加えて、例えば鉄を素材として使用している製品についても、製造過程における温室効果ガス排出がより少ない代替製品(例えば炭素繊維など)を開発し、それらによって鉄を代替していく取り組みも必要だ。

気候変動問題は、大量の資源使用と汚染物質の大量排出によって成り立つ産業構造からの脱却を私たちに迫っている。まさに、資本主義の非物質主義的な転換と気候変動問題の解決は、コインの表裏のように重なり合っている。

こうした転換は同時に、より付加価値を高め、経済成長を促す方向と整合的でなければならない。気候変動問題では、炭素生産性をどう引き上げるかという課題となる。つまり、より少ないCO_2排出に対して、より多くの付加価値をいかに創出するか、そうした経済構造へどう首尾よく転換を果たすか、という問題である。これはちょうど、労働生産性向上の取り組みと相似形をなす。炭素生産性の向上も労働生産性の向上も、物的世界への過度な依存から脱却し、省資源・省エネに取り組みつつ、より大きな付加価値を生み出す経済構造へ転換する試みという点で共通性をもっている。

2　脱炭素化に向けた産業構造転換の加速

気候変動の世界でも、こうした転換が成功する展望が出てきた。かつて環境保全は経済成長の妨げになるとされ「成長か、それとも環境保全か」という二項対立的な議論の枠組みに私たちは囚われてきた。しかし第三章第2節でも論じたように、スウェーデン、フランス、カナダでは、経済成長を達成する一方、CO_2排出を減少させている(図3-5、一〇三頁)。かつては生産を増やすことは、より多くのエネルギーを消費することと同義であり、したがって汚染物質の排出が増えるのはやむをえない、というのが常識だった。時代は変わり、経済構造や産業構造も変わり、いまや成長すれどもCO_2排出は減少するのがトレンドとなった(「デカップリング」)。デカップリングはこれら三か国以外の多くの先進国でも観察されている。つまり経済成長と環境保全はもはや二項対立的な関係ではなく、両者は並び立たせることが可能になった。それどころか、「環境保全に注力することが、成長戦略になる」という論理すら見えている。こうしたトレンドに、またもやすっかり乗り遅れてしまったのが日本である。日本は残念ながら、「成長もしなければ、CO_2排出も減少しない」状況に陥っている。

いったいなぜ、このようなことになってしまったのか。「デカップリング」に成功しつつある国々には、二つの背景要因がある。第一は産業のデジタル化、サービス化、知識集約化が進み、産業の中心軸が無形資産集約産業に移ったことである。こうした変化は、上述のように産業の生み出す付加価値を引き上げる一方、素材産業依存度が低下するのでCO_2排出が減少する。こうして炭素生産性が上昇したのだ。第二は、CO_2排出を劇的に減らす製品・サービスの開発が大幅に進展するとともに、その費用が大幅に低下した点にある。例えば、電力を供給するというサービスを取り上げてみよう。その大半をこれまで担ってきたのは、CO_2を排出する火力発電であった。ところが、再エネが大量導入されると、その費用は劇的に低下を始め、既存電源よりも競争力をもつ電源に育っている。

再エネは、世界各国で一大産業として台頭しつつある。その強みは、限界費用がゼロの電源をもっている点にある。彼らはいったん設備投資を行ってしまえば、原子力発電や火力発電と異なって、燃料費がかからないので追加コストゼロで電力を供給できる。このため彼らは、電力を取引する卸電力市場で圧倒的な価格競争力をもち、他の電源を市場競争で駆逐できるのだ。しかも、再エネはカーボン・フリーな電源である。この理由からアップル社は自社電力を一〇〇％再エネ電源から調達することを宣言し、実行に移しただけでなく、自社のサプライチェーンに連なる全企業(当然、日本企業も含まれる)にも同じことを要求している。

再エネの急速な普及は、一種の「産業破壊(disruption)」を引き起こしている。ドイツでは再エネの急速な普及によって、原子力、火力、水力などの伝統電源に依存していた四大電力会社の一角、E・ON社とRWE社の収益が急速に悪化した。E・ON社はこのため二〇一六年に、再エネと送配電・小売事業を手元に残し、不良債権化しつつあった原子力、火力、水力事業を子会社化して売却した。それでも収益悪化が止まらず、二〇一八年にE・ON社とRWE社は事業交換を行い、前者に送配電・小売事業を集約し、後者に再エネ事業を集約する大がかりな事業再編にまで追い込まれた。

米国でも米エネルギー情報局の発表によれば二〇一九年四月、同国史上初めて再エネの発電量が石炭火力発電の発電量を月間記録で上回った。米国で石炭火力発電は、既に衰退期に入っており、二〇一五年にはシェール革命で勢いづく天然ガスに発電量で取って代わられている。今回はあくまでも月間記録だが、再エネが既存電源に急追、その存在感を高めていることが明らかとなった。こうした動向を踏まえれば、アメリカのエネルギー産業においても、再エネの台頭にともなう産業破壊・再編は避けられないと予測できる。こうした変化を突き動かしているのは、やはり再エネのコストの劇的な低下による、その競争力の高まりである。

劇的なコスト低下と産業再編は、電力産業以外でも起きる可能性が高い。炭素集約的な製品であっても、その製造過程で排出される二酸化炭素排出を大幅削減できる技術が開発されたり、あるいは炭素集約製品を代替できる画期的な製品が開発されたりすればどうなるだろうか。こうした技術は最初は高価だが、それが経済性を獲得して普及し始めればどうなるだろうか。瞬く間に世界市場を席巻し、炭素集約産業に襲い掛かってそれらの産業基盤を破壊していくだろう。結果として、世界の産業地図は一挙に塗り替えられることになる。「脱炭素化などありえない」、「あるとしてもまだ先の話だ」と高をくくっている日本企業は、その最初の犠牲者となるだろう。

強いられて変化するくらいなら、戦略的に巧みに変化に適応する方がはるかに優れている。幸い、本書の分析でも、戦略的に産業構造の転換を図り、脱炭素化を目指していくことは、収益率の向上と軌を一にすることが分かった。第三章第2節の図3-9(一一〇頁)を再度ご覧いただきたい。この図で明らかにしたように、日本のCO_2大量排出業種のうち、炭素生産性が製造業平均よりも低い業種は、同時に、化学工業を除いて利益率が製造業平均よりも低い業種でもある(利益率がマイナスの値になっている業種すらある)。逆にいえば、産業の重心をこの図の左下(第三象限)から右上(第一象限)へとシフトさせるような政策は、炭素生産性の向上だけでなく、収益率の向上をもたらし、日本経済の成長に貢献することになる。日本にとっても、経済成長を脱炭素化と両立させることは可能だ。

3　カーボンプライシングの導入

では具体的に、どのような方法で産業の重心をシフトさせ、炭素生産性の向上と同時に収益率の引き上げを実現するのか。もっとも体系的かつ効率的に変化を引き起こすことができるのが、カーボンプライシング(carbon pricing: CP, 環境税や排出量取引制度)の導入である。ここでは図終-6を用いて分かりやすく説明しよう。話を単純にするために、CP導入によって政府に入る収入(税収)は、社会保険料法人負担分の引き下げや法人税率の引き下げによって、すべて企業に還付されるものとしよう(税収中立的な「環境税制改革」の実施)。したがって産業全体の収益水準は、CP導入前後で変化しない。

以上の前提で図終-6をご覧いただきたい。縦軸には企業の収益率、横軸には企業のエネルギー・汚染集約度がとられている。水平の点線で「現在の収益水準」とあるのは、企業の収益水準が、各企業のエネルギー・汚染集約度にかかわらず、一定と仮定するという意味である。いまCPが導入されると、この水平の点線は矢印で描かれているように右回転する。つまり、エネルギー・汚染集約度の高い企業ほど、CPの負担が重くなり、収益率がその分だけ悪化する。エネルギー・汚染集約度の低い、図の左方の企業の利益率は、環境税収の還付によって逆に改善される。この結果、エネルギー汚染集約度の高い図の右方の企業は、炭素生産性を高めるか、さもなくば事業からの撤退(他の企業との統合や、最悪の場合、倒産)を迫られる。これは、レーン＝メイドナー・モデルで同一労働・同一賃金が果たすべき役割とまったく同一である。

エネルギー・汚染集約度の高い企業で解雇された労働者は、政府により手厚い失業手当で保護される一方、失業期間中は職業教育訓練を受け、エネルギー・汚染集約度の低い高収益産業へと移動していく。つまりこの仕組みが機能するためにはやはり、レーン＝メイドナー・モデルの場合と同様、「バッファ」と職業教育訓練の仕組みが整っていることが前提条件になる。

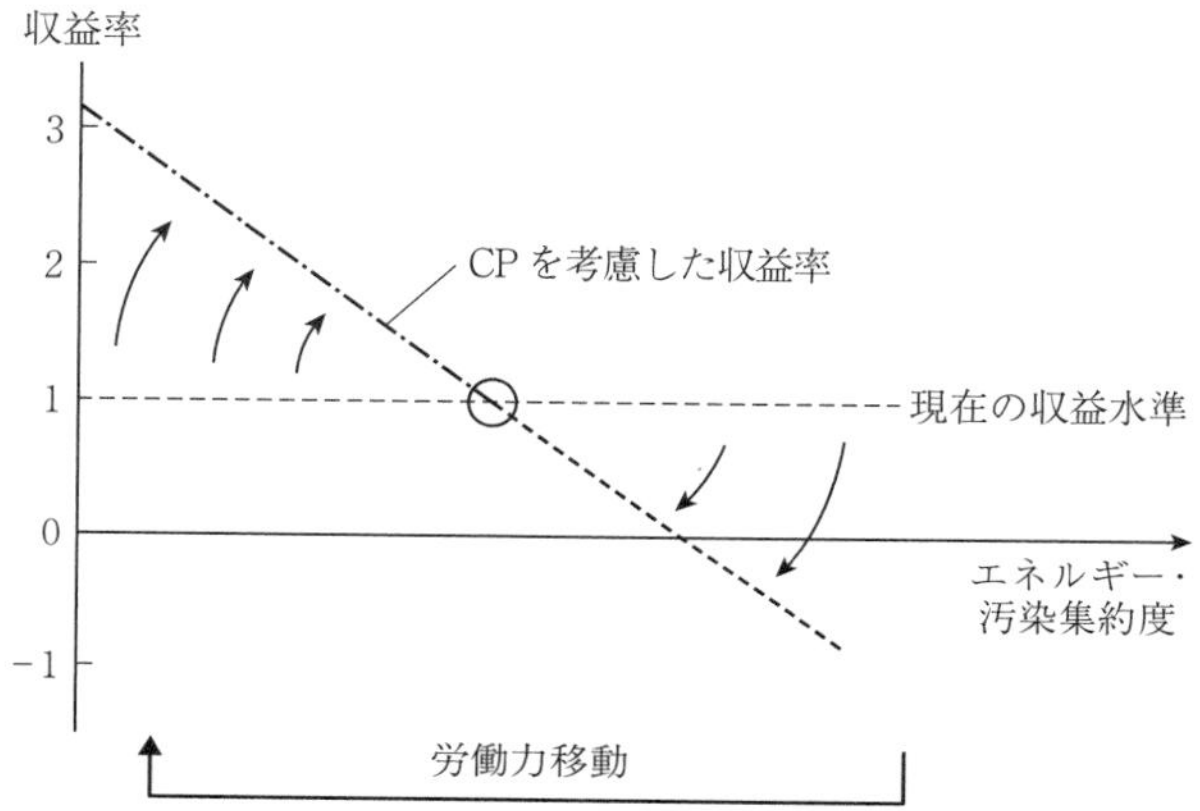

［出所］Weizsäcker(1990)邦訳版，180 頁，図 41 を加筆修正.

図終-6　カーボンプライシング導入による収益率の変化

CPを中心とするこの政策体系は、エネルギー・汚染集約度の低い企業の収益率を相対的に高めることで、労働力の移動を引き起こし、脱炭素化に向けた産業構造転換を積極的に後押しすることを意図している。CP導入後の企業には、イノベーションを起こすか、あるいは事業構造を転換することで脱炭素化に動くことが収益性を高める道になる。CP導入後は、もはや「環境保全か、成長か」で悩むことはない。脱炭素化に突き進むことが、収益性を高めるもっともよい方途となるのだ。

4 日本経済の将来展望

以上が、日本経済の非物質主義的転回に向けた経済政策の体系である。日本経済の二大課題である「非物質化」と「脱炭素化」に取り組むには、労働生産性と炭素生産性を、車の両輪のようにして共に引き上げていく必要がある。だが両者はまったく異なる課題ではなく、共に産業が生み出す付加価値の引き上げを目指す点で共通性をもっている。

これを実現するには、一方で企業による人的資本への投資、無形資産への投資が必要になる。他方で、脱炭素化に向けた投資とイノベーションに傾注していかねばならない。こうした投資が継続され、新たな資本蓄積が行われるようになると、日本企業の姿、日本の産業の姿は大きく変わっていくだろう。つまり日本経済の軌道が、企業・産業の発展を通じて人的資本の質の向上、所得格差の縮小、そして環境保全が推進されるような方向に、切り替えられることになる。

これまでは往々にして、成長を目指すことは、人的資本への投資を節約し、賃金を抑制し、そして環境保全への積極的な取り組みを控えることと同義であった。だがそうして日本経済は成功してきたと言えるのだろうか。残念ながら答えは「否」である。本書全体を通じて、こうした日本経済のあり方こそが、かえって経済成長の桎梏となってきたことをみてきた。逆説的にみえるが、人への投資を増やし、賃金水準を引き上げて所得分配を改善し、そして環境保全により多くの投資を行うことこそが、実は成長への近道なのだ。資本主義を律するゲームのルールは、ますますこうした転換を後押しするようになってきている。かつて新自由主義的政策の強力な推進者であったIMFが、いまや所得分配改善のもっとも熱心な唱道者になっている点にも、そのことは現れている。彼らが「所得再分配の強化こそが成長促進になる」と説くように、「逆説」はもはや「逆説」でなくなってきている。

とはいえ現状では、企業が自発的に望ましい方向に向かう経済的インセンティブが必ずしも市場に埋め込まれていない。そのため、政府は政策的にそうした経済的インセンティブを用意する必要がある。そうした仕掛けとして同一労働・同一賃金、そしてカーボンプライシングはきわめて有効であり、新しい公正競争のルールとしてこれらが市場に埋め込まれれば、企業はその下で質の高い資本主義を構築するための投資に、積極的になっていくだろう。長期停滞論者が指摘する投資低迷を打破するためにも、企業に対して、新しい資本主義の軌道を明確に示すことが求められる。

移行期には、シュンペーターの意味での「創造的破壊」が行われ、産業の構造転換が進行する。場合によってその過程で、一時的に失業者が増えるかもしれないが、政府は彼らを支えて、次の職場へと移ることを支援するための現金給付など「バッファ」を用意するとともに、積極的労働市場政策を通じて本格的に人的資本投資へ公的資金を拡充する決断を行うべきであろう。

本書で論じてきた資本主義の変貌は、世界株式時価総額ランキングに象徴的な形で表れている。その世界トップ10企業には、その時代その時代で、もっとも高く評価され、勢いのある企業がランク入りしているからだ。そしてその顔ぶれの変遷から、資本主義の変貌が垣間見える。一九九六年の世界株式時価総額ランキングと、それから二〇年を経た二〇一六年の世界株式時価総額ランキングを比べると、その顔ぶれは大きく変化している。

一九九六年の世界トップ10企業は、第一位のゼネラル・エレクトリック社をはじめ、多くが製造業で占められていた。早くも七位にランクインしているマイクロソフトも、当時はデジタル企業というよりは、「ウィンドウズ」というソフトウェア製品を製造・販売する製造業としての相貌をもっていた。もう一つの特徴は、日本企業が二社(NTT、トヨタ自動車)入っていたという点にある。

これに対して二〇一六年の世界トップ10企業は、第一位のアップルを筆頭に、GAFA＋マイクロソフトで上位五位を占めるなど、デジタル産業の台頭が顕著である。二〇年を経て製造業は存在感を失い、わずかに八位のジョンソン・エンド・ジョンソン、そして一〇位にゼネラル・エレクトリック社の名前をみることができるぐらいである。もう一点、日本企業は欄外に去り、代わりに中国企業のテンセントが九位に入っている。これは、中国経済の台頭、日本経済の地位低下を象徴している。

こうして、一九九六年と二〇一六年の世界株式時価総額ランキングを見比べるだけで、本書で議論してきた資本主義の変貌を確認することができる。だが、次の二〇年はどうであろうか。GAFAは二〇一六年ランキングをみるかぎりは「わが世の春」を謳歌しているようにみえるが、次の二〇年間もその地位が盤石かどうかは分からない。その独占化傾向、個人情報の取り扱い、そして租税回避をめぐって、世界のGAFAをみる眼は厳しくなっている。GAFAが現在持っている優位性を削ぐ形で、各国で新たなルール化や規制導入が進めば、その競争優位は崩れていくかもしれない。

次の二〇年は、典型的なデジタル企業だけでなく、製造業もデジタル化し、サービス産業と融合していくだろう。それはまさに、トヨタ自動車が進もうとしている途でもある。もしそうした転換がうまくいけば、純粋なデジタル企業に対抗して、デジタル化した製造業が再び主導権を握る時代が到来するかもしれない。人的資本と無形資産への投資でその価値を高め、高収益を生み出す「デジタル化／サービス産業化した製造業」が日本の産業のこれからの生きる道かもしれない。

それだけでなく、次の二〇年は残念ながら気候変動がさらに深刻化し、私たちはその脅威にさらされる蓋然性が高まっている。企業には、脱炭素化に向けてリップサービスではなく、真剣な取り組みが求められるようになる。生き残る企業は、それを言葉の上だけでなく、実践で示すことのできる企業であろう。なぜなら、そうした企業しか投資家と消費者に評価されないからである。また、カーボンプライシングの埋め込まれた市場で生き残れるのは、脱炭素化で実践を積み重ねて競争優位を獲得した企業だけだからである。ますます進む温暖化、頻発する自然災害は、将来の破局的な結末を私たちに警告している。いまや資本主義自体が、脱炭素化に向けて大きく変わらざるをえない。

世界の先陣を切って、自社だけでなくサプライチェーン企業に対しても再エネ一〇〇％を求め、実践するアップル社は、こうした状況を踏まえたとき、次の二〇年に生き残る企業としての地歩を着々と固めつつあると言えないだろうか。残念ながら現時点では、日本企業はそのはるか後塵を拝している。だが、RE100に加盟する日本企業がわずか一年で倍増しているように、ここに来て急速にそうした状況も変わりつつある点、希望を抱かせる。日本企業は納得するまでに時間がかかるが、いったん踏み出せば、取り組みは加速度的に進んでいくだろうし、その力量をもっている。

過去二〇年間で一敗地にまみれた日本企業だが、以上の展望を踏まえると、次の二〇年は失地を回復できるかもしれない。スピード感と派手さでこそ劣るが、実直にコツコツと改善を重ねて良い製品・サービスを生み出す潜在力をもつ日本企業が、その本来の強みを発揮できる環境が整ってくるのではないか。二〇三六年の世界株式時価総額のトップ10企業に、再び日本企業の名前を見つけることを期待しつつ、本書を締めくくることとしたい。

注

第一章

（1）一九八七年のブラックマンデー、一九九七年のアジア通貨危機、二〇〇〇年のＩＴバブル崩壊、二〇〇八年のリーマン・ショックに端を発する世界金融危機を念頭に置いている。これらのケースではいずれも、金融ショックが実物経済の不況の引き金になった点で共通している。それまでは、実物経済の需給バランスの崩れや供給ショック（例えば一九七〇年代の石油ショック）を契機として、不況が始まっていた。だが一九八〇年代以降は経済における金融の影響力が強まり、「金融ショック」が起点となって「実物ショック」を引き起こすことが多くなっている。

（2）この点に関連して、イギリス人ジャーナリストのダイアン・コイルは、現代資本主義の変化を経済構造の「ウェイトーレス化」という視点からとらえようとしていて大変興味深い（Coyle 1998）。かつて、経済的価値の大きさは物量の多寡と比例していたが、製品の小型化とサービス化・情報化の進展で、両者の関係は、ますます乖離するようになってきた。現在の先進国における物理的な産出量は、生み出される経済的価値が現在の二〇分の一の水準だった一九世紀末と同じだという。つまり、過去一世紀の間に、先進国は同じ経済的価値を二〇分の一の重量しかない産出物でもって創り出せるようになったのである。文字通り、これは経済の「非物質化」傾向を示すが、本書は、経済が物理的な意味で脱物質化しつつある事実そのもの以上に、その背後にある投資、労働、そして消費のあり方に生じつつある地殻変動により大きな関心をもっている。そして、それがもたらす経済格差、教育、そして国家の公共政策に及ぼす深遠な影響に焦点を当てていく。

(3) 「知識」は、往々にしてこの文脈で「知識資本(knowledge/intellectual capital)」と呼ばれたり、欧州では「知識基盤資本(knowledge-based capital)」と表記されたりすることが多い。知識を一つの資本として認識し、他の資本や労働とともに、生産に貢献する生産要素として認識されるようになってきたのである。しかも知識資本こそが、いまや資本主義を発展させるのに最重要の要因だと考える立場からは、現代資本主義は「知識経済(knowledge economy)」、もしくは「知識基盤経済(knowledge-based economy)」と特徴づけられ、それらをめぐる膨大な文献が公表・出版されている。本書では、知識を「人的資本」の一部として取り扱うため、特に知識だけを取り出して「知識資本」と呼ぶことはしない。しかし、知識の一部が知的財産として資本化され、利潤創出の源泉になるという現象は、現代では広く観察される。その点で、知識を資本として取り扱うのは有用である。また、知識の集合体や体系をそのストック、つまり「知識資本」として捉え、学習をそうしたストックを積み増す「投資」と捉え、逆に、知識が時間とともに古びて劣化していくのを知識資本の「減耗」として捉えれば、現代資本主義における知識のもっている意義と、それを維持発展させていくための政策的含意を、投資概念を基軸に、より明確に分析する可能性が高まる。

(4) 「無形資産(intangibles)」は、イノベーションの源泉となり、企業の競争優位の確立に資する資産のうち、「形のないもの」すべてを包含する概念である。たまに、「無形資本(intangible capital)」という言葉が用いられる場合がある。しかし、必ずしも「資本」とは言えないが、企業の競争優位の確立には資する多様な無形の要素を含むために「資本」という言葉を避け、たんに「無形資産(intangibles)」とのみ表記する場合が多い。これは、上述の「知識資本」とお互いに入れ替わり可能な概念とされることも多いが、それだけでなく、企業の商標、ブランドなども含むより広い概念だと捉える方がよい。これらは、優れた人材の存在、彼らを生かして競争力を発揮する組織や経営体制、そして、創造的なアイディアとそれを可能にする環境によってその蓄積が促進され、その質が改善されていく。

(5) ハンセン、サマーズ、バーナンキ、クルーグマンなど、長期停滞論に関する主要論者の必読文献を収録した日本オリジナル編集版の論集『景気の回復が感じられないのはなぜか――長期停滞論争』が、アメリカにおけるこの問題の論争状況を俯瞰するのに便利である(サマーズ他 二〇一九)。

(6) クヌート・ヴィクセルは、「利子率が財の価格に及ぼす影響」("The Influence of the Rate of Interest on Commodity Prices")と題する一八九八年論文において、自然利子率の概念を初めて導入した。この論文は、ヴィクセルと同じスウェーデンの経済学者エーリック・リンダールが編集した『ヴィクセル経済学論集』に、「ヴィクセルの生涯と業績」と題するリンダール自身の序章とともに収められている(Lindahl ed. 1958: 67–89)。彼は、この論文で提示した考え方をさらに拡張し、同じ一八九八年にドイツ語で書物として刊行し、その英訳版が一九三六年に出版されている(Wicksell 1936)。

(7) 内部留保課税の租税理論的な根拠、租税思想史上の位置づけ、そしてアメリカでローズベルト政権が一九三六年に導入した「留保利潤税」については、諸富(二〇〇八a・二〇〇八b)、および諸富(二〇一三)第四章を参照されたい。

第二章

(1) 消費の非物質化とそれに応えるサービスとは何か、そこで生み出される「非物質的な価値」とは何か、といった問題に対して、大変興味深い回答を与えているのが、小林・原・山内編(二〇一四)である。この著作は、サービス業において、サービス生産者と消費者がお互いの信頼に基づいて長期的な関係を築き、その相互作用のプロセス(「価値共創プロセス」)で非物質的な「創造的価値」を生み出していく様を分析し、明瞭な論理で説明している点で画期的である。

(2) ライシュも、価値創出の源泉が、労働者による水平的なコミュニケーションであること、また、価値創出過程ではチーム内で相互学習が生じることを指摘している。

「創造的なチームの場合は、〔中略〕ほとんど共通の方法で問題を発見し、解決する。ほとんどの場合、調整は垂直的というよりも水平的である。問題とその解決策は、あらかじめ定義できないから、格式ばった会議を開き、協議事項を定めても何一つ生みだせない。問題と解決策は、チームのメンバーが頻繁に非公式なコミュニケーションを重ねることによって生みだされるのである。洞察力、経験、難問とその解決策が共有されるに従って、チーム内で相互の学習が生じる」(Reich 1991, 邦訳版一二〇頁)。

「「クモの巣」組織においては、個人の技能が何通りにも組み合わされるから、集団の革新能力は個々人の能力の単純合計以上のものになる。集団のメンバーが一緒になって、さまざまな問題にさまざまな方法で取り組むことによって、時間の経過とともに互いの能力を知るようになる。どうすれば互いにもっとうまく成果をあげることができるか、特定のプロジェクトについては誰がどの点で貢献できるのか、どうすればもっと多くの経験を獲得することができるのかを学ぶ」(同上、一二一頁)。

(3) 消費がモノ(「モノ消費」)からコト(「コト消費」)に移りつつある点については、すでに多くの指摘がなされている。モノ消費の低迷とは対照的に、音楽ライブ、ミュージカルなど舞台パフォーマンス、スポーツ観戦などの体験型消費はむしろ活況だという。クレジットカード会社クレディセゾンの立沢芳男氏によれば、クレジットカード決済でみる限り、もはや「コト消費」が「モノ消費」を逆転しているという。業界全体でも二〇一三年に初めてサービスが物販を上回ったという。実は、現在の消費支出額はバブル期の一九八〇年代後半とほぼ同じ水準であり、にもかかわらず消費不振と言われるのは、コト消費がモノ消費に比べて本人の実感に残りにくいからではないか、と立沢氏は指摘している。高度成長期の消費は衣食住の充実が優先されたが、いまは自分磨きや自由時間を増やすための支出にふり向けられているという(日本経済新聞、二〇一六年一〇月一三日朝刊)。

(4) イングルハートが展開した議論は、日本では、広井良典が「定常型社会」や「持続可能な福祉社会」をキーワードとして展開している議論と問題意識が重なり合う部分が大きい。広井は、定常型社会の特徴として、消費と労働のあり方の変化を挙げる。消費では物質的な消費が飽和し、コミュニティや自然や公共性、スピリチュアリティといった領域に関する人間の欲求が大きく展開する中で、非物質的な「時間消費」の占める位置が重要になってきていると論じる。また、それにともなって労働の意味も変化し、人々は生存や賃金のためというよりは、「自己実現」のために働くようになると指摘している点で、イングルハートと同じ立場に立っている(広井 二〇〇一、同 二〇〇六、同 二〇一五)。

(5) 内生的成長理論とは、Romer(1986)を嚆矢として、一九八〇年代後半から一九九〇年代にかけて多くの関連論文を生み出した経済成長の理論的枠組みを指す。一九五六年のソローモデル以来の伝統的な経済成長理論に対し、内生的成長理論は「新しい経済成長理論」とも呼ばれた。それは、ソローモデルが実際のところ、資本と労働だけでは経済成長を十分に説明し尽くせないことが実証的に明らかとなり、内生的成長理論がこの点を克服することで、ソローモデルを乗り越えようとして台頭してきたためである。内生的成長理論は、知識と人的資本の果たす役割に注目し、モデルに内在的な形で経済成長を説明できる、新しい理論枠組みを提示した点が画期的であった。とはいえ、その前駆的試みはすでに一九五〇年代に開始され、一九六〇年代から七〇年代初頭には豊かな成果を上げていた(Spear and Young 2016)。

(6) 人的資本概念は、一九六〇年代にセオドア・シュルツ(一九〇二～一九九八、一九七九年ノーベル経済学賞受賞)やゲイリー・ベッカー(一九三〇～二〇一四、一九九二年ノーベル経済学賞受賞)ら、経済学者によって開発された(Schultz 1961, Becker 1964)。人的資本は、直感的にも理解しやすい概念である。それは、個人に体化された技能や知識だと定義することができ、教育や職業訓練によって増やすことができる。個人に体化された技能や知識は「ストック」として把握され、教育や職業訓練に対する支出は「フロー」、つまり投資ととらえられる。投資によってその人の技能や知識が高まれば、その人の能力は高まり、賃金を含めてより高い収益を得ることが可能になる。これが投資に対する収益である。ただし人的資本の場合、教育や職業訓練に対する支出が、果たして「投資」なのか「消費」なのかという区別がつきにくい点が計測上の難点である。教育の成果を、このように投資に対する収益としてのみとらえる視点に限界があるのは当然だが、教育を資本概念の枠組みでとらえることで、その効果を費用との関係で分析できるようになった点に、人的資本論の功績がある。

(7) 「知財集約産業」は、「当該企業の保有する知的財産権の数/当該企業の雇用者数」で示される指標が、産業の全体平均を上回る産業として定義される。

(8) 本論文の著者らは、無形資産の定義に関してはコラードらの研究に依拠している。その上で、「無形資産集約産業」とは、二七の産業のうちトップ三分の一に属する産業と定義され、それ以外の産業は「有形資産集約産業」に分類される。

(9) 日本の国民経済計算では、ようやく二〇一六年度から企業の研究開発投資を「投資」として計上し始めた。それまでは統計上、研究開発投資は「投資」とみなされてこなかったのである。四半期ごとに産業構造の変化を国民経済計算に反映させるアメリカは、より早く二〇一三年に研究開発投資をGDPに算入したが、それでも、コラードらの研究で無形資産投資の項目として挙がっている支出項目の多くは依然として、「投資」とは扱われていない。この点は日本も、まったく同じ状況である。

第三章

(1) 三菱マテリアル株式会社特別調査委員会の委託により西村あさひ法律事務所が行った調査結果による(「調査報告書(ダイヤメット新潟工場における焼結製品の品質管理体制の実態について)」二〇一八年三月二七日、二八—三四頁)。

(2) 株式会社神戸製鋼所「当社グループにおける不適切行為に関する報告書」(二〇一八年三月六日)による。

(3) 神戸製鋼上記報告書五七—五八頁。

(4) 岩本晃一「IT投資で世界の潮流に遅れ、グローバル化で遅れた日本企業:国際競争力低下の大きな要因」、連載「IoT/インダストリー4.0が与えるインパクト」第一〇回、二〇一六年四月一八日(https://www.rieti.go.jp/users/iwamoto-koichi/serial/010.html)。経営コンサルタントのマキナニーも、日本企業のIT投資に対する姿勢について、左記のように同様の指摘を行っている。

「日本では、ITを「最小化すべきコスト」とみなすのが一般的だ。その結果、多くの日本企業は顧客に関するビッグデータ——新製品発売で成功を収め、獲得した顧客を維持するのに必要なもの——を生成するためのクラウド・サービスを利用していない。さらに顧客関係も管理できないし、社内や顧客とテレプレゼンス会議をできるほどの回線容量さえ持っておらず、また世界共通の課金データベースや製品データベースのシステムを持っていないことも多い。こうした企業にとってITとは、完全には無視できないものの、できれば避けて通りたい厄介者であり、どうしても必要なときにだけわずかな額を投資する、もしくはそのようなときでさえ投資しないものなのだ。」(マキナニー 二〇一四：二三九)

(5) 一般社団法人電子情報技術産業協会(JEITA)「ITを活用した経営に対する日米企業の相違分析」二〇一三年一〇月九日、プレスリリース(https://home.jeita.or.jp/cgi-bin/page/detail.cgi?n=608)、および、同「国内企業における「攻めのIT投資」実態調査」二〇一五年一月一三日(https://home.jeita.or.jp/page_file/20151008103941_c0XeAfwu6o.pdf)を参照。

(6) 国際IT財団「IT活用に関する企業研究　報告書」二〇一五年五月(http://www.ifit.or.jp/report/pdf/20150520_doc3_1.pdf)。

(7) 環境省「カーボンプライシングのあり方に関する検討会」第六回(二〇一七年一〇月一七日)、中原雄司DSM株式会社社長提出資料。

(8) 石炭火力への傾倒ぶりと表裏一体的な現象として、日本企業の再生可能エネルギー(以下、「再エネ」と略す)への対応も、最近まで総じて冷淡なものであった。ところが内外の情勢変化を受け、非エネルギー集約企業を中心に、再生可能エネルギー一〇〇%(「RE100」)を目指す企業が急増するなど、直近では状況が大きく変わる兆しが見えてきた〝RE100〟ホームページ(http://there100.org/)によれば、二〇一九年一〇月時点でRE100に加盟している日本企業はイオン、アスクル、旭化成、コープさっぽろ、大東建託、大和ハウス、電通、エンビプロ・ホールディングス、富士フイルム、富士通、城南信用金庫、コニカミノルタ、丸井、野村総合研究所、パナソニック、リコー、積水ハウス、ソニー、髙島屋、戸田建設、東急不動産、ワタミの計二二社であり、過去一年間では倍増以上の急増ぶりを示している。報道によれば、再エネの急速な台頭とそのコスト低下による再エネの競争力向上、そしてアップル社など再エネ一〇〇%をサプライチェーン企業に求めてくる顧客企業からの圧力などを受け、RE100に加盟を既に申請中、あるいは検討中の日本企業が増加しつつあるという。

(9) こうした考え方は、とりわけ鉄鋼業のように、その生産過程で石炭(コークス)を大量に用いなければならず、したがってCO_2の大量排出が不可避であるような産業にとって、産業そのものの存在の否定であるように聞こえるかもしれない。二〇一七年に公表された環境省の「温室効果ガス排出量算定・報告・公表制度」最新版(二〇一四年度集計結果)によれば、鉄鋼業は製造業の総排出量のうち三〇・一%を占め、突出した第一位となっている(第二位は化学工業で同一一・四%)。もちろん産業構造転換は、CO_2大量排出産業の消滅を意味するわけではない。しかし、日本の鉄鋼業を生き残らせるのであれば、CO_2排出削減の革新的技術(水素還元法の導入、CO_2分離回収技術の導入、未利用排熱有効利用技術の導入)の早期実装化に全力で取り組む必要があり、政府はそれを全面的に支援する必要がある。スウェーデンの鉄鋼大手SSABなど三社は、石炭(コークス)などの化石燃料を使わず、代わりに水素を使ってCO_2排出をなんとゼロにする新製法を二〇三五年に実用化することを目指すという(日本経済新聞、二〇一九年九月二〇日朝刊)。他方で、鉄鋼の代替素材の開発・商品化の支援も重要だ。米自動車調査機関(CAR)によれば、二〇一〇年時点での自動車ボディーの材料として用いられている鋼材の比率は九割超だが、二〇四〇年になればアルミ、マグネシウム、炭素繊維強化樹脂などの代替素材が台頭し、鋼材比率は約五割に低下すると予測しているという。これに加えて、木から作った特殊な繊維素材「セルロースナノファイバー(CNF)」も注目されるという(日本経済新聞、二〇一八年四月二六日朝刊)。重さは鉄の約五分の一だが、強度はその五倍以上になるからだ。いまのところ、コスト面で実装化できる段階にはないが、こうした代替素材が自動車だけでなく、航空機、ビル・住宅、家電などでも鉄を置き換えていくことが可能になれば、鉄鋼生産量を引き下げることが可能になる。これは、新産業の育成を通じて産業構造転換を進め、鉄鋼業への依存を下げてCO_2排出削減を図りつつ、成長を目指す途である。

第四章

（1）この点では、クリントン政権の労働長官を務め、現在はカリフォルニア大学バークレー校教授のロバート・ライシュの議論が参考になる(Reich 1991, 邦訳版三一四―三二二頁)。彼は、現代の資本主義において高い価値を生む技能を「問題発見者」、「問題解決者」、そして「戦略的媒介者」の三つの機能にまとめている。彼はこうした機能を持つ労働者を、「シンボリックアナリスト」と呼ぶ。「シンボリック」と名づけられている理由は、彼らがデータ、言語、音声、そして映像表現などのシンボル操作を行って自らのアイディアを形にし、表現することで問題を発見、分析、解決し、報酬を得ていくからである。ライシュは、彼らを育てる教育課程に要求されるのは「抽象化」「体系的思考」「実験」、そして「共同作業」という四つの基礎的機能を習得させることだという。

第一の「抽象化能力」は、複雑な現実を解釈し、そこにパターンと意味を発見し、この世界を理解可能にする能力である。第二の「体系的思考」は、それぞれ連関がないように見える知識断片やデータをつなぎ合わせ、それらに相互関係や相互作用を見出し、ものごとの原因と結果、その影響、関連性を突き止めようとする知的作業を意味する。第三は、「実験による学習」である。答えがすでに用意されている問いならば、実験を行う必要はない。しかし、「資本主義の非物質主義的転回」時代の仕事は定型化されておらず、先をあらかじめ見通せないことが多い。その場合、つねに実験や新しい方法を試すことで、小さな成功と失敗を積み重ねて先に進んでいく方法を身に着ける必要がある。最後に重要なのが、第四の「共同作業」である。「資本主義の非物質主義的転回」時代には、チームで共同作業することが多くなる。そこでは共同で学習し、抽象化したり体系化した概念を互いに議論して共同で問題を解決したり、批判し合った上で合意点を探り当てるといった知的作業が求められる。以上の「シンボリックアナリスト」としての能力養成が、これまでの工業化時代に求められてきた教育内容と大きく隔たっていることは明らかである。

（2）フレイとオズボーンによる研究手法は次のようなものであった。彼らは二〇一三年に機械学習の専門家を集めて、七〇の代表的な職業について自動化可能性の評価を行った。O*Net と名づけられたデータベースから職業ごとにそれが必要とする技能、知識など、二万件に上る詳細な職務内容の記述を集め、こうして得られたビッグデータを処理するためにAIを活用したという。

集められた専門家の役割は、機械学習研究者が一般に「教師データ」と呼ぶ素材を与えることであった。つまり、上記七〇の代表的な職種について、専門家が自動化の可否について判断し、それがなぜ可能なのか説明を加え、判断基準を与えていく。それを教師データとして、フレイとオズボーンが開発したアルゴリズムが、自動化される職種の特徴を学んでいく。これによってAIによる職種自動化の判断基準が形成され、他の六三二の職業についても自動化の可能性をアルゴリズムが判定することが可能になる。こうしたプロセスを経てフレイとオズボーンは、合計七〇二の職業(これは、二〇一三年時点でのアメリカの職業の九七%を構成していた)について、その自動化可能性を検討することができたという。

(3) 日本に関しては、野村総合研究所がフレイとオズボーンと共同研究を行い、日本の労働人口の四九%がAIによって代替される可能性が高いという研究結果を発表している(野村総合研究所News Release「日本の労働人口の四九%が人工知能やロボット等で代替可能に」二〇一五年一二月二日:https://www.nri.com/-/media/Corporate/jp/Files/PDF/news/newsrelease/cc/2015/151202_1.pdf)。

(4) ベーシックインカムに対するもっとも徹底的で説得力のある批判については、神吉(二〇一三)を参照。

(5) スウェーデンの経済思想史において、社会的投資概念がどのように誕生し、育まれていったのか、その系譜学については、宮本・諸富(二〇一一)を参照されたい。ここでは、ともにノーベル賞を受賞したミュルダール夫妻(アルヴァ・ミュルダールとグンナー・ミュルダール)が社会的投資国家概念の発展に対して行った初期の寄与について付言しておきたい(Morel et al. 2012)。彼らの思想の中に早くから、社会政策を「費用」としてよりは、「投資」としてみなす視点が含まれていた点には、注目すべきだと考える。

その背後には、当時のスウェーデンが直面していた、一九世紀末以来の出生率低下にともなう人口問題への関心があった。ミュルダール夫妻は人口の「量」が問題ではなく、その「質」が問題なのだと強調していた。彼らはスウェーデンの人口の質は、生まれてくる子どもの数によって生物学的に決定されるのではなく、社会経済的要因や教育的要因によって決定されると論じた。後者には、人的資本への投資、具体的にはデイケア、教育、医療・衛生、家族への経済的支援、女性の労働参加への支援などが含まれている。

ミュルダール夫妻は、経済成長のためには人口の量的増大ではなく、生産性の向上が重要だと訴えた。健康で教育を受けた人材なしでは、生産性を維持することはできない。だとすれば、社会政策は単に再分配を行うための手段ではなく、生産の効率的な組織化のための手段でもあると主張した。その経済思想は当時のスウェーデン社会に影響を与え、スウェーデン社会民主主義の指導原理となった。

(6)「社会的投資国家」において、これらの資本が重視される理由については諸富(二〇〇三)を、そして、無形性を帯びた社会関係資本に投資し、蓄積することはそもそも可能なのか、可能だとしても、それをどういう方法で実行できるのかという問題については、諸富(二〇〇六)を参照されたい。

(7)社会的投資をめぐって欧州で闘わされている議論の詳細、日本で「人への投資」概念が政策論議に導入されつつある状況、そしてオランダ、フランス、イギリス、韓国における社会的投資の先行事例についての優れた邦語文献としては、三浦編(二〇一八)を参照されたい。

(8)社会的投資を擁護する立場から、こうした批判を含め、社会的投資概念に対して向けられた様々な批判に応えつつ、現段階における社会的投資論の射程と議論の最先端を示した論集として、Hemerijck ed.(2017)を挙げることができる。

(9)二〇〇〇年にノーベル経済学賞を受賞したシカゴ大学教授のヘックマンらにより、就学前の幼児教育がもたらす効果の大きさが明らかにされたことが、社会的投資国家論に及ぼした影響も大きいという(Kvist 2015)。ヘックマンが明らかにしたのは、より早期に人的資本投資を行えば行うほど、その後の生産性に対してより大きな効果をもたらすということである。とくに幼少期に望ましい認知能力と社会的スキルを身につけることが、その後の技能形成にとって決定的に重要になるという(Heckman 2013)。高い質をもった早期の子育て支援は、子どもへの社会的投資にとって鍵となり、それはまた、実施されれば長期にわたるプラスの学業的・経済的帰結をもたらすことがすでに分かっている。ヘックマンとその同僚たちは、高い質の早期の子育て支援プログラムが、犯罪を減らし、所得を引き上げ、教育を促進し、健康状態を改善することを見出した。子育て支援はあらゆる子どもに対して何らかの報酬を与えるが、家族が崩壊していて認知スキル向上に向けた刺激をもっとも受けられそうにない環境にある子どもたちにこそ、実は早期教育の最大の報酬が見込まれることをヘックマンたちは明らかにしたのである。

(10) スウェーデンで実際に実施されている職業訓練教育の中身については、湯元・佐藤(二〇一〇)が詳しい(一三一―一四一頁)。それによれば、スウェーデンでは、さまざまな就業支援や職業訓練プログラムへの参加が、失業手当の受給条件となっている。これは、一方的に現金給付だけを行う「消極的労働市場政策」と対比した呼称である。つまり、「積極的」とは、失業者に働きかけてその雇用可能性を高め、労働市場への参加を後押しする活性化(アクティベーション)政策を意味する。

失業保険の給付を受けるためには、まず公共職業安定所に登録を行う必要がある。公共職業安定所は求職登録を行った求職者一人一人に対し、登録から三か月以内に求職活動計画を策定し、各人の適性や希望に応じて仕事を紹介したり、その人に適した職業訓練を受講するようアドバイスしたりしてくれるという。

公共職業安定所は国レベルや地域レベルでの労働の受給状況を把握しながら、不足する技能を養成する訓練プログラムを用意し、失業者に提供する。個々の企業にとっては、人材の確保が容易になるだけでなく、訓練にかかるコストの一部を国が負担してくれる。また、社会全体にとっても労働市場の柔軟性が高まり、経済の構造転換が円滑に行われることになる。そして何よりも失業者個人にとっては、雇用のチャンスが高まり、再び自立することが容易となる。

原則として最大六か月の期間で行われる職業訓練は、特殊な技能を数週間から数か月の間で身につける「教室・実習型の職業訓練」、民間企業や公的部門における職場を利用して実践研修を行う「インターンシップ」、病気やけがのために疾病保険から給付を受けて病欠していた人の復職のために、リハビリなどの支援を提供する「準備支援」、自分で企業を起こそうとする場合に、アイディアを提出し、それが現実的に可能だということを公共職業安定所が委託した経営コンサルタントが判断すれば、起業のための各種講座やアドバイザーなどのサービスを受けることができる「企業支援」、失業して三か月たつ若者に自動的に適用される「若者向けの雇用保障」、そして失業保険の給付期間である三〇〇日を過ぎても仕事につけなかった二五歳以上の人に対して、より重点的な求職活動支援を行う「雇用能力開発保障」があるという。

終章

（1）　コマツはNTTドコモと組んで、データ収集・解析とその活用戦略を手がける会社ランドログを二〇一七年に設立した。集まるデータは自社で囲い込むのではなく、年間三〇万円の会費を負担すれば誰でもパートナー企業として共有できるという。工事の進捗に応じ建設資材を効率的に供給するサービス、運転データを保険料に反映した保険商品などの開発も検討しているという。プラットフォームとして価値を高めるためにはデータ量の厚みとその用途の多様性が鍵を握っており、まさにデータが「資源」となりつつある(日本経済新聞、二〇一九年八月一日朝刊)。コマツはこうしたデジタル領域への巨額投資を表明しているが、それは、無形資産投資の巧拙こそが今後の企業収益性を左右することを熟知しているからだ。

（2）　ゲームメーカー大手の一角を占めるカプコンの辻本春弘社長はインタビューで次のように答えている。

一世代前は(ゲームの現物を売る)パッケージビジネスだけで、ゲームを小売店に出荷して終わりでした。出荷後、ゲームがどこで売れたのか、どのように遊んでもらえたのか分からなかった。〔中略〕これがデジタル化で一変しました。ユーザーに直接、ゲームを売れるし、体験版や動画をネットに配信してSNSでコメントを見ることができる。ゲームへの期待や思いが瞬時に分かるわけです。どの国でどれだけ体験してくれているか、予約がいくつあるかも分かります。予約が少ない地域が一目瞭然で、マーケティングを考えやすくなりました。〔中略〕当社はダイレクトに顧客につながっていることもあって、同業他社には興味がないのです。興味があるのはむしろ、米国のアマゾンやネットフリックスです。カプコンはユーザーに継続して喜んでもらうことを前提に、ゲームのシリーズ化、ブランド化を進めています。ネットフリックスも同じだと思います。ユーザーの視聴データを分析して、より喜んでもらえる作品を作り続ける。リサーチしているのでヒット率も顧客満足度も上がっていきます。(ダイヤモンドオンライン二〇一九年五月三〇日、カプコン辻本社長COO「5G到来はスマホゲームで巻き返すチャンス」)

(3) OECDの「社会支出」は、九つの政策分野での左記のような支出項目を含んでいる。これは、住宅関連の支出を含んでいたり、施設整備費が計上されたりするなど、直接個人に移転されない経費も含んでおり、日本の社会保障関係費(年金、医療、介護、生活保護、社会福祉、保健衛生対策、雇用労働対策)よりも広い費用概念である点、注意を要する。

①「高齢」:年金、早期退職年金、高齢者向けホームヘルプや在宅サービス。②「遺族」:年金、埋葬料。③「障害・業務災害・傷病」:ケアサービス、障害給付、業務災害給付、傷病手当。④「保健」:外来、入院ケア支出、医療用品、予防。⑤「家族」:子ども手当、保育、育児休業給付、ひとり親給付。⑥「積極的労働市場政策」:職業紹介サービス、訓練、採用奨励、障害者の統合、直接的な仕事の創出、仕事を始める奨励。⑦「失業」:失業給付、労働市場事由による早期退職。⑧「住宅」:住宅手当、家賃補助。⑨「他の政策分野」:低所得世帯向けの他分野に分類できない給付、食事支援等直接個人に給付されない、施設整備費などを含むが、給付に係る費用としての管理費は含まない。

(4) 雇用保険制度を、積極的労働市場政策と位置づけて分析した先駆的業績として、高橋(二〇一六)がある。

(5) 経済財政諮問会議のメンバーは、議長として内閣総理大臣のほか、議員として内閣官房長官、内閣府特命担当大臣(経済財政政策担当)、財務大臣、総務大臣、経済産業大臣、日本銀行総裁、そして四名の民間議員からなる。民間議員には経済界から二名、学界から二名が選ばれているが、労働界の代表は選ばれていない。マクロ経済政策、財政・金融政策を議論する場に、労働界の代表がいないのは不思議である。

(6) スウェーデンの経済政策がもっている合理性の経済理論による解明については、Barth, Moene and Willumsen (2014)を参照のこと。

参考文献

第一章

岩田一政・左三川郁子・日本経済研究センター編著(二〇一六)『マイナス金利政策——三次元金融緩和の効果と限界』日本経済新聞出版社。

翁邦雄(二〇一七)『金利と経済——高まるリスクと残された処方箋』ダイヤモンド社。

サマーズ、R他(二〇一九)『景気の回復が感じられないのはなぜか——長期停滞論争』山形浩生編訳・解説、世界思想社。

都留重人編(一九五九)『現代資本主義の再検討』岩波書店。

諸富徹(二〇〇八a)「租税による経済システムの制御(上)」『思想』第一〇〇五号(二〇〇八年一月)、六—二七頁。

——(二〇〇八b)「租税による経済システムの制御(下)」『思想』第一〇〇六号(二〇〇八年二月)、一二九—一四七頁。

——(二〇一三)『私たちはなぜ税金を納めるのか——租税の経済思想史』新潮選書。

Backhouse, R. E. and M. Boianovsky(2016), "Secular Stagnation: The History of a Macroeconomic Heresy", *The European Journal of the History of Economic Thought*, 23(6), pp. 946-970.

Baldi, G. and P. Harms(2015), "Productivity Growth, Investment, and Secular Stagnation", *DIW Roundup*, 83.

Coyle, D.(1998), *The Weightless World: Strategies for Managing the Digital Economy*, MIT Press.(ダイ

アン・コイル『脱物質化社会』室田泰弘他訳、東洋経済新報社、二〇〇一年）
Dabla-Norris, E. et al.(2015), "The New Normal: A Sector-level Perspective on Productivity Trends in Advanced Economies", *IMF Staff Discussion Notes*.
Furman, J.(2015), "Productivity Growth in the Advanced Economies: The Past, the Present, and Lessons for the Future", *Peterson Institute for International Economics*, July 9, 2015, as prepared for delivery.
Gordon, R. J.(2012), "Is U. S. Economic Growth Over?: Faltering Innovation Confronts the Six Headwinds", *NBER Working Paper*, 18315.
Gordon, R. J.(2016), *The Rise and Fall of American Growth: The U. S. Standard of Living Since the Civil War*, Princeton University Press.（R・J・ゴードン『アメリカ経済——成長の終焉』上・下巻、高遠裕子・山岡由美訳、日経ＢＰ社、二〇一八年）
Gruber, J. W. and S. B. Kamin(2015), "The Corporate Saving Glut in the Aftermath of the Global Financial Crisis", *International Finance Discussion Papers*, 1150.
Hansen, A. H.(1939), "Economic Progress and Declining Population Growth", *The American Economic Review*, 29(1), pp. 1–15.
Lindahl, E. ed.(1958), *Knut Wicksell: Selected Papers on Economic Theory*, George Allen & Unwin LTD.
Piketty, T.(2013), *Le capital au XXIe siècle*, Éditions du Seuil.（トマ・ピケティ『二一世紀の資本』山形浩生・守岡桜・森本正史訳、みすず書房、二〇一四年）
Rachel, L. and T. D. Smith(2015), "Secular Drivers of the Global Real Interest Rate", *Bank of England Staff Working Paper*, No. 571.
Summers, L.(2013a), *Speech at the IMF Annual Economic Forum: Policy Responses to Crises*, Nov. 8, 2013, available at IMF Video.

Summers, L.(2013b), "U. S. Economic Prospects: Secular Stagnation, Hysteresis, and the Zero Lower Bound", *Business Economics*, 49(2), pp. 65–73.
Summers, L.(2016), "The Age of Secular Stagnation", *Foreign Affairs*, March/April.
Wicksell, K.(1936), *Interest and Prices(Geldzins und Güterpreise): A Study of the Causes Regulating the Value of Money*, translated from the German by R. F. Kahn, Macmillan and co., Limited.

第二章

伊藤邦雄編(二〇〇六)『無形資産の会計』中央経済社。

小林潔司・原良憲・山内裕編(二〇一四)『日本型クリエイティブ・サービスの時代――「おもてなし」への科学的接近』日本評論社。

神野直彦(二〇一五)『「人間国家」への改革――参加保障型の福祉社会をつくる』ＮＨＫ出版。

ネグリ、A(二〇〇四)『〈帝国〉をめぐる五つの講義』小原耕一・吉澤明訳、青土社。

広井良典(二〇〇一)『定常型社会――新しい「豊かさ」の構想』岩波新書。

――(二〇〇六)『持続可能な福祉社会――「もうひとつの日本」の構想』ちくま新書。

――(二〇一五)『ポスト資本主義――科学・人間・社会の未来』岩波新書。

宮川努・金榮愨(二〇一〇)「無形資産の計測と経済効果――マクロ・産業・企業レベルでの分析」RIETI Policy Discussion Paper Series 10–P–014.

宮川努・滝澤美帆・金榮愨(二〇一〇)「無形資産の経済学――生産性向上への役割を中心として」日本銀行ワーキングペーパーシリーズ、No. 10–J–8.

宮川努・比佐章一(二〇一三)「産業別無形資産投資と日本の経済成長」『フィナンシャル・レビュー』第一一二号(二〇一三年第一号)、一五七―一七九頁。

宮川努他(二〇一五)「無形資産投資と日本の経済成長」RIETI Policy Discussion Paper Series 15–P–010.

———(二〇一六)「生産性向上と無形資産投資の役割」宮川努他編著『インタンジブルズ・エコノミー——無形資産投資と日本の生産性向上』東京大学出版会。

Aghion, P. and P. Howitt(1992), "A Model of Growth through Creative Destruction", *Econometrica*, 60(2), pp. 323–351.

Antonipillai, J. and M. K. Lee(2016), *Intellectual Property and the U. S. Economy: 2016 Update*, Economics and Statistics Administration and United States Patent and Trademark Office.

Arrow, K. J.(1962), "The Economic Implications of Learning by Doing", *The Review of Economic Studies*, 29(3), pp. 155–173.

Becker, G. S.(1964), *Human Capital: A Theoretical and Empirical Analysis, with Special Reference to Education*, National Bureau of Economic Research, General Series No. 80.(ゲーリー・ベッカー『人的資本——教育を中心とした理論的・経験的分析』佐野陽子訳、東洋経済新報社、一九七六年)

Bell, D.(1973), *The Coming of Post-industrial Society: A Venture in Social Forecasting*, Basic Books.(ダニエル・ベル『脱工業社会の到来——社会予測の一つの試み』上・下巻、内田忠夫他訳、ダイヤモンド社、一九七五年)

Blair, M. M. and S. M. H. Wallman(2001), *Unseen Wealth: Report of the Brookings Task Forth on Intangibles*, The Brookings Institution.(マーガレット・M・ブレアー、スティーブン・M・H・ウォールマン『ブランド価値評価入門——見えざる富の創造』広瀬義州他訳、中央経済社、二〇〇二年)

Chun, H. and M. I. Nadiri(2016), "Intangible Investment and Changing Sources of Growth in Korea", *The Japanese Economic Review*, 67(1), pp. 50–76.

Corrado, C., Hulten, C. and D. Sichel(2005), "Measuring Capital and Technology: An Expanded Framework", Corrado, C., Haltiwanger, J. and D. Sichel eds., *Measuring Capital in the New Economy*, University of Chicago Press, pp. 11–46.

Corrado, C., Hulten, C. and D. Sichel(2009), "Intangible Capital and U. S. Economic Growth", *Review of Income and Wealth*, 55(3), pp. 661–685.

Corrado, C. et al.(2012), "Intangible Capital and Growth in Advanced Economies: Measurement Methods and Comparative Results", *IZA DP* No. 6733.

Dowrick, S.(2004), "Ideas and Education: Level or Growth Effects and Their Implications for Australia", Ito, T. and A. Rose eds., *Growth and Productivity in East Asia, NBER-East Asia Seminar on Economics*, 13, pp. 9–40.

Drucker, P. F.(1993), *Post-capitalist Society*, Harper Business.（P・F・ドラッカー『ポスト資本主義社会――二一世紀の組織と人間はどう変わるか』上田惇生他訳、ダイヤモンド社、一九九三年）

Fukao, K. et al.(2009), "Intangible Investment in Japan: Measurement and Contribution to Economic Growth", *Review of Income and Wealth*, 55(3), pp. 717–736.

Hardt, M. and A. Negri(2000), *Empire*, Harvard University Press.（アントニオ・ネグリ、マイケル・ハート『帝国――グローバル化の世界秩序とマルチチュードの可能性』水嶋一憲他訳、以文社、二〇〇三年）

Inglehart, R.(1997), *Modernization and Postmodernization: Cultural, Economic, and Political Change in 43 Societies*, Princeton University Press.

Lucas, R. E.(1988), "On the Mechanics of Economic Development", *Journal of Monetary Economics*, 22(1), pp. 3–42.

Machlup, F.(1962), *The Production and Distribution of Knowledge in the United States*, Princeton University Press.（フリッツ・マッハルプ『知識産業』高橋達男・木田宏共監訳、産業能率短期大学出版部、一九六九年）

Mankiw, N. G., Romer, D. and D. N. Weil(1992), "A Contribution to the Empirics of Economic Growth", *The Quarterly Journal of Economics*, 107(2), pp. 407–437.

OECD(2013), *Supporting Investment in Knowledge Capital, Growth and Innovation.*

Rammer, C. and B. Peters(2016), “Investitionsschwäche oder Strukturverschiebung der Investitionstätigkeit?: Zur Rolle immaterieller Investitionen für die Wettbewerbsfähigkeit von Unternehmen”, *Wirtschaftspolitische Blätter* 1/2016, pp. 67–86.

Reich, R. B.(1991), *The Work of Nations: Preparing Ourselves for 21st-century Capitalism*, A. A. Knopf.（ロバート・B・ライシュ『ザ・ワーク・オブ・ネーションズ――二一世紀資本主義のイメージ』中谷巌訳、ダイヤモンド社、一九九一年）

Romer, P. M.(1986), “Increasing Returns and Long-Run Growth”, *The Journal of Political Economy*, 94(5), pp. 1002–1037.

Romer, P. M.(1990), “Endogenous Technological Change”, *Journal of Political Economy*, 98(5), Part 2, pp. S71–S102.

Schultz, T.(1961), “Investment in Human Capital”, *The American Economic Review*, 51(1), pp. 1–17.

Schumpeter v. J.(1912), *Theorie der wirtschaftlichen Entwicklung*, Duncker & Humblot.（シュムペーター『経済発展の理論』全二冊、塩野谷祐一・中山伊知郎・東畑精一訳、岩波文庫、一九七七年）

Solow, R. M.(1956), “A Contribution to the Theory of Economic Growth”, *The Quarterly Journal of Economics*, 70(1), pp. 65–94.

Spear, S. E. and W. Young(2016), “Endogenous Growth Theory and Models: The ‘First Wave’, 1952–1973”, *Working Papers, Bar-Ilan University, Department of Economics*, No. 2016–02.

Uzawa, H.(1965), “Optimum Technical Change in An Aggregative Model of Economic Growth”, *International Economic Review*, 6(1), pp. 18–31.

van Ark, B. et al.(2009), “Measuring Intangible Capital and its Contribution to Economic Growth in Europe”, *EIB Papers*, 14(1), pp. 62–93.

第三章

株式会社神戸製鋼所（二〇一八）「当社グループにおける不適切行為に関する報告書」（二〇一八年三月六日）。

総務省（二〇一四）『平成二六年版　情報通信白書』。

東京都税制調査会平成三〇年度第一回小委員会資料5「環境関連税制に関する分科会報告（概要版）」。

内閣府（二〇一三）『平成二五年度年次経済財政報告（経済財政政策担当大臣報告）――経済の好循環の確立に向けて』二〇一三年七月。

日本生産性本部（二〇一八）『労働生産性の国際比較 二〇一八年版』二〇一八年一二月一九日。

マキナニー、フランシス（二〇一四）『日本企業はモノづくり至上主義で生き残れるか――「スーパー現場」が顧客情報をキャッシュに変える』倉田幸信訳、ダイヤモンド社。

三菱マテリアル株式会社特別調査委員会（二〇一八）「調査報告書（ダイヤメット新潟工場における焼結製品の品質管理体制の実態について）」二〇一八年三月二七日。

諸富徹（二〇〇〇）『環境税の理論と実際』有斐閣。

諸富徹・浅岡美恵（二〇一〇）『低炭素経済への道』岩波新書。

Lodefalk, M.(2013), “Servicification of Manufacturing - Evidence from Sweden”, *International Journal of Economics and Business Research*, 6(1), pp. 87–113.

Matthieu, C. and E. Milet(2017), “Should Everybody be in Services? The Effect of Servitization on Manufacturing Firm Performance”, *Journal of Economics and Management Strategy*, 26(4), pp. 820–841.

National Board of Trade Sweden(2012), *Everybody is in Services: The Impact of Servicification in Manufacturing on Trade and Trade Policy*.

National Board of Trade Sweden(2016), *The Servicification of EU Manufacturing: Building Competitiveness in the Internal Market*.

Suarez, F. F., Cusumano, M. A. and S. J. Kahl (2013), "Services and the Business Models of Product Firms: An Empirical Analysis of the Software Industry", *Management Science*, 59(2), pp. 420–435.
Wise, R. and P. Baumgartner (1999), "Go Downstream: The New Profit Imperative in Manufacturing", *Harvard Business Review*, 77(5), pp. 133–141.
United Nations Industrial Development Organization (2017), *Accelerating Clean Energy through Industry 4.0 Manufacturing the Next Revolution*.

第四章

新井紀子（二〇一八）『ＡＩ vs. 教科書が読めない子どもたち』東洋経済新報社。

井上智洋（二〇一九）『純粋機械化経済——頭脳資本主義と日本の没落』日本経済新聞出版社。

翁百合・西沢和彦・山田久・湯元健治（二〇一二）『北欧モデル——何が政策イノベーションを生み出すのか』日本経済新聞出版社。

神吉知郁子（二〇一三）「最低賃金と生活保護と「ベーシック・インカム」」濱口桂一郎編著『福祉と労働・雇用』ミネルヴァ書房。

久本貴志（二〇一四）『アメリカの就労支援と貧困』日本経済評論社。

三浦まり編（二〇一八）『社会への投資——〈個人〉を支える〈つながり〉を築く』岩波書店。

宮本章史・諸富徹（二〇一一）「「社会的投資国家」の経済思想——スウェーデンにおける積極的労働市場政策の思想的系譜」『思想』第一〇四七号（二〇一一年七月）、七—三一頁。

宮本太郎（一九九四）「労使関係と労働市場」岡沢憲芙・奥島孝康編『スウェーデンの経済——福祉国家の政治経済学』早稲田大学出版部。

——（一九九九）『福祉国家という戦略——スウェーデンモデルの政治経済学』法律文化社。

——（二〇〇九）『生活保障　排除しない社会へ』岩波新書。

諸富徹(二〇〇三)『環境』岩波書店。

——(二〇〇六)「環境・福祉・社会関係資本——途上国の持続可能な発展に向けて」『思想』第九八三号(二〇〇六年三月)、六五—八一頁。

湯元健治・佐藤吉宗(二〇一〇)『スウェーデン・パラドックス』日本経済新聞出版社。

若森章孝(二〇一三)「新しい社会的リスクと社会的投資国家」『關西大學經済論集』第六三巻一号、一—一六頁。

Anxo, D. and H. Niklasson(2006), "The Swedish Model in Turbulent Times: Decline or Renaissance?", *International Labour Review*, 145(4), pp. 339–371.

Anxo, D.(2017), "Turbulent Times and Beyond: the Swedish Experience", Guardiancich, I. and O. Molina eds., *Talking through the Crisis: Social Dialogue and Industrial Relations Trends in Selected EU Countries*, International Labour Office(ILO), pp. 281–295.

Autor, D. H., Katz, L. F. and A. B. Krueger(1998), "Computing Inequality: Have Computers Changed the Labor Market?", *The Quarterly Journal of Economics*, 113(4), pp. 1169–1213.

Autor, D. H., Levy, F. and R. J. Murnane(2003), "The Skill Content of Recent Technological Change: An Empirical Exploration", *The Quarterly Journal of Economics*, 118(4), pp. 1279–1333.

Autor, D. H.(2015), "Why Are There Still So Many Jobs?: The History and Future of Workplace Automation", *Journal of Economic Perspectives*, 29(3), pp. 3–30.

De Deken, J.(2017), "Conceptualizing and Measuring Social Investment", Hemerijck, A. ed., *The Uses of Social Investment*, Oxford University Press, pp. 184–193.

Esping-Andersen, G. ed.(2002), *Why We Need a New Welfare State*, Oxford University Press.

Frey, C. B. and M. Osborne(2013), "The Future of Employment: How Susceptible Are Jobs to Computerisation?", *Working Paper Published by the Oxford Martin Programme on Technology and Em-*

ployment(Frey, C. B. and M. Osborne(2017), "The Future of Employment: How Susceptible Are Jobs to Computerisation?", *Technological Forecasting & Social Change*, 114, pp. 254–280として公刊).

Giddens, A.(1998), *The Third Way: The Renewal of Social Democracy*, Polity Press.(A・ギデンズ『第三の道――効率と公正の新たな同盟』佐和隆光訳、日本経済新聞社、一九九九年)

Heckman, J. J.(2013), *Giving Kids a Fair Chance: A Strategy That Works*, MIT Press.(ジェームズ・J・ヘックマン『幼児教育の経済学』古草秀子訳、東洋経済新報社、二〇一五年)

Hemerijck, A. ed.(2017), *The Uses of Social Investment*, Oxford University Press.

Immervoll, H. and L. Richardson(2011), "Redistribution Policy and Inequality Reduction in OECD Countries: What Has Changed in Two Decades?", *OECD Social, Employment and Migration Working Papers*, 122, OECD Publishing.

Kvist, J.(2015), "A Framework for Social Investment Strategies: Integrating Generational, Life Course and Gender Perspectives in the EU Social Investment Strategy", *Comparative European Politics*, 13 (1), pp. 131–149.

Milanović, B.(2016), *Global Inequality: A New Approach for the Age of Globalization*, Belknap Press of Harvard University Press.(ブランコ・ミラノヴィッチ『大不平等――エレファントカーブが予測する未来』立木勝訳、みすず書房、二〇一七年)

Morel, N., Palier, B. and J. Palm(2012), "Beyond the Welfare State as We Knew It?", Morel et al. eds., *Towards a Social Investment Welfare State?: Ideas, Policies and Challenges*, The Polity Press, pp. 1–30.

Nedelkoska, L. and G. Quintini(2018), "Automation, Skills Use and Training", *OECD Social, Employment and Migration Working Papers*, No. 202.

OECD(2011), *Divided We Stand: Why Inequality Keeps Rising.*
OECD(2015), *In IT Together: Why Less Inequality Benefits All.*
Ostry, J. D., Berg, A. and C. G. Tsangarides(2014), "Redistribution, Inequality and Growth", *IMF Discussion Note*, SDN/14/02.
Palme, J. and A. Cronert(2015), "Trends in the Swedish Social Investment Welfare State: 'The Enlightened Path' or 'The Third Way' for 'the Lions'?", *ImPRovE Working Paper* No. 15/12, Herman Deleeck Centre for Social Policy - University of Antwerp.
Piketty, T.(2013), *Le Capital au XXIe Siècle*, Les Livres du Nouveau Monde.(トマ・ピケティ『二一世紀の資本』山形浩生・守岡桜・森本正史訳、みすず書房、二〇一四年)
Rehn, G.(1952), "The Problem of Stability: An Analysis and Some Policy Proposals", Lundberg, E., R. Meidner, G. Rehn and K. Wickman, edited and translated[from the Swedish]by Ralph Turvey, *Wages Policy under Full Employment*, William Hodge and Company Limited, pp. 30-54.
Reich, R. B.(1991), *The Work of Nations: Preparing Ourselves for 21st-century Capitalism*, A. A. Knopf.(ロバート・B・ライシュ『ザ・ワーク・オブ・ネーションズ——二一世紀資本主義のイメージ』中谷巌訳、ダイヤモンド社、一九九一年)
Swedish Confederation of Trade Unions(1953), *Trade Unions and Full Employment.*

終章

アトキンソン、D(二〇一九)『日本人の勝算——人口減少×高齢化×資本主義』東洋経済新報社。

木村保茂(二〇一一)「わが国の公共職業訓練の新たな展開——基金訓練、ジョブ・カード制度、「義務付け・枠付け」の見直し」『開発論集』(北海学園大学開発研究所)、第八八号、三九—七五頁。

黒沢昌子(二〇〇一)「職業訓練・能力開発施策」猪木武徳・大竹文雄編『雇用政策の経済分析』東京大学出版

会。

黒澤昌子・佛石圭介（二〇一二）「公共職業訓練の実施主体、方式等についての考察――離職者訓練をとりあげて」『日本労働研究雑誌』第五四巻一号、一六―三四頁。

厚生労働省（二〇一八）『平成三〇年版　労働経済の分析――働き方の多様化に応じた人材育成の在り方について』。

国立社会保障・人口問題研究所（二〇一九）『平成二九年度社会保障費用統計』二〇一九年八月。

実積寿也・高地圭輔（二〇一六）「三〇年度ＧＤＰ七〇兆円増も――情報通信技術投資の可能性」『日本経済新聞』二〇一六年六月三日「経済教室」欄。

高橋勇介（二〇一六）「積極的労働市場政策構築における日本の雇用保険制度の役割と課題――日本の社会保障制度の財源と制度設計への提言」京都大学大学院経済学研究科博士号学位申請論文。

田中萬年（二〇一四）「公共職業訓練軽視の土壌と背景」『技術と教育』第四九一号、四―七頁。

濱口桂一郎（二〇一二）「雇用ミスマッチと法政策」『日本労働研究雑誌』第五四巻九号、二六―三三頁。

原ひろみ（二〇一四）『職業能力開発の経済分析』勁草書房。

宮本太郎（二〇〇九）『生活保障　排除しない社会へ』岩波新書。

諸富徹編（二〇一九）『入門　再生可能エネルギーと電力システム』日本評論社。

Barth, E., Moene, K. O. and F. Willumsen (2014), "The Scandinavian Model—An Interpretation", *Journal of Public Economics*, 117(C), pp. 60–72.

Bown, C. P. and C. Freund (2019), "Active Labor Market Policies: Lessons from Other Countries for the United States", *Peterson Institute for International Economics Working Paper* 19-2.

Card, D., Kluve, J. and A. Weber (2010), "Active Labour Market Policy Evaluations: A Meta-Analysis", *The Economic Journal*, 120(11), pp. F452–F477.

Escudero, V. (2018), "Are Active Labour Market Policies Effective in Activating and Integrating Low-skilled Individuals?: An International Comparison", *IZA Journal of Labor Policy*, 7(4), pp. 1–26.

Godec, L. C. and J. Benčina(2018), "Impact of Active Labour Market Policy Programs on Employment in the EU During the Crisis", *Central European Public Administration Review*, 16(1), pp. 31–50.

Vooren, M., Haelermans, C., Groot, W. and H. M. van den Brink(2019), "The Effectiveness of Active Labor Market Policies: A Meta-Analysis", *Journal of Economic Surveys*, 33(1), pp. 125–149.

Weizsäcker, E. U. von(1990), *Erdpolitik: Ökologische Realpolitik an der Schwelle zum Jahrhundert der Umwelt*, Wissenschaftliche Buchgesellschaft.(エルンスト・U・フォン・ワイツゼッカー『地球環境政策——地球サミットから環境の二一世紀へ』宮本憲一、楠田貢典、佐々木建監訳、有斐閣、一九九四年)

あとがき

結局、「資本主義の新しい形」とは何なのか。それは、「非物質主義的転回」を遂げた資本主義の姿であることを、本書は明らかにしようとしてきた。資本主義の中核をなす資本(capital)は、有形性をはぎ取られ、無形化していく。いまや最先端のデジタル産業では、有形資産ではなく無形資産こそが、利潤創出の中核的要素となっている。それにともなって投資や労働のあり方も変化する。無形資産を生み出すことのできる人間の知的活動がますます重要になり、それを促進できる「人的資本投資」こそが、最重要の投資項目となる。「テクノロジー(technology)」という言葉は、これまでハードな技術でもってイメージされていたが、いまやデジタル産業で「テクノロジー」といえば、形のないものを指すようになっている。

こうした変化の背景にはもちろん、テクノロジーの急速な進展があるが、人々が求めるものが、さまざまな統計で実証されているように「物質的なもの」から「非物質的なもの」へと変化してきたという事情も大きい。この変化は、産業の形をも変える。利潤を上げようとする企業は、消費者の変化に合わせて単純な「モノ生産」から「サービス生産」にシフトせざるをえなくなるからだ。こうしたトレンドはサービス産業に限らず、製造業、そして農林業にすら及んでいく。

「資本主義の新しい形」の誕生は、国家の形、そして国家と国家の関係性をも変えていく。それが典型的に現れているのが現在、OECDを中心として議論されている「デジタル課税」の問題である。無形資産の台頭が、約一〇〇年前に構築された国際課税体系の有効性を掘り崩しつつある。その解決策として提示されたデジタル課税の中身は、「国家とは何か」という問いを改めて私たちに突き付けている。この点の詳細な展開は、筆者が現在執筆している別の著作(岩波新書)に譲りたい。

本書で展開した議論は、もともと拙著『思考のフロンティア　環境』(岩波書店、二〇〇三年)の執筆時に持った問題意識に由来する。この書物において初めて筆者は、資本主義でいま起きている変化を捉えて、資本主義の「非物質主義的転回」という用語を用いた(同書「はじめに」)。そこでは、資本主義が二〇世紀の物質主義的な資本主義から離れつつある契機を捉えて、それをどのように環境と調和した「持続可能な発展」の経路へと持ち込んでいくか、という問題設定を行っていた。その意味で本書は、『思考のフロンティア　環境』で得た着想を全面展開したもの、と位置づけることができる。

本書執筆の直接のきっかけを与えてくれたのは、岩波書店の編集者がシリーズ「現代経済の展望」の企画を相談に来られた点にある。慶應義塾大学の井手英策氏と二人で相談して企画全体のラインナップを決めると同時に、私たちもそれぞれ、シリーズの一冊として単著を執筆することになった。その後、二〇一五年に安倍フェローシップの支援を受けてミシガン大学で在外研究を行っている最中に、筆者が編集委員として参画した『岩波講座　現代』の第三巻『資本主義経済システムの展望』(二〇一六年)に寄稿した「資本主義経済の非物質主義的転回」(同書二八五—三一一頁)として、本書の原型となる論稿を執筆した。

そこから本書が完成するまでに、さらに多くの時間がかかってしまった。二〇一五年時点では新しいことを書いているつもりだったが、この五年ほどの間に世界が変化していくスピードはきわめて速く、まさに時代に追いつかれ、追い抜かれていくような感覚を味わった。そういうわけで、本書の読者の皆様にとっては、個々の記述内容そのものは既知のことが多いかもしれない。それでもなお本書に価値があるとすれば、個々のパーツを結びつけ、連関させて全体像を見えるようにし、それに意味づけを与えて、私たちがこれからどうすべきかを考えていく上での材料を提供している点ではないかと思う。この点で、読者の皆様には忌憚のないご意見、ご批判を賜ることができれば幸いである。

本書と深く関連して、同じく岩波書店の雑誌『思想』において、「資本主義の未来」と題する特集号の刊行を二〇二〇年半ばにも予定していることを紹介させて頂きたい。大澤真幸、宮本太郎、石川健治の各氏と筆者による座談会のほか、この座談会メンバーに加えて資本主義の非物質化現象を考える第一線級の研究者による論稿が掲載される予定である。併せてご覧いただきたい。

最後にこの場をお借りして、編集者の小田野耕明氏、および岩波書店に本書の執筆機会を頂いたことに感謝申し上げたい。本書は、これまで筆者が岩波書店を通じて発表したさまざまな仕事と密接に結びついており、またそれらの発展形という性格をもっている。本書執筆の機会を提供頂くことがなかったならば、おそらく資本主義について根源的に考える機会もなかったであろう。その成果の取りまとめが大幅な遅延となったことをお詫び申し上げると同時に、狭い専門性を超える仕事を展開する場を提供してくれたことに謝意を表して、筆を擱きたい。

二〇一九年一二月

諸富　徹

諸富 徹

1968年生まれ．京都大学大学院経済学研究科博士課程修了．現在，京都大学大学院経済学研究科教授．専門は財政学・環境経済．著書に，『環境税の理論と実際』(有斐閣)，『思考のフロンティア　環境』『ヒューマニティーズ　経済学』(以上，岩波書店)，『低炭素経済への道』(共著)『グローバル・タックス』(以上，岩波新書)．『地域再生の新戦略』(中公叢書)，『私たちはなぜ税金を納めるのか』(新潮選書)，『「エネルギー自治」で地域再生！』(岩波ブックレット)，『人口減少時代の都市』(中公新書)他．

シリーズ 現代経済の展望
資本主義の新しい形

2020年 1月28日　第1刷発行
2021年 7月15日　第4刷発行

著 者　諸富《もろとみ》 徹《とおる》

発行者　坂本政謙

発行所　株式会社 岩波書店
〒101-8002 東京都千代田区一ツ橋 2-5-5
電話案内 03-5210-4000
https://www.iwanami.co.jp/

印刷・理想社　カバー・半七印刷　製本・牧製本

ISBN978-4-00-028733-3　　Printed in Japan